2020 全国经济专业技术资格考试

零基础学经济师

经济基础知识（中级）

■ 中华会计网校 编

感恩20年相伴 助你梦想成真

北京理工大学出版社
BEIJING INSTITUTE OF TECHNOLOGY PRESS

版权专有　侵权必究

图书在版编目（CIP）数据

零基础学经济师必刷1000题．经济基础知识：中级／中华会计网校编．—北京：北京理工大学出版社，2020.7

全国经济专业技术资格考试

ISBN 978-7-5682-8454-7

Ⅰ．①零…　Ⅱ．①中…　Ⅲ．①经济学—资格考试—习题集　Ⅳ．①F-44

中国版本图书馆CIP数据核字（2020）第080630号

出版发行 /	北京理工大学出版社有限责任公司
社　　址 /	北京市海淀区中关村南大街5号
邮　　编 /	100081
电　　话 /	（010）68914775（总编室）
	（010）82562903（教材售后服务热线）
	（010）68948351（其他图书服务热线）
网　　址 /	http://www.bitpress.com.cn
经　　销 /	全国各地新华书店
印　　刷 /	北京市兆成印刷有限责任公司
开　　本 /	787毫米×1092毫米　1/16
印　　张 /	13.5
字　　数 /	276千字
版　　次 /	2020年7月第1版　2020年7月第1次印刷
定　　价 /	42.00元

责任编辑 /	徐艳君
文案编辑 /	徐艳君
责任校对 /	刘亚男
责任印刷 /	李志强

图书出现印装质量问题，请拨打售后服务热线，本社负责调换

前　言

正保远程教育

- **发展**：2000—2020年：感恩20年相伴，助你梦想成真
- **理念**：学员利益至上，一切为学员服务
- **成果**：18个不同类型的品牌网站，涵盖13个行业
- **奋斗目标**：构建完善的"终身教育体系"和"完全教育体系"

中华会计网校

- **发展**：正保远程教育旗下的第一品牌网站
- **理念**：精耕细作，锲而不舍
- **成果**：每年为我国财经领域培养数百万名专业人才
- **奋斗目标**：成为所有会计人的"网上家园"

"梦想成真"书系

- **发展**：正保远程教育主打的品牌系列辅导丛书
- **理念**：你的梦想由我们来保驾护航
- **成果**：图书品类涵盖会计职称、注册会计师、税务师、经济师、资产评估师、审计师、财税、实务等多个专业领域
- **奋斗目标**：成为所有会计人实现梦想路上的启明灯

图书特色

1 专项重点突破

题型专项突破，主客观题轻松一一击破
灵活按章专练，查找薄弱章节重点练习

2 创新三步刷题法

刷基础：紧扣大纲 夯实基础
刷进阶：高频进阶 强化提升
刷通关：举一反三 高效通关

3 答案全解析

答案解析精细全，精准总结解题策略

Contents 目录

	刷单项选择题	刷多项选择题
第一章　市场需求、供给与均衡价格	1	76
第二章　消费者行为分析	3	77
第三章　生产和成本理论	6	78
第四章　市场结构理论	8	79
第五章　生产要素市场理论	9	81
第六章　市场失灵和政府的干预	11	82
第七章　国民收入核算和简单的宏观经济模型	13	83
第八章　经济增长和经济发展理论	14	84
第九章　价格总水平和就业、失业	16	85
第十章　国际贸易理论和政策	17	86
第十一章　公共物品与财政职能	18	87
第十二章　财政支出	20	88
第十三章　财政收入	22	89
第十四章　税收制度	24	90
第十五章　政府预算	26	92
第十六章　财政管理体制	27	93
第十七章　财政政策	29	95
第十八章　货币供求与货币均衡	30	96
第十九章　中央银行与货币政策	33	98
第二十章　商业银行与金融市场	35	100
第二十一章　金融风险与金融监管	37	101
第二十二章　对外金融关系与政策	39	102
第二十三章　统计与数据科学	41	104
第二十四章　描述统计	43	105
第二十五章　抽样调查	45	106

	刷单项选择题	刷多项选择题
第二十六章 回归分析	47	107
第二十七章 时间序列分析	48	108
第二十八章 会计概论	51	109
第二十九章 会计循环	54	111
第三十章 会计报表	55	113
第三十一章 财务报表分析	58	114
第三十二章 政府会计	60	115
第三十三章 法律对经济关系的调整	61	116
第三十四章 物权法律制度	62	117
第三十五章 合同法律制度	65	119
第三十六章 公司法律制度	69	121
第三十七章 其他法律制度	72	122

参考答案及解析

	刷单项选择题	刷多项选择题
第一章 市场需求、供给与均衡价格	125	175
第二章 消费者行为分析	126	176
第三章 生产和成本理论	128	176
第四章 市场结构理论	129	177
第五章 生产要素市场理论	130	178
第六章 市场失灵和政府的干预	131	178
第七章 国民收入核算和简单的宏观经济模型	132	179
第八章 经济增长和经济发展理论	133	180
第九章 价格总水平和就业、失业	134	180
第十章 国际贸易理论和政策	135	181
第十一章 公共物品与财政职能	136	182
第十二章 财政支出	137	182
第十三章 财政收入	139	183
第十四章 税收制度	140	184
第十五章 政府预算	141	185

	刷单项选择题	刷多项选择题
第十六章　财政管理体制	142	186
第十七章　财政政策	144	187
第十八章　货币供求与货币均衡	145	188
第十九章　中央银行与货币政策	146	189
第二十章　商业银行与金融市场	148	190
第二十一章　金融风险与金融监管	149	191
第二十二章　对外金融关系与政策	151	192
第二十三章　统计与数据科学	152	193
第二十四章　描述统计	154	194
第二十五章　抽样调查	155	194
第二十六章　回归分析	156	195
第二十七章　时间序列分析	157	196
第二十八章　会计概论	158	197
第二十九章　会计循环	160	198
第三十章　会计报表	161	199
第三十一章　财务报表分析	164	200
第三十二章　政府会计	165	201
第三十三章　法律对经济关系的调整	166	201
第三十四章　物权法律制度	166	202
第三十五章　合同法律制度	168	203
第三十六章　公司法律制度	171	204
第三十七章　其他法律制度	172	205

正保文化官微

关注正保文化官方微信公众号，回复"勘误表"，获取本书勘误内容。

刷 单项选择题

单项选择题 答题技巧

单项选择题在各类题型中最容易得分。顾名思义，单项选择题要求在4个备选项中，选出最符合题意的选项。考试时可以根据题意直接进行选择。需要提醒考生注意的是，个别题目会反向提问，让考生选择"不属于""不正确"的选项，一定要认真审题，避免犯低级错误，在不该失分的地方失分。单项选择题在考试中分值最高，是考生能否通过考试的关键，最好可以拿到80%～90%的分数，为考生通过考试打下坚实的基础。如果遇到确实不会的题目，也绝对不能轻言放弃，单项选择题的给分方式是即使错选也不会倒扣分。随机选一个，每个题目也有25%答对的可能性，况且，还有"排除法"可以提高命中率。

第一章 市场需求、供给与均衡价格

> 紧扣大纲
> 夯实基础

1. 影响需求的最重要的因素是（ ）。
   A. 消费者收入 B. 消费者预期
   C. 消费者偏好 D. 产品本身的价格

2. 关于需求价格弹性 E_d 和生产者或销售者总销售收入的关系，以下说法正确的是（ ）。
   A. $E_d=1$ 时，价格上升会使销售收入减少
   B. $E_d>1$ 时，价格上升会使销售收入减少
   C. $E_d=1$ 时，价格上升会使销售收入增加
   D. $E_d<1$ 时，价格上升会使销售收入减少

3. 从坐标图上看，能够导致某种商品的需求曲线发生向右上方位移的因素是（ ）。
   A. 技术进步 B. 需求交叉弹性发生变化
   C. 该商品价格提高 D. 消费者收入增加

4. 若甲产品和乙产品的需求交叉弹性系数为-2，则表明（ ）。
   A. 甲产品和乙产品都属于生活必需品
   B. 甲产品和乙产品是替代品
   C. 甲产品和乙产品都属于低档商品
   D. 甲产品和乙产品是互补品

5. 假设一定时期内消费者的个人收入增加了30%，由此导致消费者对某商品的需求下降了15%，这在一定程度上可以说明该商品属于（ ）。
   A. 低档品 B. 高档品

C. 边际商品　　　　　　　　　　　D. 必需品

6. 以纵轴代表价格，横轴代表销售量绘制某种产品的需求曲线和供给曲线，假设其他条件不变，由于消费者收入的增加，在坐标图上表现为(　　)。
   A. 供给曲线向左移动　　　　　　B. 需求曲线向左移动
   C. 需求曲线向右移动　　　　　　D. 供给曲线向右移动

7. 下列属于需求构成要素的是(　　)。
   A. 消费者偏好、商品价格　　　　B. 商品价格、支付能力
   C. 商品价格、购买欲望　　　　　D. 支付能力、购买欲望

8. 已知某种商品的需求价格弹性系数是 0.6，当价格为每台 36 元时，其销售量为 1 200 台。如果这种商品价格下降 15%，在其他因素不变的条件下，其销售量是(　　)台。
   A. 1 052　　　　　　　　　　　　B. 1 186
   C. 1 204　　　　　　　　　　　　D. 1 308

9. 当某种基本生活必需品的市场价格上涨幅度过大，并且影响城镇居民的生活水平时，政府一般可以采取的干预方式是(　　)。
   A. 限制进口　　　　　　　　　　B. 实施保护价格
   C. 实施最高限价　　　　　　　　D. 增加政府库存

10. 政府对部分食品实施最低限价政策会造成的现象是(　　)。
    A. 刺激消费　　　　　　　　　　B. 出现市场短缺
    C. 变相涨价　　　　　　　　　　D. 产品供应过剩

刷进阶　　　　　　　　　　　　　　　　　　　　　　　　　　　　高频进阶　强化提升

11. 能够导致某种商品的供给曲线发生位移的因素是(　　)。
    A. 消费者偏好　　　　　　　　　B. 该商品的成本
    C. 消费者的收入　　　　　　　　D. 该商品自身的价格

12. 某商品的价格为 2 元/件时，销售量为 300 件；当价格提高到 4 元/件时，销售量为 100 件。按照点弹性公式计算，该商品的需求价格弹性是(　　)。
    A. 0.40　　　　　　　　　　　　B. 0.67
    C. 1.50　　　　　　　　　　　　D. 2.00

13. 确定两种商品是否具有替代关系或互补关系的标准是(　　)。
    A. 需求收入弹性大小　　　　　　B. 需求价格弹性大小
    C. 需求交叉弹性大小　　　　　　D. 供给价格弹性大小

14. 假设某人的收入增加 10%，其对某商品的需求增加了 15%，则该种商品属于(　　)。
    A. 低档品　　　　　　　　　　　B. 高档品
    C. 互补品　　　　　　　　　　　D. 必需品

15. 如果两种商品 x 和 y 的需求交叉弹性系数为正数，那么可以判断出(　　)。
    A. x 和 y 是替代品　　　　　　B. x 和 y 是互补品
    C. x 和 y 是高档品　　　　　　D. x 和 y 是低价品

16. 政府为了保护农业生产者利益，对部分农业产品规定了保护价格。为了实施这种价格政策，应采取的相应措施是(　　)。
    A. 取消农业税

B. 对城镇居民实行粮食配给制
C. 当市场上出现农产品过剩时进行收购
D. 扩大农民家电消费

刷通关

17. 假设一定时期内消费者的个人收入增加了15%，由此导致消费者对某商品的需求增加了12%，这在一定程度上可以说明该商品属于（　　）。
    A. 低档品   B. 高档品
    C. 替代品   D. 必需品

18. 支配着消费者在使用价值相同或接近的替代品之间的消费选择的因素是（　　）。
    A. 消费者预期   B. 生产成本
    C. 消费者偏好   D. 消费者个人收入

19. 能够导致某种商品需求曲线上的点发生位移的因素是（　　）。
    A. 消费者收入   B. 该商品的成本
    C. 该商品的税率   D. 该商品自身的价格

20. 当粮食的市场价格上涨幅度过大，有可能影响城镇居民的生活水平时，政府一般可以采取的干预方式是（　　）。
    A. 限制进口   B. 实施保护价格
    C. 实施最高限价   D. 实施最低限价

21. 就一般商品而言，可以作为划分"高档品""必需品"和"低档品"的弹性标准是（　　）。
    A. 需求价格弹性   B. 需求交叉弹性
    C. 需求收入弹性   D. 供给价格弹性

22. 导致某种商品供给曲线发生位移的因素是（　　）。
    A. 该商品的成本   B. 该商品的价格
    C. 该商品的税率   D. 消费者的偏好

23. 当某种商品的供给价格弹性小于1时，表明（　　）。
    A. 供给完全无弹性   B. 供给弹性不充足
    C. 供给弹性充足   D. 供给完全有弹性

第二章　消费者行为分析

刷基础

24. 关于效用的说法，正确的是（　　）。
    A. 效用具有客观的标准
    B. 一般来说，总效用取决于消费数量的大小
    C. 基数效用论是基于无差异曲线产生的理论
    D. 边际效用递增是一个普遍趋势

25. 任何两条无差异曲线不能相交的性质是由（　　）决定的。
    A. 偏好的可传递性假定   B. 边际效用递减的假定
    C. 商品的边际替代率递减规律 D. 偏好的完备性假定

26. 需求曲线是通过( )推导出来的。
    A. 价格—成本曲线   B. 价格—消费曲线
    C. 价格弹性曲线   D. 价格—收入曲线

27. 与消费者行为相关的无差异曲线的主要特征是( )。
    A. 边际效用递减   B. 商品边际替代率递增
    C. 消费者偏好可传递   D. 任意两条无差异曲线不相交

28. 基数效用论和序数效用论的主要区别是( )。
    A. 效用是否相同   B. 效用是否可以加总
    C. 边际效用是否递减   D. 分析结论是否相同

29. 在效用水平不变的条件下，消费者增加消费一个单位的某商品时，必须放弃的另一种商品的消费数量称为( )。
    A. 边际效用   B. 边际成本
    C. 边际技术替代率   D. 商品边际替代率

30. 在相对价格不变的情况下，如果消费者的收入减少，其预算线的变化为( )。
    A. 向右平移   B. 向左平移
    C. 向上旋转   D. 向下旋转

31. 关于边际效用论的说法，错误的是( )。
    A. 边际效用先递增后递减
    B. 从数学的意义上看，边际效用就是总效用函数的斜率
    C. 一般来说，总效用取决于消费数量的多少
    D. 总效用达到最大值时，边际效用为 0

32. 下列关于无差异曲线的说法，错误的是( )。
    A. 无差异曲线可以用来描述消费者的偏好
    B. 同一条无差异曲线上的任意一点的两种商品的组合带给消费者的满足程度是完全相同的
    C. 消费者对不同的无差异曲线上各点的偏好程度是无差异的
    D. 无差异曲线是一条能够给消费者带来相同满足程度的两种商品的所有组合的曲线

33. 消费者效用最大化的均衡条件是( )。
    A. 商品边际替代率等于商品的价格之比
    B. 商品边际替代率等于消费者的收入之比
    C. 商品边际替代率等于商品的成本之比
    D. 商品边际替代率等于消费者的偏好之比

✅ 刷进阶   高频进阶 强化提升

34. 关于预算线斜率的说法，错误的是( )。
    A. 预算线斜率是两种商品价格比率的负值
    B. 预算线斜率取决于商品的价格
    C. 预算线斜率是两种商品需求量比率的负值
    D. 预算线斜率的大小表明在不改变总支出数量的前提下，两种商品可以相互替代的比率

35. 甲商品和乙商品的价格按相同比例上升，而收入不变，则预算线的变化是( )。

A. 不变 B. 发生旋转
C. 向右上方平行移动 D. 向左下方平行移动

36. 如果无差异曲线上任何一点的斜率 $dy/dx = -1/5$，则意味着当消费者拥有更多的商品 y 时，愿意放弃（　　）单位商品 y 而获得 1 单位的商品 x。
    A. 1/2 B. 1
    C. 5 D. 1/5

37. 预算线的斜率取决于（　　）。
    A. 商品的价格 B. 消费者偏好变化
    C. 消费者收入大小 D. 商品价格和收入

38. 低档品价格上升导致需求下降的主要原因是（　　）。
    A. 替代效应与价格反方向变动，收入效应与价格反方向变动
    B. 替代效应与价格同方向变动，收入效应与价格反方向变动，但收入效应小于替代效应
    C. 替代效应与价格反方向变动，收入效应与价格同方向变动，但收入效应小于替代效应
    D. 替代效应与价格同方向变动，收入效应与价格同方向变动

39. 序数效用论是用（　　）来分析消费者行为的。
    A. 成本曲线和无差异曲线
    B. 预算约束线和无差异曲线
    C. 成本曲线和边际曲线
    D. 预算约束线和边际曲线

40. 基数效用论运用（　　）来分析消费者行为。
    A. 无差异曲线 B. 预算约束线
    C. 边际效用论 D. 成本曲线

41. 无差异曲线斜率的绝对值是递减的，即凸向原点，这是由（　　）决定的。
    A. 商品价格 B. 消费者收入
    C. 边际效用递减 D. 商品边际替代率递减规律

42. 在分析消费者行为时，无差异曲线的主要特征不包括（　　）。
    A. 任意两条无差异曲线都不能相交
    B. 无差异曲线的形状和价格变动关系密切
    C. 无差异曲线从左向右下方倾斜，凸向原点
    D. 离原点越近的无差异曲线，消费者的偏好程度越低

43. 在消费者收入不变的情况下，如果两种商品的价格同比例下降，那么预算线（　　）。
    A. 向左平移 B. 向右平移
    C. 向左旋转 D. 向右旋转

第三章 生产和成本理论

刷基础

44. 在生产者行为分析中，生产者或企业追求利润最大化目标这一基本假设，是（　　）在生产和企业理论中的具体化。
    A. 经济人假设　　　　　　　　B. 社会主义生产目的理论
    C. 生产者均衡理论　　　　　　D. 股东利益最大化

45. 假设资本投入不变，当某一生产者使用的劳动数量从4个单位增加到5个单位时，总产量从38 000件增加到39 000件，平均产量从9 500件减少到7 800件。则其边际产量为（　　）件。
    A. 600　　　　　　　　　　　　B. 1 000
    C. 1 200　　　　　　　　　　　D. 1 700

46. 关于成本的说法，正确的是（　　）。
    A. 企业的总成本由所有的显成本和隐成本共同构成
    B. 隐成本是指企业购买的生产要素所实际支付的货币支出
    C. 企业的经济利润包括正常利润
    D. 隐成本是指企业租用的生产要素所实际支付的货币支出

47. 在短期成本曲线中，随着产量的增加而递减并且逐渐向横轴接近的是（　　）。
    A. 边际成本曲线　　　　　　　B. 平均总成本曲线
    C. 平均固定成本曲线　　　　　D. 平均可变成本曲线

48. 以下属于固定成本的是（　　）。
    A. 原材料费用　　　　　　　　B. 生产工人的工资
    C. 管理人员的工资　　　　　　D. 燃料和动力费用

49. 在进行短期成本函数分析时，关于各种成本曲线变动规律的说法，正确的是（　　）。
    A. 平均总成本曲线和总固定成本曲线的变动规律是一致的
    B. 总固定成本曲线和总可变成本曲线的变动规律是一致的
    C. 总成本曲线和总可变成本曲线的变动规律是一致的
    D. 平均固定成本曲线和总可变成本曲线的变动规律是一致的

50. 按照美国经济学家科斯的企业理论，导致市场机制和企业这两种资源配置方式的交易费用不同的主要因素是（　　）。
    A. 信息的不完全性　　　　　　B. 企业规模的大小
    C. 市场失灵　　　　　　　　　D. 管理成本的高低

51. 关于短期边际成本曲线和平均成本曲线关系的说法，正确的是（　　）。
    A. 平均固定成本曲线和边际成本曲线都具有 U 形特征
    B. 当边际成本与平均总成本相等时，平均总成本曲线位于最低点
    C. 平均总成本曲线比边际成本曲线更早到达最低点
    D. 平均固定成本曲线总是高于边际成本曲线

52. 某企业租赁一批机器设备，实际支付货币10万元，这笔支出从成本的角度看，属于（　　）。
    A. 可变成本　　　　　　　　　B. 隐成本
    C. 显成本　　　　　　　　　　D. 机会成本

刷进阶

53. 某企业在短期内，当产量为3个单位时，总成本为2 100元，当产量增长到4个单位时，平均总成本为562.5元，则该企业此时的边际成本是( )元。
    A. 100
    B. 200
    C. 150
    D. 250

54. 在其他条件不变的情况下，如果连续增加劳动的投入，当劳动的边际产量为0时，则总产量( )。
    A. 达到最小值
    B. 达到最大值
    C. 开始减少
    D. 出现负值

55. 假设只有一种生产要素投入可变，其他生产要素投入不可变，关于边际产量和平均产量关系的说法，正确的是( )。
    A. 只要边际产量等于平均产量，平均产量就是递增的
    B. 只要边际产量大于平均产量，平均产量就是递增的
    C. 只要边际产量小于平均产量，平均产量就是递增的
    D. 只要边际产量大于平均产量，平均产量就是递减的

56. 当某企业的产量为3个单位时，其总成本、总固定成本分别是2 100元和1 200元，则该企业的平均可变成本是( )元。
    A. 300
    B. 400
    C. 700
    D. 1 100

57. 根据美国经济学家科斯的企业理论，下列说法正确的是( )。
    A. 企业是市场机制的核心
    B. 企业是市场机制的补充物
    C. 签订、监督和执行契约所花费的成本就是全部的交易成本
    D. 企业是为了节约交易费用或成本而产生的

刷通关

58. 下列关于短期成本曲线的说法，错误的是( )。
    A. 平均固定成本曲线随产量的增加而下降，逐渐接近横轴
    B. 平均总成本、平均可变成本都是先下降后上升的U形曲线
    C. 边际成本曲线是先上升后下降的曲线
    D. 无论上升或下降，边际成本曲线的变动都快于平均可变成本曲线

59. 某企业的工人人数为10人时，其总产量为2 100个；当工人人数为11人时，其总产量为2 200个。则当工人人数为11人时，该企业的边际产量是( )个，平均产量是( )个。
    A. 100，200
    B. 200，100
    C. 210，105
    D. 100，210

60. 关于边际成本曲线与各类平均成本曲线关系的说法，错误的是( )。
    A. 当平均可变成本曲线下降时，边际成本必定小于平均可变成本
    B. 当平均总成本曲线上升时，边际成本必定小于平均总成本
    C. 在相交于最低点前，边际成本曲线低于平均可变成本曲线
    D. 当边际成本与平均总成本正好相等时，平均总成本处于最低点

第四章 市场结构理论

刷基础

61. 关于完全竞争市场上企业需求曲线的说法，正确的是(　　)。
    A. 某个企业的需求曲线是一条向右下方倾斜的曲线
    B. 整个行业的需求曲线就是某个企业的需求曲线
    C. 整个行业的需求曲线是一条向右上方倾斜的曲线
    D. 整个行业的需求曲线和某个企业的需求曲线是不同的

62. 划分完全竞争市场和垄断竞争市场的主要依据是(　　)。
    A. 市场信息是否对称　　　　　　　　B. 所生产的产品是否具有差别性
    C. 生产者的数据是否足够多　　　　　D. 市场是否存在进入障碍

63. 关于完全垄断企业的边际收益曲线和平均收益曲线关系的说法，正确的是(　　)。
    A. 边际收益曲线和平均收益曲线是相切的
    B. 边际收益曲线位于平均收益曲线的下方
    C. 边际收益曲线位于平均收益曲线的上方
    D. 边际收益曲线和平均收益曲线是完全重合的

64. 完全垄断企业实行价格歧视的基本原则是(　　)。
    A. 不同市场上的边际收益相等并且大于边际成本
    B. 不同市场上的边际收益相等并且等于边际成本
    C. 不同市场上的平均收益相等并且小于边际成本
    D. 不同市场上的平均收益相等并且等于边际成本

65. 如果某个企业的产品价格、平均收益和边际收益都相等，且其平均收益曲线、边际收益曲线和需求曲线都是同一条曲线，则该企业所属的市场类型是(　　)。
    A. 完全竞争市场　　　　　　　　　　B. 完全垄断市场
    C. 寡头垄断市场　　　　　　　　　　D. 垄断竞争市场

66. 完全垄断企业和完全竞争市场中的企业的供求曲线的区别是(　　)。
    A. 完全垄断企业的供给曲线就是行业的供给曲线
    B. 完全垄断企业的供给曲线就是个别企业的供给曲线
    C. 完全垄断企业的需求曲线就是行业的需求曲线
    D. 完全垄断企业的需求曲线就是个别企业的需求曲线

刷进阶

67. 不论在何种市场上，企业实现利润最大化的决策原则都是(　　)。
    A. 边际收益等于边际成本　　　　　　B. 边际收益大于边际成本
    C. 价格大于平均成本　　　　　　　　D. 劳动的边际产量为零

68. 实行价格歧视的基本条件不包括(　　)。
    A. 必须有可能根据不同的需求价格弹性划分出两组或两组以上的不同购买者
    B. 市场必须能够有效地隔离开
    C. 同一产品不能在不同市场之间流动

D. 消费者有足够的购买欲望和支付能力

69. 关于完全垄断企业的需求曲线和收益曲线关系的说法,正确的是(   )。
    A. 边际收益曲线位于平均收益曲线的上方
    B. 需求曲线和边际收益曲线是完全重合的
    C. 需求曲线和平均收益曲线是完全重合的
    D. 边际收益曲线和平均收益曲线是完全重合的

70. 下列关于完全垄断企业定价的说法,错误的是(   )。
    A. 需求价格弹性低,垄断者可以确定较高的价格
    B. 需求价格弹性高,垄断者可以确定较高的价格
    C. 在边际成本上的加价额占价格的比例应该等于需求价格弹性倒数的相反数
    D. 一个垄断企业索取的价格超过边际成本的程度,受制于需求价格弹性

刷通关

71. 在完全垄断市场上,生产者实施价格歧视的基本条件之一是必须有可能根据不同的(   )划分出两组或两组以上的不同购买者。
    A. 需求收入弹性   B. 供给价格弹性
    C. 需求价格弹性   D. 需求交叉弹性

72. 完全垄断企业的边际收益小于其平均收益,这是因为(   )。
    A. 单位产品价格随着销售量的增加而下降
    B. 单位产品成本随着销售量的增加而上升
    C. 单位产品价格随着销售量的减少而下降
    D. 单位产品成本随着销售量的减少而上升

73. 关于完全垄断企业需求曲线和收益曲线的说法,正确的是(   )。
    A. 需求曲线向右下方倾斜,斜率为负
    B. 需求曲线和边际收益曲线是完全重合的
    C. 平均收益曲线比边际收益曲线陡峭
    D. 平均收益曲线位于边际收益曲线的下方

第五章　生产要素市场理论

刷基础

74. 关于在完全竞争要素市场上生产者面临的生产要素供给曲线的说法,正确的是(   )。
    A. 该曲线向右上方倾斜   B. 该曲线是一条折弯线
    C. 该曲线是一条水平线   D. 该曲线向右下方倾斜

75. 在完全竞争要素市场上,生产者边际要素成本曲线,平均要素成本曲线和要素供给曲线的关系是(   )。
    A. 边际要素成本曲线与平均要素成本曲线重合,要素供给曲线向右上方倾斜
    B. 边际要素成本曲线、平均要素成本曲线和要素供给曲线是重合的
    C. 边际要素成本曲线向右下方倾斜,而平均要素成本曲线和要素供给曲线重合
    D. 边际要素成本曲线、平均要素成本曲线和要素供给曲线都是 U 形曲线

76. 土地的供给曲线是一条( )。
    A. 向右上方倾斜的曲线　　　　　B. 向右下方倾斜的曲线
    C. 平行于价格轴的直线　　　　　D. 垂直于价格轴的直线

77. 下列关于生产要素市场理论的说法，错误的是( )。
    A. 生产者对生产要素的需求是一种引致需求
    B. 劳动的供给曲线是一条后弯曲线
    C. 资本的供给短期内是垂直线，长期是一条后弯曲线
    D. 完全竞争生产者的要素需求曲线是一条水平线

78. 消费者供给劳动的目标是实现效用最大化，实现效用最大化要满足的条件是( )。
    A. 劳动的边际成本等于闲暇的边际成本
    B. 劳动时间等于闲暇时间
    C. 劳动的边际效用等于闲暇的边际效用
    D. 劳动的总效用等于闲暇的总效用

刷进阶　　高频进阶　强化提升

79. 为了实现利润最大化，生产者使用生产要素的原则是( )。
    A. 边际要素产品等于最大收益产品　　　B. 边际物质产品等于边际产品价值
    C. 平均要素成本等于平均收益产品　　　D. 边际要素成本等于边际收益产品

80. 关于劳动供给曲线和均衡工资决定的说法，正确的是( )。
    A. 工资增加的替代效应表现为劳动供给减少
    B. 工资增加的收入效应表现为劳动供给增加
    C. 劳动的边际效用大于闲暇的边际效用时，减少闲暇增加劳动可以增加总效用
    D. 收入效应和替代效应不能用来解释劳动供给曲线为何后弯

81. 边际物质产品(MPP)表示的是( )。
    A. 增加单位要素投入所带来的产量增量
    B. 增加单位要素使用所带来的收益的增量
    C. 每增加一单位的要素投入所增加的价值
    D. 增加单位要素投入所带来的成本增量

刷通关　　举一反三　高效通关

82. 消费者的要素供给目标是实现效用最大化，为了获得最大效用必须满足的条件是( )。
    A. 劳动的边际效用大于闲暇的边际效用　　B. 劳动的边际效用小于收入的边际效用
    C. 劳动的边际效用等于闲暇的边际效用　　D. 劳动的边际效用等于收入的边际效用

83. 关于边际产品价值VMP，下列说法正确的是( )。
    A. VMP表示增加单位要素投入所带来的产量增量
    B. VMP=边际收益产品(MRP)×产品价格(P)
    C. VMP=边际物质产品(MPP)×产品价格(P)
    D. VMP表示增加单位要素使用所带来的收益的增量

第六章 市场失灵和政府的干预

刷基础

84. 关于资源最优配置的说法，正确的是（　　）。
    A. 当经济处于一般均衡状态时资源配置最优
    B. 当市场价格稳定时资源配置最优
    C. 当信息传递有效时资源配置最优
    D. 当市场有效需求得到满足时资源配置最优

85. 最典型的纯公共物品是（　　）。
    A. 收费公路   B. 国防
    C. 医疗卫生服务   D. 保障性住房

86. 由于买方和卖方之间信息不对称，市场机制会导致某些商品或服务的需求曲线向左下方弯曲，最终结果是劣质商品或服务驱逐优质商品或服务，以致市场萎缩甚至消失，这种现象称为（　　）。
    A. 道德风险   B. 逆向选择
    C. 负外部性   D. 优胜劣汰

87. 为了实现资源的优化配置，政府应通过财政补贴对其具有（　　）的生产者予以支持，使其私人收益等于社会收益。
    A. 道德风险   B. 正向选择
    C. 外部不经济   D. 外部经济

88. 从经济学的理论来看，由于外部影响的存在，市场机制不能有效地配置资源，对于产生外部经济的生产者来说（　　）。
    A. 产出水平低于社会最优产出水平   B. 产出水平高于社会最优产出水平
    C. 边际私人成本低于边际社会成本   D. 私人收益大于社会收益

89. 垄断会导致资源无法达到最优配置的原因是（　　）。
    A. 垄断产生道德风险问题
    B. 垄断导致外部不经济
    C. 垄断产生"搭便车"行为
    D. 垄断使得市场机制难以充分有效地发挥作用

90. 产生外部经济的生产中，其产出水平低于社会最优产出水平的原因是（　　）。
    A. 边际私人成本低于边际社会成本   B. 边际私人成本等于边际社会成本
    C. 私人收益等于边际收益   D. 私人收益小于社会收益

91. 某种既定的资源配置状态中，帕累托最优状态是指（　　）。
    A. 不存在帕累托改进   B. 一国的国民收入实现了公平分配
    C. 社会全体成员的福利同时得到改善 D. 实现外部影响内部化

92. 关于公共物品的说法，正确的是（　　）。
    A. 一个人不进行购买就不能消费该物品
    B. 增加一个人对该物品的消费必然减少另一个人对该物品的消费
    C. 该物品在财产所有权上具有独占性

D. 增加一个人对该物品的消费并不影响其他人对该物品的消费

刷进阶

93. 经济实现一般均衡，资源配置达到帕累托最优状态的条件不包括( )。
    A. 经济主体是完全理性的　　　　B. 信息是完全的
    C. 市场是完全垄断的　　　　　　D. 经济主体的行为不存在外部影响

94. 根据科斯定理，可以通过市场机制解决外部性问题的前提是( )。
    A. 财产权明确
    B. 交易成本为零或者很小
    C. 财产权明确且交易成本足够大
    D. 财产权明确且交易成本为零或者很小

95. 关于外部性的说法，正确的是( )。
    A. 在完全竞争条件下，外部性的存在不会影响资源的最优配置
    B. 即使在完全竞争条件下，外部性的存在也使得资源配置难以达到帕累托最优状态
    C. 外部性只有外部不经济这一种状态
    D. 外部性只发生在生产领域

96. 在信息不完全条件下，商品降价时，消费者会认为商品质量下降从而减少购买，这种现象称作( )。
    A. 外部性　　　　　　　　　　　B. 逆向选择
    C. 道德风险　　　　　　　　　　D. 不完全竞争

97. 如果既定的配置状态能够在其他人福利水平不下降的情况下，通过资源重新配置使至少一个人的福利水平有所提高，这种资源重新配置被称为( )。
    A. 一般均衡状态　　　　　　　　B. 帕累托最优
    C. 帕累托改进　　　　　　　　　D. 瓦尔拉斯均衡状态

刷通关

98. 投保人在购买保险前后行为有所差异，有些人甚至故意制造撞车或人身伤害事故，以获得保险公司的高额赔偿，而这种行为就是保险公司所面对的( )。
    A. 劣币驱逐良币　　　　　　　　B. 逆向选择
    C. 道德风险　　　　　　　　　　D. 外部不经济

99. 对于可能产生( )的行为，政府一般应通过征税或收费的措施予以限制，使企业的私人成本等于社会成本。
    A. 搭便车　　　　　　　　　　　B. 负外部性
    C. 道德风险　　　　　　　　　　D. 逆向选择

100. 关于科斯定理的含义的说法，正确的是( )。
    A. 只要财产权是明确的，并且交易成本为零或者很小，那么无论开始时将财产权赋予谁，市场均衡的最终结果都是有效率的，就可以实现资源配置的帕累托最优
    B. 只要财产权是明确的，那么无论在开始时将财产权赋予谁，市场均衡的最终结果都是有效率的，就可以实现资源配置的帕累托最优
    C. 只要交易成本为零或者很小，市场均衡的最终结果都是有效率的，就可以实现资源配置的帕累托最优
    D. 无论财产权是否明确，只要交易成本为零或者很小，就可以实现资源配置的帕累托最优

第七章 国民收入核算和简单的宏观经济模型

刷基础

101. 运用( )核算的国内生产总值，可以用于计算资本形成率和最终消费率。
    A. 支出法 B. 收入法
    C. 生产法 D. 综合法

102. 在国内生产总值的计算方法中，从生产过程中创造原始收入的角度来计算国内生产总值的方法是( )。
    A. 消费法 B. 支出法
    C. 收入法 D. 生产法

103. 提出生命周期消费理论，强调了消费与个人生命周期阶段之间关系的经济学家是( )。
    A. 凯恩斯 B. 科斯
    C. 弗里德曼 D. 莫迪利安尼

104. 消费函数和储蓄函数的关系是( )。
    A. 消费函数和储蓄函数互为补数，二者之和总是等于收入
    B. 消费函数和储蓄函数互为相反数，二者之和总是等于收入
    C. 消费函数和储蓄函数互为补数，二者之和总是等于总需求
    D. 消费函数和储蓄函数互为相反数，二者之和总是等于总需求

105. 下列经济因素中，对长期总供给没有决定性影响的是( )。
    A. 技术 B. 政府购买
    C. 劳动 D. 资本

106. 青年时期把收入的很大一部分用于消费而储蓄很小，中年时期收入大于消费，进入老年时期，基本没有收入，消费大于收入。描述此现象的消费理论是由( )提出的。
    A. 凯恩斯 B. 莫迪利安尼
    C. 弗里德曼 D. 科斯

107. 关于国内生产总值的说法，正确的是( )。
    A. 从价值形态上看，国内生产总值是所有常住单位在一定时期内最终使用的货物和服务价值减去货物和服务进口价值
    B. 国内生产总值是收入概念
    C. 国内生产总值是按市场价格计算的一个国家(或地区)在一定时期内生产活动的最终成果
    D. 国内生产总值是一个国家或地区所有常住单位在一定时期内收入初次分配的最终结果

108. 关于边际消费倾向、平均消费倾向及其相互关系的说法，正确的是( )。
    A. 边际消费倾向恒等于平均消费倾向
    B. 边际消费倾向可能大于、等于或小于0
    C. 平均消费倾向总是在0到1之间
    D. 边际消费倾向总是小于平均消费倾向

刷进阶

109. 以边际消费倾向递减规律作为前提假设之一的消费理论是(　　)。
    A. 生产周期消费理论　　　　　　B. 凯恩斯消费理论
    C. 持久收入理论　　　　　　　　D. 超前消费理论

110. 关于价格总水平影响因素的说法，正确的是(　　)。
    A. 从长期来看，总供给变动与价格总水平无关
    B. 价格总水平的变动与总产出的变化呈同方向变动
    C. 价格总水平的变动与货币供给量呈反方向变动
    D. 如果总需求增长慢于总供给的增长，价格总水平就有可能上升

111. 如果 C 表示消费、I 表示投资、G 表示政府购买、X 表示出口、M 表示进口，则按照支出法计算的国内生产总值(GDP)的公式是(　　)。
    A. $GDP = C+I+G+X$　　　　　B. $GDP = C+I+G-M$
    C. $GDP = C+I+G+(X+M)$　　D. $GDP = C+I+G+(X-M)$

112. 关于投资乘数的说法，正确的是(　　)。
    A. 投资乘数是平均储蓄倾向的倒数　　B. 投资乘数是边际储蓄倾向的倒数
    C. 投资乘数是边际消费倾向的倒数　　D. 投资乘数是平均消费倾向的倒数

113. 利用收入法计算国内生产总值的公式是(　　)。
    A. 国内生产总值=劳动者报酬+固定资产折旧+生产税净额+营业盈余
    B. 国内生产总值=最终消费+资本形成总额+净出口
    C. 国内生产总值=居民消费+固定投资+政府购买+净出口
    D. 国内生产总值=居民消费+固定投资+政府购买

刷通关

114. 由于总需求增长，使得总需求曲线向右平移，而总供给曲线不变，因此总供给曲线和总需求曲线的交点向右上方移动，价格总水平上涨。这是(　　)通货膨胀的基本模型。
    A. 成本推进型　　　　　　　　B. 输入型
    C. 需求拉动型　　　　　　　　D. 结构型

115. 凯恩斯消费函数的斜率取决于(　　)。
    A. 收入水平　　　　　　　　　B. 边际消费倾向
    C. 平均消费倾向　　　　　　　D. 平均储蓄倾向

116. 假设边际储蓄倾向 s 是 0.2，则投资乘数 k 应为(　　)。
    A. 1.25　　　　　　　　　　　B. 2.5
    C. 5.5　　　　　　　　　　　　D. 5

第八章　经济增长和经济发展理论

刷基础

117. 通常情况下，计算经济增长速度时应采(　　)计算的 GDP。
    A. 现行价格　　　　　　　　　B. 基期价格

C. 平准价格 D. 不变价格

118. 中国特色社会主义发展基本理念的内容是( )。
    A. 创新、协调、绿色、开放、公正   B. 创新、协调、绿色、开放、公平
    C. 创新、协调、绿色、开放、共享   D. 稳定、协调、绿色、开放、共享

119. 假设某国2013—2019年GDP平均增长7.5%，资本存量年均增长5%，劳动力平均增长2%，而且资本、劳动力在GDP增长中的份额分别为50%、50%。这一时期该国全要素生产率增长率应为( )。
    A. 4.0%   B. 4.5%
    C. 3.0%   D. 3.5%

120. 建设现代化经济体系，必须把发展经济的着力点放在( )上。
    A. 虚拟经济   B. 传统经济
    C. 实体经济   D. 市场经济

121. 关于可持续性发展的说法，正确的是( )。
    A. 既满足当代人需要，又不对后代人满足其需要的能力构成危害
    B. 在一个时期内保持经济高速增长
    C. 保持经济稳定性增长
    D. 重视科技进步

122. 在分析和预测经济波动的指标体系中，股票价格指数属于( )。
    A. 先行指标   B. 一致指标
    C. 滞后指标   D. 同步指标

123. 经济发展的核心是( )。
    A. 经济快速增长   B. 第三产业比重逐渐提高
    C. 人民生活水平的持续提高   D. 农村人口向城市转移

124. 下列分析和预测经济波动的指标中，属于领先指标的有( )。
    A. 广义货币M_2 B. 固定资产投资额
    C. 居民消费价格指数   D. 社会消费品零售总额

125. "十三五"时期经济社会发展的基本理念中，中国特色社会主义的本质要求是( )。
    A. 协调   B. 创新
    C. 开放   D. 共享

126. 如果一国在一定时期内年均经济增长率为8%，劳动增长率为2%，资本增长率为4%，劳动产出弹性和资本产出弹性分别为0.75和0.25，根据索洛余值法，在8%的经济增长率中，技术进步的贡献约为( )。
    A. 2.0%   B. 2.5%
    C. 5.5%   D. 1.0%

127. 如果经济运行处在低谷时的经济增长率为正值，即经济总量GDP只是相对减少，而非绝对减少，通常将该经济周期称为( )。
    A. 增长型周期   B. 古典型周期
    C. 大循环   D. 长波循环

128. 在分析经济波动状况的指标体系中，可以预测总体经济运行轨迹的指标称为（　　）。
    A. 核心指标　　　　　　　　　　B. 领先指标
    C. 滞后指标　　　　　　　　　　D. 一致指标

129. 如果一个经济体在经济运行处于低谷时的经济增长为负增长，即经济总量 GDP 绝对减少，具有这种特征的经济周期称为（　　）。
    A. 中周期　　　　　　　　　　　B. 古典型周期
    C. 长波循环周期　　　　　　　　D. 增长型周期

刷通关　　　　　　　　　　　　　　　　　　　　　　　　　　举一反三
　　　　　　　　　　　　　　　　　　　　　　　　　　　　　　　高效通关

130. 关于经济周期的阶段划分和阶段特征，以下说法错误的是（　　）。
    A. 一般可以把经济周期划分为扩张阶段和收缩或衰退阶段
    B. 扩张阶段又可以细分为复苏阶段和繁荣阶段
    C. 紧缩阶段的最低点称为谷底，扩张阶段的最高点称为峰顶
    D. 衰退期间的实际经济增长率为正数，扩张期间的实际经济增长率为负数

131. 以下属于分析和预测经济波动的一致指标的是（　　）。
    A. 库存　　　　　　　　　　　　B. 制造业订货单
    C. 居民消费价格指数　　　　　　D. 固定资产投资额

132. 技术进步对经济增长的贡献率是（　　）。
    A. 全要素生产率　　　　　　　　B. 经济增长率
    C. 资本增长率　　　　　　　　　D. 劳动增加率

第九章　价格总水平和就业、失业

刷基础　　　　　　　　　　　　　　　　　　　　　　　　　　紧扣大纲
　　　　　　　　　　　　　　　　　　　　　　　　　　　　　　　夯实基础

133. 反映一个国家或地区劳动力资源利用状况的最重要的经济指标是（　　）。
    A. 就业率　　　　　　　　　　　B. 人口出生率
    C. 失业率　　　　　　　　　　　D. 城镇化率

134. 一个国家或地区一定时期内的就业增长率与经济增长率之间的比值称为（　　）。
    A. 就业弹性　　　　　　　　　　B. 就业系数
    C. 就业增速　　　　　　　　　　D. 就业比率

135. 作为宏观经济分析的重要工具，简单的菲利普斯曲线概述的是失业率与（　　）之间的相互关系。
    A. 企业利润增长率　　　　　　　B. 工资水平增长率
    C. 产业结构　　　　　　　　　　D. 通货膨胀率

136. 奥肯定律描述的是（　　）。
    A. 经济波动和就业　　　　　　　B. 经济增长和通货膨胀
    C. 经济波动和居民收入　　　　　D. 经济增长和失业

刷进阶　　　　　　　　　　　　　　　　　　　　　　　　　　高频进阶
　　　　　　　　　　　　　　　　　　　　　　　　　　　　　　　强化提升

137. 劳动者找到最适合自己的偏好和技能的工作需要一定的时间而引起的失业是（　　）。
    A. 结构性失业　　　　　　　　　B. 摩擦性失业

C. 周期性失业　　　　　　　　D. 需求不足型失业

138. 下列经济因素变化中,通常情况下与价格总水平的变动是反方向的是(　　)。
   A. 总产出的变化　　　　　　B. 总供给
   C. 货币供应量的变化　　　　D. 货币流通速度的变化

139. 如果以 π 代表价格总水平的变动率,m 代表货币供给量的变动率,v 代表货币流通速度的变动率,y 代表国内生产总值的变动率,那么价格总水平的决定方程是(　　)。
   A. $\pi = m+v-y$　　　　　　B. $\pi = m+v$
   C. $\pi = m-y$　　　　　　　D. $\pi = v-y$

刷通关　　举一反三 高效通关

140. 根据统计部门数据,2019 年我国城镇就业人员 30 000 万人,比 2018 年城镇就业人员增长了 3.2%。2019 年国内生产总值 630 000 亿元,比 2018 年增长了 8.2%。则 2019 年我国城镇就业弹性系数约为(　　)。
   A. 0.06　　　　　　　　　　B. 0.39
   C. 0.78　　　　　　　　　　D. 16.2

141. 根据奥肯定律,政府应当把(　　)作为增加就业的主要途径。
   A. 稳定物价　　　　　　　　B. 促进经济增长
   C. 平衡国际收支　　　　　　D. 稳定经济秩序

第十章　国际贸易理论和政策

刷基础　　紧扣大纲 夯实基础

142. 经济学家亚当·斯密提出的国际贸易理论是(　　)。
   A. 绝对优势理论　　　　　　B. 要素禀赋理论
   C. 比较优势理论　　　　　　D. 规模经济贸易理论

143. 解释相似资源储备国家之间和同类工业品之间的双向贸易现象的理论是(　　)。
   A. 绝对优势理论　　　　　　B. 规模经济贸易理论
   C. 要素禀赋理论　　　　　　D. 比较优势理论

144. 大卫·李嘉图认为决定国际贸易的因素是(　　)。
   A. 要素储备比例　　　　　　B. 生产资源配置比例
   C. 两个国家产品的相对生产成本　　D. 两个国家产品的绝对生产成本

145. 政府干预出口贸易以刺激出口增加的主要措施是(　　)。
   A. 出口配额　　　　　　　　B. 进口配额
   C. 公共采购　　　　　　　　D. 出口补贴

146. 下列政府政策措施中,能对进口贸易产生限制作用的是(　　)。
   A. 设定卫生检验标准　　　　B. 直接补贴
   C. 出口信贷　　　　　　　　D. 限制倾销

刷进阶　　高频进阶 强化提升

147. 各国应该集中生产并出口那些充分利用本国充裕要素的产品,进口那些需要密集使用本国稀缺要素的产品。这一结论依据的是(　　)。

A. 绝对优势理论　　　　　　　B. 比较优势理论
C. 要素禀赋理论　　　　　　　D. 规模经济理论

148. 出口商按正常价格销售给进口商，进口商以倾销性低价在进口国市场抛售产品，亏损由出口企业补偿，这种倾销方式属于（　　）。
A. 掠夺性倾销　　　　　　　B. 持续性倾销
C. 隐蔽性倾销　　　　　　　D. 偶然性倾销

149. 下列政府对进出口贸易进行干预的措施中，属于间接出口补贴的是（　　）。
A. 自愿出口限制　　　　　　B. 出口信贷
C. 技术标准　　　　　　　　D. 最高限价制

刷通关　　　　　　　　　　　　　　　　　　　举一反三 高效通关

150. 下列政府对进出口贸易干预的措施中，属于非关税壁垒的是（　　）。
A. 直接补贴　　　　　　　　B. 出口信贷
C. 反倾销税　　　　　　　　D. 进口配额制

151. 出口企业为在国外市场上达到排除竞争对手、获取超额垄断利润的目的，在短期内以不合理的低价向该市场销售产品，一旦竞争对手被排除，再重新提高产品销售价格的行为称为（　　）。
A. 偶然性倾销　　　　　　　B. 持续性倾销
C. 隐蔽性倾销　　　　　　　D. 掠夺性倾销

第十一章　公共物品与财政职能

刷基础　　　　　　　　　　　　　　　　　　　紧扣大纲 夯实基础

152. 符合公共选择的"经济人假设"的是（　　）。
A. 政治人谋求的是公众利益最大化
B. 政治场景中的个人与市场环境中的个人一样，都是自利、理性和效用最大化者
C. 所有政客、官僚、代议者都关注公众利益
D. 政治人都是道德高尚的人

153. 唐斯的"理性投票假说"认为，理性的个人投票与否，取决于参加投票的（　　）。
A. 平均成本　　　　　　　　B. 时间成本
C. 净收益　　　　　　　　　D. 期望净收益

154. 关于公共选择的说法，正确的是（　　）。
A. 公共选择理论产生于20世纪40—50年代的英国
B. 公共选择理论是关于"市场失灵"的理论
C. 公共选择理论分析的是政治场景和公共选择中的个人行为
D. 公共选择理论不以"经济人"为假设

155. 公共物品供给制度结构的核心是（　　）。
A. 公共物品供给的生产制度　　B. 公共物品供给的融资制度
C. 公共物品供给的决策制度　　D. 公共物品的受益分配制度

156. 下列政策措施中，不属于财政配置社会资源的机制和手段的是（　　）。

A. 优化财政支出结构 B. 确定公共需要范围
C. 降低个人所得税税率 D. 调节社会投资方向

157. 在市场经济条件下，财政配置的范围不包括(　　)。
A. 满足政府执行职能的需要
B. 对社会资源配置的引导性支出
C. 满足社会公众需求
D. 市场不能有效提供而社会又需要的准公共物品和服务的支出

158. 关于公共物品和私人物品的需求显示，下列说法正确的是(　　)。
A. 在现实生活中，人们通过市场机制显示对公共物品的需求
B. 公共物品的需求显示是通过自愿的市场交易实现的
C. 私人物品的需求显示是通过具有强制性的政治交易实现的
D. 在商品和服务市场上，人们用出价多少表示对私人物品的需求强度和需求数量

159. 公共物品供给的制度不包括(　　)。
A. 决策制度 B. 融资制度
C. 销售制度 D. 生产制度

160. 下列生产方式中，属于公共物品典型生产方式的是(　　)。
A. 特许经营 B. 私人经营
C. 社会组织生产 D. 政府生产

刷进阶　　高频进阶 强化提升

161. 我国中央财政不断加大对中西部地区财政转移支付力度，逐步缩小地区间基本公共服务差距，这是财政履行(　　)职能的体现。
A. 经济发展 B. 经济稳定
C. 市场维护 D. 收入分配

162. 由于手中的一票对于选举结果无足轻重，即使拥有必要的信息，选民也不愿意投入精力和时间，他们不会好好利用这些信息。这指的是政府失灵表现中的(　　)现象。
A. 选民"理性的无知" B. 选民"理性的非理性"
C. 选民"非理性的理性" D. 选民"非理性的无知"

163. 政府融资的缺点是(　　)。
A. 比较理想，很难实现
B. 难以满足社会成员对公共物品的多样化需求
C. 可能导致公共物品供给的数量不足
D. 可能导致公共物品供给的结构失衡

164. 以下不属于政府经济活动范围的是(　　)。
A. 生产私人物品 B. 调节收入分配
C. 矫正外部性 D. 维持有效竞争

165. 对于一种纯公共物品，在其总供给量保持不变的情况下，如果增加一个人对它的消费量，则其他人可消费数量的变化情况是(　　)。
A. 相应增加 B. 相应减少
C. 保持不变 D. 趋于平均

刷通关

166. 下列不属于财政基本职能的是（　　）。
　　A. 收入分配职能　　　　　　　　B. 信用创造职能
　　C. 资源配置职能　　　　　　　　D. 经济稳定和发展职能

167. 在下列选项中，属于典型的公共物品生产方式的是（　　）。
　　A. 政府融资　　　　　　　　　　B. 合同外包
　　C. 联合融资　　　　　　　　　　D. 私人融资

168. 通过资源税调节自然资源形成的级差收入，是财政发挥（　　）职能的体现。
　　A. 收入分配　　　　　　　　　　B. 资源配置
　　C. 经济稳定　　　　　　　　　　D. 经济发展

169. 官僚体系无效率模型在公共物品的政府生产上所具有的政策含义不包括（　　）。
　　A. 官僚在给定需求约束和成本约束条件下，最大化本部门预算
　　B. 应当增强官僚部门内部的竞争性
　　C. 通过改变对官僚的激励，引导其最小化既定产出的成本
　　D. 通过公共物品和服务的生产外包，让更多的私人营利性企业加入公共物品和服务的生产过程中来，以期提高效率

第十二章　财政支出

刷基础

170. 在我国政府支出分类改革中，支出功能分类科目设（　　）。
　　A. 类、款、项三级　　　　　　　B. 类、款两级
　　C. 款、项两级　　　　　　　　　D. 类、款、项、目四级

171. 梯度渐进增长理论是在对（　　）公共支出的历史数据进行研究的基础上提出的。
　　A. 美国 1890—1955 年　　　　　B. 德国 1905—1965 年
　　C. 英国 1890—1955 年　　　　　D. 法国 1905—1965 年

172. 财政支出绩效评价的对象是（　　）。
　　A. 财政部门　　　　　　　　　　B. 社会所有的部门或机构
　　C. 政府及其财政部门　　　　　　D. 使用财政资金的部门或机构

173. 政府为了履行其职能，从私人部门取得物品与劳务并支付相应资金而发生的费用属于（　　）。
　　A. 转移性支出　　　　　　　　　B. 建设性支出
　　C. 购买性支出　　　　　　　　　D. 消费性支出

174. 财政幻觉是指（　　）。
　　A. 民众通常更关心减轻税收负担，却忽视了可能享受的公共服务水平也会降低
　　B. 民众通常相信随着经济的发展，市场失灵问题会越来越少，政府支出规模会保持稳定
　　C. 民众通常更关心扩大公共支出能给自己带来的好处，却忽视了税收负担也有可能同时增长

D. 民众通常相信财政支出数量会随着不同时期财政支出作用的变化而变化

175. 根据英国经济学家皮考克和魏斯曼提出的"梯度渐进增长理论",在正常年份财政支出的最高限度是(　　)。
 A. 政府举借债务规模　　　　　　B. 财政支出需要
 C. 社会财富总量　　　　　　　　D. 公众可以容忍的税收负担

176. 西方国家财政的理论与实践表明,在财政体制逐步形成以后,建立相应的(　　)是确保财政体制有效运行的重要管理措施。
 A. 预算编制制度　　　　　　　　B. 部门预算制度
 C. 财政收入制度　　　　　　　　D. 财政支出绩效评价制度

177. 政府依法向受益对象拨付财政资金但并不要求获得相应物品和劳务,不涉及等价交换,会造成财富在社会主体间重新分配,这种财政支出属于(　　)。
 A. 转移性支出　　　　　　　　　B. 建设性支出
 C. 购买性支出　　　　　　　　　D. 投资性支出

178. 下列财政指标中,表示当年财政支出比上年同期财政支出增长的百分比的是(　　)。
 A. 财政支出增长率　　　　　　　B. 人均财政支出比率
 C. 财政支出增长的边际倾向　　　D. 财政支出增长的弹性系数

刷进阶

179. "财政支出数量的变化,是随着不同时期财政支出作用的变化而变化",这一结论来自(　　)。
 A. 马斯格雷夫提出的经济发展阶段增长理论
 B. 瓦格纳提出的政府活动扩张法则
 C. 鲍莫尔提出的非均衡增长理论
 D. 皮考克和魏斯曼提出的梯度渐进增长理论

180. 下列财政指标中,属于反映财政支出增长额与国内生产总值增长额之间关系的是(　　)。
 A. 财政支出增长的弹性系数　　　B. 财政支出增长的边际倾向
 C. 财政支出增长率　　　　　　　D. 财政支出超支率

181. 财政支出根据(　　)分类,可以从宏观上考察一国政府在多大程度上作为经济主体直接参与经济过程,其职能是偏好于资源配置,还是收入分配。
 A. 支出功能　　　　　　　　　　B. 支出经济
 C. 交易的经济性质　　　　　　　D. 政府的职能活动

182. 我国财政支出2018年为175 768亿元,2019年187 841亿元,2019年财政支出增长率是(　　)。
 A. 6.43%　　　　　　　　　　　 B. 6.87%
 C. 6.47%　　　　　　　　　　　 D. 6.83%

183. 随着市场在资源配置中基础性作用的增强,政府对经济的管理逐步从直接和微观管理向间接和宏观管理转变。与此相适应,我国财政支出重点应逐步从经济建设向(　　)转变。
 A. 提供公共物品和服务　　　　　B. 支持国有经济发展
 C. 支持私营经济发展　　　　　　D. 城市建设

刷通关

184. 长期以来，我国财政支出结构存在的主要问题是（　　）。
   A. 转移性支出占财政支出的比重过高
   B. 购买性支出占财政支出的比重过低
   C. 政府应承担的再分配功能受到挤压
   D. 投资性支出占财政支出的比重过低

185. 关于财政支出绩效评价的说法，正确的是（　　）。
   A. 其内容是委托—代理事项　　　　B. 其主体是使用财政资金的部门或机构
   C. 其关键是选择合适的评价方法　　D. 一般采取定性分析，不采用定量分析

186. 中央财政支出占全国财政支出的比重是相对稳定的，它决定于（　　）。
   A. 国家的制度安排　　　　　　　　B. 政府的职能
   C. 经济发展的需要　　　　　　　　D. 国家性质

187. 经济发展阶段增长理论对财政支出增长原因进行研究，得到的结论是（　　）。
   A. 财政支出规模不断扩大是社会经济发展的一个客观规律
   B. 通过分析公共部门平均劳动生产率的状况对财政支出增长原因做出解释
   C. 财政支出数量的变化，是随着不同时期财政支出作用的变化而变化的
   D. 英国的公共支出增长是"阶梯式的""非连续的"

第十三章　财政收入

刷基础

188. 按照拉弗曲线的描述，正确的是（　　）。
   A. 在较低的税率区间内，税收收入将随税率的降低而增加
   B. 税率的提高不会对劳动供给产生负激励
   C. 随着税率的提高税收收入一直增加
   D. 在高的税率区间内，税收收入将随税率的增加而降低

189. 在资本物品交易中，生产要素购买者将所购买的生产要素未来应当缴纳的税款，通过从购入价格中预先扣除（压低生产要素购买价格）的方法，向后转嫁给生产要素的出售者，这种税收转嫁称为（　　）。
   A. 后转　　　　　　　　　　　　　B. 前转
   C. 税收资本化　　　　　　　　　　D. 消转

190. 下列课税商品中，税负最不容易转嫁的是（　　）。
   A. 食盐　　　　　　　　　　　　　B. 住房
   C. 高尔夫球杆　　　　　　　　　　D. 面粉

191. 下列指标中，不属于衡量宏观税负指标的是（　　）。
   A. 财政收入（一般预算收入）占GDP的比重
   B. 财政收入（一般预算收入）、政府性基金收入、国有资本经营预算收入与社会保障基金收入的总和占GDP的比重
   C. 税收收入占GDP的比重

D. 财政支出占 GDP 的比重

192. 政府债务管理者向小投资人发行不可上市国债，这属于国债发行的( )方式。
   A. 随买 B. 公募招标
   C. 承购包销 D. 直接发售

193. 关于拉弗曲线的说法，正确的是( )。
   A. 拉弗曲线描述了通货膨胀率与税收收入或经济增长之间的关系
   B. 拉弗曲线描述了税率与国内生产总值之间的关系
   C. 拉弗曲线描述了通货膨胀率与国内生产总值之间的关系
   D. 拉弗曲线描述了税率与税收收入或经济增长之间的关系

194. 甲公司购买某应税产品，通过压低该产品的价格将税负全部转移给销售该产品的乙公司。这种税负转嫁方式属于( )。
   A. 旁转 B. 前转
   C. 混转 D. 后转

刷进阶

195. 关于税负转嫁方式的说法，正确的是( )。
   A. 消转是税收转嫁最典型和最普遍的形式，多发生在流转税上
   B. 后转是纳税人通过压低购入商品或者生产要素进价的方式，将其缴纳的税款转给商品或生产要素供给者
   C. 在混转方式下，纳税人用降低征税物品成本的办法使税负从新增利润中得到抵补
   D. 旁转在实践中比较常见

196. 国家通过各种形式，从国民经济收支环流中截取并运用的资金占国民经济总量的比重称为( )。
   A. 信贷计划 B. 宏观税负
   C. 财政支出 D. 财政预算

197. 政府在社会经济活动中提供公共物品和服务的范围与数量，在很大程度上取决于( )的充裕状况。
   A. 财政收入 B. 基金预算
   C. 政府预算 D. 财政支出

198. 2019年某国国债收入2万亿元。截至该年年末国债累计余额5万亿元，国内生产总值42万亿元，财政支出20万亿元，则该国2019年国债负担率为( )。
   A. 1.5% B. 10%
   C. 11.9% D. 25%

199. 下列经济理论或模型中，对税率与税收收入或经济增长之间关系进行形象描述的是( )。
   A. 尼斯坎南模型 B. 李嘉图等价定理
   C. 拉弗曲线 D. 瓦格纳法则

刷通关

200. 关于加强政府性债务管理的说法，正确的是( )。
   A. 中央政府债务实行限额管理

B. 地方政府债务实行余额管理
C. 地方政府举债不得用于归还存量债务
D. 地方政府专项债务纳入政府性基金预算管理

201. 当今世界各国弥补财政赤字的普遍做法是( )。
　　A. 增加税收　　　　　　　　　　B. 举借公债
　　C. 压缩支出　　　　　　　　　　D. 收取企业利润

202. 某国 2019 年财政收入额为 2 500 亿元，财政支出额为 3 000 亿元，公债发行额为 600 亿元，则该国的债务依存度为( )。
　　A. 11.11%　　　　　　　　　　B. 20%
　　C. 25%　　　　　　　　　　　　D. 30%

第十四章　税收制度

刷基础　　　　　　　　　　　　　　　　　　　　　紧扣大纲
　　　　　　　　　　　　　　　　　　　　　　　　　　夯实基础

203. 扣缴义务人是指法律、行政法规规定负有( )。
　　A. 代扣代缴税款义务的单位
　　B. 代扣代缴税款义务的单位和个人
　　C. 代扣代缴、代收代缴税款义务的单位
　　D. 代扣代缴、代收代缴税款义务的单位和个人

204. 直接税和间接税的划分依据是( )。
　　A. 纳税人能否确定　　　　　　　B. 纳税环节能否确定
　　C. 税负能否转嫁　　　　　　　　D. 计税依据能否确定

205. 小规模纳税人销售货物时，其增值税应纳税额的计算公式是( )。
　　A. 应纳税额=销售额×征收率　　　B. 应纳税额=组成计税价格×税率
　　C. 应纳税额=组成计价税额×征收率　D. 应纳税额=销售额×税率

206. 关于减税和免税的说法，错误的是( )。
　　A. 免税是指不征税
　　B. 减税是指对纳税额少征一部分税款
　　C. 免税是指对应纳税额全部免征
　　D. 减税、免税一般都具有定期减免性质

207. 企业所得税应纳税所得额，是指企业每一纳税年度的收入总额，减除不征税收入，免税收入、各项扣除以及( )。
　　A. 允许弥补的以前年度亏损和抵免税额后的余额再乘以税率
　　B. 允许弥补的以前年度亏损后的余额再乘以税率
　　C. 允许弥补的以前年度亏损和抵免税额后的余额
　　D. 允许弥补的以前年度亏损后的余额

208. 下列关于税收的说法，错误的是( )。
　　A. 税率是税收制度的中心环节
　　B. 我国税收收入的主体税种是流转税
　　C. 税源反映具体的征税范围，代表征税的广度

D. 纳税人是直接负有纳税义务的单位和个人

209. 增值税纳税人包括在中华人民共和国境内销售货物或者提供劳务加工，修理修配劳务，销售服务，无形资产或者不动产，以及( )。
   A. 进口货物和服务的单位和个人
   B. 进口货物的单位
   C. 进口货物的单位和个人
   D. 进口货物和服务的单位

刷进阶

210. 下列税种中，属于资源税类的是( )。
   A. 城市维护建设税
   B. 增值税
   C. 土地使用税
   D. 房产税

211. 下列税制要素中，用于区分不同税种的主要标志是( )。
   A. 税率
   B. 税目
   C. 税源
   D. 课税对象

212. 关于企业所得税的说法，正确的是( )。
   A. 我国企业所得税税率为20%
   B. 个人独资企业、合伙企业也适用企业所得税法
   C. 企业所得税按纳税年度计算，自公历1月1日起至12月31日止
   D. 非居民企业在我国境内设立机构但所得与其所设机构没有实际联系的，就其来源于我国境内的所得按25%的税率缴纳企业所得税

213. 下列税种中，属于财产税的是( )。
   A. 增值税
   B. 房产税
   C. 消费税
   D. 关税

214. 流转税的主要特点不包括( )。
   A. 课征普遍
   B. 计算简便，便于征收管理
   C. 税额与商品成本水平密切相关
   D. 以商品和劳务的流转额或交易额为计税依据

刷通关

215. 我国消费税中的啤酒、汽油等课税项目采用的是( )的形式。
   A. 从价税
   B. 从量税
   C. 价外税
   D. 复合税

216. 下列适用于9%增值税税率的是( )。
   A. 纳税人提供增值电信服务
   B. 纳税人出口货物
   C. 纳税人销售或者进口石油液化气、天然气
   D. 纳税人提供增值金融服务

217. 将税收分为流转税、所得税和财产税的依据是( )。
   A. 征收权限
   B. 税负是否转嫁
   C. 收入归属级次
   D. 课税对象的不同

第十五章 政府预算

刷基础

218. 具有现代意义的政府预算制度最早在( )建立。
    A. 德国　　　　　　　　　　　B. 美国
    C. 法国　　　　　　　　　　　D. 英国

219. 政府资产报告通常包括( )。
    A. 政府资产报表和政府负债报表
    B. 政府资产报表和政府资产分析报告
    C. 政府现金流量报表和政府负债报表
    D. 政府现金流量报表和政府资产分析报告

220. 财政制度的核心是( )。
    A. 财政收入制度　　　　　　　B. 财政支出制度
    C. 政府预算制度　　　　　　　D. 国家金库制度

221. 具有法律规定和制度保证的、经法定程序审核批准的政府年度财政收支计划称为( )。
    A. 政府预算　　　　　　　　　B. 国民经济计划
    C. 经济发展战略　　　　　　　D. 财政管理计划

222. 政府预算活动的每个环节都必须根据法定程序进行。政府预算的成立，预算执行中的调整和预算执行的结果，都会经过立法机关审查批准，这是政府预算的( )原则。
    A. 统一性　　　　　　　　　　B. 公开性
    C. 完整性　　　　　　　　　　D. 合法性

223. 以国债为收入来源，以经济建设项目为支出对象的政府预算是( )。
    A. 资本预算　　　　　　　　　B. 经常预算
    C. 地方预算　　　　　　　　　D. 绩效预算

224. 政府凭借国家政治权力，以社会管理者的身份筹集以税收为主体的财政收入，用于保障和改善民生、维持国家行政职能正常运转、保障国家安全等方面的收支预算是( )。
    A. 社会保障预算　　　　　　　B. 一般公共预算
    C. 政府性基金预算　　　　　　D. 国有资本经营预算

225. 关于政府预算，下列说法错误的是( )。
    A. 政府理财的主导环节和基本环节是政府预算
    B. 从本质上看，政府预算是国家和政府意志的体现
    C. 资本预算主要以税收收入为来源，以行政事业项目为支出对象
    D. 由各级人民代表大会审议、批准的政府预算，实质是对政府支出规模的一种法定授权

刷进阶

226. 目前我国每年统计公报公布的财政收入、财政支出、财政赤字的数字，都是就

( )而言的。
A. 国有资本经营预算
B. 政府性基金预算
C. 社会保险基金预算
D. 一般公共预算

227. 根据《中华人民共和国预算法》，除涉密信息外，政府预算、决算支出要全部细化公开到按功能分类的( )科目。
A. 款级
B. 类级
C. 项级
D. 目级

228. 我国政府预算体系的基础是( )。
A. 政府性基金预算
B. 一般公共预算
C. 国有资本经营预算
D. 社会保障预算

229. 关于政府多年预算的说法，正确的是( )。
A. 多年预算必须经过国家权力机关批准
B. 多年预算一般具有法律效力
C. 多年预算每3~5年编制一次
D. 编制多年预算一般采取逐年递推或滚动的形式

230. 关于国有资本经营预算的说法，错误的是( )。
A. 从2010年开始，中央国有资本经营预算提交国务院审查批准
B. 国有资本经营预算支出按照当年预算收入规模安排，不列赤字
C. 国有资本经营预算制度的核心是调整国家和国有企业之间的分配关系
D. "十二五"期间国有资本收益上交比例在原有比例上再提高了5个百分点

刷通关

231. 市场经济国家财政预算管理采用的基本制度是( )。
A. 单式预算制度
B. 复式预算制度
C. 部门预算制度
D. 绩效预算制度

232. 一般不具有法律效力、不需经过国家权力机关批准的预算是( )。
A. 政府年度预算
B. 地方年度预算
C. 政府中期预算
D. 中央年度预算

233. 关于我国预算执行制度的说法，错误的是( )。
A. 预算执行制度是政府预算制度的重要组成部分，是预算实施的关键环节
B. 预算执行制度包括国库集中收付制度和政府采购制度
C. 我国的国库集中收付制度以财政资金银行账户管理体系为基础
D. 政府采购运行机制实行集中采购与分散采购相结合，以集中为主，分散为辅

第十六章 财政管理体制

刷基础

234. 最早提出转移支付概念的经济学家是( )。
A. 庇古
B. 魁奈
C. 威廉·配
D. 凯恩斯

235. 关于联邦制的财政管理体制的说法，正确的是(   )。
    A. 美国、英国、法国都实行联邦制的财政管理体制
    B. 在联邦制的财政管理体制下，地方财政由中央财政统一管理
    C. 在联邦制的财政管理体制下，政府间的财政联系主要依靠分税制和转移支付制度来实现
    D. 在联邦制的财政管理体制下，地方政府拥有的分权水平较低，自主性较小

236. 关于财政管理体制的说法，错误的是(   )。
    A. 政府预算管理体制是财政管理体制的中心环节
    B. 满足财政支出需要是决定政府间财政收入划分的主要标准
    C. 政府间财政收支划分的基本特征是收入结构与支出结构的非对称性安排
    D. 在财政单一制下，地方在中央决策和授权范围内管理财政活动

237. 根据分税制体制规定，将同经济发展直接相关的主要税种划分为(   )。
    A. 中央税   B. 中央与地方共享税
    C. 地方税   D. 中央地方共管税

238. 根据分税制财政管理体制的规定，将维护国家权益、实施宏观调控所必需的税种划分为(   )。
    A. 中央与地方共享税   B. 中央地方共管税
    C. 地方税   D. 中央税

239. 国家管理和规范中央与地方政府之间以及地方各级政府之间划分财政收支范围和财政管理职责与权限的一项根本制度是(   )。
    A. 部门预算制度   B. 财政管理体制
    C. 绩效预算制度   D. 预算执行制度

240. 根据现行中央与地方支出责任的划分，下列属于地方财政支出的是(   )。
    A. 国防支出   B. 武警经费
    C. 外交支出   D. 城市维护和建设经费

刷进阶

241. 根据政府间财政收入划分原则，一般应作为地方政府财政收入的是(   )。
    A. 流动性强的税收收入   B. 调控功能比较强的税收收入
    C. 收入份额较大的主体税种收入   D. 收益和负担能够直接对应的使用费收入

242. 将一些调控功能较强的税种和体现国家主权的收入作为中央政府收入，这体现了政府间财政收入划分的(   )。
    A. 集权原则   B. 恰当原则
    C. 效率原则   D. 收益与负担对等原则

243. 上级政府对下级政府转移支付的财力，与能够满足该级政府承担、履行的事权职责需求相对应，体现了财政转移支付的(   )特点。
    A. 完整性   B. 对称性
    C. 法制性   D. 灵活性

244. 目前，中央与地方对增值税的分享比例分别是(   )。
    A. 75%和25%   B. 50%和50%

C. 60%和40%　　　　　　　　D. 25%和75%

245. 下列符合政府间财政收入划分集权原则的是(　　)。
  A. 流动性较强的收入作为中央政府收入
  B. 收入份额较大的主体税种划归中央政府
  C. 体现国家主权的收入作为中央政府收入
  D. 收益与负担能够直接对应的收入作为地方政府收入

246. 下列转移支付中，不属于一般性转移支付的是(　　)。
  A. 均衡性转移支付　　　　　B. 支农转移支付
  C. 民族地区转移支付　　　　D. 调整工资转移支付

247. 下列税种中，属于中央固定收入的是(　　)。
  A. 个人所得税　　　　　　　B. 耕地占用税
  C. 消费税　　　　　　　　　D. 资源税

248. 从国际经验来看，政府间财政收支结构划分呈现的基本特征是(　　)。
  A. 收入划分以中央政府为主，支出划分以地方政府为主
  B. 收入划分以地方政府为主，支出划分以中央政府为主
  C. 收入和支出划分均以中央政府为主
  D. 收入和支出划分均以地方政府为主

第十七章　财政政策

249. 假设边际消费倾向为0.8，则平衡预算乘数为(　　)。
  A. -4　　　　　　　　　　　B. 5
  C. 1　　　　　　　　　　　　D. -5

250. 假设边际消费倾向为0.6，则政府购买乘数是(　　)。
  A. 2　　　　　　　　　　　　B. 1.5
  C. 2.5　　　　　　　　　　　D. 1

251. 当经济处于过热时期，政府应采取的投资政策措施是(　　)。
  A. 提高投资支出水平，缓解或者逐步消除通货膨胀
  B. 降低税率、增加税收优惠，扩大社会总供给
  C. 提高补贴，扩大转移支付，降低社会总需求
  D. 降低投资支出水平，使经济降温、平稳回落

252. 税收乘数为负值，表明(　　)。
  A. 税收增减与政府转移支出增减呈反方向变动
  B. 税收增减与政府购买支出增减呈反方向变动
  C. 税收增减与居民收入增减呈同方向变动
  D. 税收增减与国民收入增减呈反方向变动

253. "双紧"搭配类型的政策效果是(　　)。

A. 可以有效抑制需求膨胀与通货膨胀，但也可能会带来经济停滞的后果
B. 刺激经济增长，扩大就业，但也会带来通货膨胀的风险
C. 在控制通货膨胀的同时，保持适度经济增长，但难以制止通货膨胀
D. 保持经济适度增长的同时，尽可能避免通货膨胀，但长期使用会积累大量财政赤字

254. 当经济繁荣、失业减少时，政府采取下列( )措施，可以缓解需求过旺势头。
A. 扩大财政赤字规模　　　　　　　B. 增加财政补贴支出
C. 减少社会保障支出　　　　　　　D. 增加购买性支出

刷进阶　　　　　　　　　　　　　　　　　　　　　　　　高频进阶 强化提升

255. 关于政府购买支出乘数的特点和作用的说法，错误的是( )。
A. 政府购买支出乘数为正数，说明购买支出增减与国民收入增减呈同方向变动
B. 政府增加购买性支出时，国民收入的增加量为支出增量的 $1/(1-b)$ 倍
C. 购买性支出乘数大于税收乘数，说明增加财政支出政策对经济的增长作用大于减税政策
D. 政府购买支出乘数为正数，说明购买支出增减与税收增减呈同方向变动

256. 假设政府增税 200 亿元，若边际消费倾向为 0.6，则税收乘数为( )。
A. 1　　　　　　　　　　　　　　B. -1.5
C. 4　　　　　　　　　　　　　　D. 6

257. 当社会总供给大于总需求时，政府预算一般采取( )的措施。
A. 提高税率，减少税收优惠，抑制企业和个人投资需求和消费需求
B. 缩小支出规模、保持预算盈余的做法来抑制社会总需求
C. 扩大支出规模，保持一定赤字规模，扩大社会总需求
D. 降低投资支出水平，使经济降温，平稳回落

258. 以下属于自动稳定财政政策的是( )。
A. 减税政策　　　　　　　　　　　B. 补偿政策
C. 累进所得税制度　　　　　　　　D. 汲水政策

刷通关　　　　　　　　　　　　　　　　　　　　　　　　举一反三 高效通关

259. 财政政策乘数主要用来研究财政收支变化对( )的影响。
A. 税收　　　　　　　　　　　　　B. 国民收入
C. 政府预算　　　　　　　　　　　D. 政府购买支出

260. 政府为扩大社会投资规模，通过税收优惠等方式激励私人投资，引导国民经济运行，这体现了财政政策的( )功能。
A. 稳定　　　　　　　　　　　　　B. 协调
C. 导向　　　　　　　　　　　　　D. 控制

第十八章　货币供求与货币均衡

刷基础　　　　　　　　　　　　　　　　　　　　　　　　紧扣大纲 夯实基础

261. 经济学家弗里德曼认为，恒久性收入和货币数量之间的关系是恒久性收入越高，个人( )。

A. 所需的货币数量越多 B. 持有的货币数量越多
C. 所需的货币数量越少 D. 持有的货币数量越少

262. 下列属于凯恩斯的货币需求函数的是（   ）。
A. $MV=PT$
B. $\pi=(K \times Y)/M$
C. $L=L_1(Y)+L_2(i)$
D. $M/P=f(Y_P, W; r_m, r_b, r_e, \frac{1}{P} \cdot \frac{dP}{dt}; \mu)$

263. 在我国货币供应量指标中，属于 M_1 的是（   ）。
A. 其他存款（财政存款除外） B. 个人存款
C. 单位定期存款 D. 单位活期存款

264. 经济学家凯恩斯的货币需求理论认为（   ）。
A. 货币供给的数量决定物价水平 B. "流动性偏好"决定货币需求
C. 恒久性收入越高，所需货币越多 D. 货币供求的数量决定货币的价值

265. 关于货币需求的四个方程式中，称为弗里德曼方程式的是（   ）。
A. $M/P=f(Y_P, W; r_m, r_b, r_e, \frac{1}{P} \cdot \frac{dP}{dt}; \mu)$
B. $MV=PT$
C. $L=L_1(Y)+L_2(i)$
D. $\pi=(K \times Y)/M$

266. 经济学家费雪提出了现金交易数量说。该理论认为（   ）。
A. 货币量决定物价水平 B. 通货紧缩程度决定物价水平
C. 通货膨胀程度决定物价水平 D. 货币流通速度决定货币价值

267. 造成通货膨胀的直接原因是（   ）。
A. 过度的金融创新 B. 过度的信贷供给
C. 过多的金融机构 D. 过度的金融监管

268. 1911年美国经济学家费雪在《货币购买力》一书中提出的著名交易方程式是（   ）。
A. $MT=PV$ B. $\pi=KY/M$
C. $L=L_1(Y)+L_2(i)$ D. $MV=PT$

269. 可以全面反映金融与经济关系，以及金融对实体经济资金支持的总量指标是（   ）。
A. 货币层次 B. 货币供给量
C. 社会融资规模 D. 货币需求量

270. 货币乘数等于存款准备金率与（   ）之和的倒数。
A. 贴现率 B. 货币结构比率
C. 利息率 D. 存款结构比率

271. 解决结构性货币失衡的途径是调整（   ）。
A. 货币层次 B. 货币供应量
C. 经济结构 D. 劳动力结构

272. 以庇古为代表的现金余额数量说认为（   ）。
A. 假定其他因素不变，物价水平与货币量成正比，货币价值与货币量成反比

B. 人们对货币的需求量取决于他们的流动性偏好
C. 恒久性收入越高，所需货币越多
D. 货币量是最活跃的因素

刷进阶

273. 就研究内容来说，弗里德曼的现代货币数量说是（   ）。
   A. 关于流动性偏好的理论 B. 关于价格水平的理论
   C. 关于产出与货币收入的理论 D. 关于货币需求的理论

274. 西方经济学和马克思主义货币理论都将（   ）作为通货膨胀的基本标志。
   A. 货币供求总量失衡 B. 工资上涨
   C. 物价上涨 D. 进出口总额失衡

275. 目前划分货币供应量层次的一般依据是（   ）。
   A. 货币的名义购买力 B. 货币的实际购买力
   C. 一定时期内全社会的各类存款量 D. 资产的流动性

276. 剑桥学派的"现金余额数量说"提出，假设其他因素不变，则（   ）。
   A. 物价水平与货币量成反比，货币价值与货币量成正比
   B. 物价水平与货币量成正比，货币价值与货币量成正比
   C. 物价水平与货币量成正比，货币价值与货币量成反比
   D. 物价水平与货币量成反比，货币价值与货币量成反比

277. 有一种货币失衡往往表现为短缺与滞留并存，经济运行中的部分商品、生产要素供过于求，另一部分又求过于供，这种货币失衡称为（   ）。
   A. 总量性货币失衡 B. 结构性货币失衡
   C. 赤字性货币失衡 D. 动态性货币失衡

278. 在货币供给机制中，中央银行和商业银行具备的功能是（   ）。
   A. 中央银行具备创造派生存款的功能，商业银行具备信用创造货币的功能
   B. 中央银行具备信用创造货币的功能，商业银行具备创造派生存款的功能
   C. 中央银行和商业银行都具备创造派生存款的功能
   D. 中央银行和商业银行都具备信用创造货币的功能

279. 在弗里德曼的货币需求函数中，与货币需求成正比的因素是（   ）。
   A. 恒久性收入 B. 股票的收益率
   C. 存款的利率 D. 债券的收益率

280. 若将物价自然上涨率考虑进去，则流通领域中货币数量的增长与国内生产总值的增长之间的关系应是（   ）。
   A. 前者低于后者 B. 前者高于后者
   C. 二者相等 D. 二者无关

刷通关

281. 治理通货膨胀可以采取的货币政策是（   ）。
   A. 降低再贴现率 B. 增加税收
   C. 在公开市场上买入有价证券 D. 提高法定存款准备金率

282. 抑制型通货膨胀主要表现为（   ）。

A. 货币流通速度减慢 B. 物价下跌
C. 有效需求不足 D. 货币汇率贬值

283. 关于货币需求特性的说法，错误的是( )。
A. 货币需求是有效需求 B. 货币需求是主观需求
C. 货币需求是有支付能力的行为 D. 货币需求是派生需求

284. 在我国能够扩张信用、创造派生存款的金融机构是( )。
A. 中央银行 B. 商业银行
C. 证券公司 D. 保险公司

第十九章 中央银行与货币政策

刷基础

285. 在货币当局资产负债表中，列入资产方的国外资产项目的是( )。
A. 货币黄金 B. 不计入储备货币的金融性公司存款
C. 储备货币 D. 政府存款

286. 关于货币政策工具的说法，正确的是( )。
A. 公开市场操作属于选择性货币政策工具
B. 货币政策工具必须与货币运行机制相联系，并且具有可操作性
C. 道义劝导属于传统使用的货币政策工具
D. 窗口指导属于一般性政策工具

287. 不少国家将基础货币作为货币政策中介目标，主要原因在于( )。
A. 它与各种支出变量有着稳定可靠的关系
B. 它的数字一目了然，数值也易于调控
C. 它直接决定了商业银行的资产业务规模
D. 它有利于实现总需求与总供给的平衡

288. 关于中央银行对政府业务的说法，正确的是( )。
A. 中央银行通过公开市场操作买卖国债
B. 中央银行监督商业银行交易和储备黄金或外汇
C. 中央银行负责在商业银行向国家财政提供商业贷款时进行清算
D. 中央银行代理国库既为政府提供了财务收支服务，又增强了自身资金实力

289. 下列金融市场交易主体中，属于中央银行业务服务对象的是( )。
A. 居民个人 B. 工业企业
C. 商业银行 D. 社会团体

290. 下列各项中，应填列于货币当局资产负债表中负债方的是( )。
A. 国外资产 B. 对政府债权
C. 政府存款 D. 对其他存款性公司债权

291. 在一般性货币政策工具中，中央银行掌握完全主动权的是( )。
A. 公开市场操作政策 B. 消费者信用控制政策
C. 贴现政策 D. 窗口指导政策

292. 以下属于中央银行对政府提供的业务的是( )。

A. 货币发行　　　　　　　　　B. 集中准备金
C. 全国清算　　　　　　　　　D. 保管外汇和黄金储备

293. 再贴现是指（　　）。
A. 中央银行对企事业单位所持有的商业票据进行贴现的行为
B. 商业银行对中央银行持有的金融债券进行贴现的行为
C. 中央银行对商业银行所持有的商业票据进行贴现的行为
D. 商业银行对企事业单位持有的金融债券进行贴现的行为

刷进阶

294. 在中央银行资产负债表中，应列入资产方的项目是（　　）。
A. 储备货币　　　　　　　　　B. 对政府债权
C. 政府存款　　　　　　　　　D. 发行债券

295. 商业银行及其他金融机构资金不足时，中央银行会对他们给予信用支持，这体现了中央银行的（　　）职能。
A. 集中存款准备金　　　　　　B. 发行货币
C. 充当最后贷款人　　　　　　D. 组织全国银行间的清算业务

296. 通常将短期市场利率作为中央银行货币政策的（　　）。
A. 最终目标　　　　　　　　　B. 传统工具
C. 中间目标　　　　　　　　　D. 特殊工具

297. 某国中央银行规定商业银行对居民提供汽车贷款的最低首付款比例是40%，最长还款期限是5年，这种规定属于（　　）。
A. 消费者信用控制　　　　　　B. 不动产信用控制
C. 间接信用指导　　　　　　　D. 直接信用控制

298. 中央银行对不动产以外的各种耐用消费品的销售融资予以控制，这种货币政策工具是（　　）。
A. 生产者信用控制　　　　　　B. 消费者信用控制
C. 不动产信用控制　　　　　　D. 商业信用控制

刷通关

299. 在我国，具有人民币发行权的机构是（　　）。
A. 中国银行　　　　　　　　　B. 交通银行
C. 中国人民银行　　　　　　　D. 国家外汇管理局

300. 我国金融业的清算中心是（　　）。
A. 中央银行　　　　　　　　　B. 工、农、中、建四大银行
C. 票据交换中心　　　　　　　D. 中国结算公司

301. 关于货币政策中介目标的说法，错误的是（　　）。
A. 货币政策的中介目标又称为中间指标、中间变量
B. 中介目标是介于货币政策工具变量与货币政策目标变量之间的变量指标
C. 中央银行根据相关性、可控性、可测性三大原则来选择相应的中介目标
D. 中介目标是指中央银行操作目标方面的变量指标

第二十章　商业银行与金融市场

刷基础

302. 根据美国芝加哥大学教授法玛关于有效市场的定义，如果有关证券公开发表的资料对证券的价格变动没有任何影响，则证券市场达到(　　)。
    A. 半强型效率
    B. 弱型效率
    C. 强型效率
    D. 零型效率

303. 下列商业银行业务中，属于资产业务的是(　　)。
    A. 定期存款业务
    B. 抵押贷款业务
    C. 租赁业务
    D. 代理业务

304. 商业银行应客户的要求，买进未到付款日期的票据的行为称为(　　)。
    A. 同业拆借
    B. 贴现
    C. 再贴现
    D. 转贴现

305. 关于美国学者法玛的有效市场理论的说法，正确的是(　　)。
    A. 如果有关证券公开发表的资料对其价格变动不产生任何影响，则证券市场达到半强型效率
    B. 如果有关证券的历史资料对其价格变动不产生任何影响，则证券市场达到强型效率
    C. 如果有关证券公开发表的资料对其价格变动不产生影响，则证券市场达到弱型效率
    D. 如果有关证券的所有相关信息对其价格变动不产生任何影响，则证券市场达到半弱型效率

306. 在商业银行管理中，安全性原则的基本含义是在放款和投资等业务经营过程中(　　)。
    A. 必须保有一定比例的现金资产或其他容易变现的资产
    B. 要能够按期收回本息，特别是要避免本金受损
    C. 要有较强的取得现款的能力
    D. 必须获得尽可能高的收益

307. 关于商业银行和中央银行的说法，正确的是(　　)。
    A. 都能对工商企业发放贷款
    B. 都追求利润最大化
    C. 商业银行能吸收社会公众的活期存款，中央银行则不能
    D. 商业银行承担货币发行任务，中央银行则没有

308. 商业银行外来资金的形成渠道中，最主要的是(　　)。
    A. 吸收存款
    B. 向中央银行借款
    C. 从同业拆借市场拆借
    D. 发行金融债券

309. 商业银行吸收存款，集中社会上闲置的货币资金，又通过发放贷款，将集中起来的货币资金贷放给资金短缺部门，这是银行的(　　)职能。
    A. 支付中介
    B. 信用中介
    C. 货币创造
    D. 金融服务

310. 既具有货币市场属性，又具有资本市场属性的金融市场是(　　)。

A. 商业票据市场 B. 银行承兑汇票市场
C. 债券市场 D. 同业拆借市场

刷进阶

311. 单一银行制下的商业银行只有一个单独的银行机构，不设分支机构。比较典型的采用单一银行制模式的国家是（　　）。
A. 英国 B. 日本
C. 中国 D. 美国

312. 流动性最高、几乎所有金融机构都参与的货币市场子市场是（　　）。
A. 回购市场 B. 短期政府债券市场
C. 基金市场 D. 同业拆借市场

313. 形成商业银行最主要资金来源的业务是（　　）。
A. 中间业务 B. 资产业务
C. 负债业务 D. 咨询业务

314. 某大型公司为了筹措资金，在货币市场上发行1千万元短期无担保债券，并承诺在3个月内偿付本息。该公司采用的这种金融工具属于（　　）。
A. 大额可转让定期存单 B. 商业票据
C. 承兑汇票 D. 同业拆借

315. 根据《存款保险条例》，下列各项不纳入存款保险范围的是（　　）。
A. 外商独资银行 B. 中外合资银行
C. 农村信用社 D. 外国银行在中国的分支机构

316. 关于我国现行存款保险偿付限额的说法，正确的是（　　）。
A. 偿付限额固定不变
B. 最高偿付限额为60万人民币，超过部分不予偿付
C. 最高偿付限额为50万人民币，超过部分从所在投保机构清算财产中受偿
D. 最高偿付限额为70万人民币，超过部分由中国银行酌情予以偿付

刷通关

317. 国际货币市场上比较典型的、有代表性的同业拆借利率是（　　）。
A. 巴黎银行间同业拆借利率 B. 上海银行间同业拆借利率
C. 东京银行间同业拆借利率 D. 伦敦银行间同业拆借利率

318. 商业银行的（　　）职能体现为通过吸收存款和发放贷款，发挥着化货币为资本的作用。
A. 支付中介 B. 信用中介
C. 信用创造 D. 货币创造

319. 根据我国的《存款保险条例》，下列金融机构应当投保存款保险的是（　　）。
A. 保险公司 B. 证券公司
C. 外商独资商业银行 D. 外国银行在中国的分支机构

320. 在货币市场上，流动性最高、几乎所有的金融机构都参与其市场交易的金融工具是（　　）。
A. 股票 B. 长期商业票据

C. 短期政府债券 D. 长期政府债券

第二十一章 金融风险与金融监管

刷基础

321. 某证券公司由于证券交易系统不完善导致无法下单交易，这种金融风险属于（　　）。
 A. 操作风险 B. 流动性风险
 C. 信用风险 D. 市场风险

322. 关于金融危机的说法，错误的是（　　）。
 A. 金融危机指一个国家或几个国家与地区的全部或大部分金融指标出现急剧、短暂和超周期的恶化
 B. 金融危机会使一国实体经济受到影响，但不会导致金融市场崩溃
 C. 金融危机的发生具有频繁性、广泛性、传染性和严重性的特点
 D. 几乎所有的国家都曾经遭受过金融危机的侵袭

323. 次贷危机从2007年春季开始显现，发生在（　　）并席卷世界主要金融市场。
 A. 英国 B. 德国
 C. 美国 D. 法国

324. 2018年3月21日，中共中央印发《深化党和国家机构改革方案》，决定组建（　　）。
 A. 中国银行业协会 B. 中国银行保险监督管理委员会
 C. 中国保险业协会 D. 中国证券监督管理委员会

325. 下列关于净稳定融资比率指标的说法，错误的是（　　）。
 A. 用于度量短期压力情境下单个银行的流动性状况
 B. 用于度量中长期内银行解决资产错配的能力
 C. 目的是激励银行尽量使用稳定的资金来源
 D. 覆盖了整个资产负债表

326. 在金融监管的一般性理论中，认为银行的利润最大化目标促使其系统内增加有风险的活动，导致系统内的不稳定性的是（　　）。
 A. 公共利益论 B. 信息不对称论
 C. 保护债权论 D. 金融风险控制论

327. 根据1988年巴塞尔报告，以下属于核心资本的是（　　）。
 A. 实收股本 B. 资产重估储备
 C. 呆账准备金 D. 长期次级债券

328. 如果金融机构资产负债不匹配，即"借短放长"会导致的危机属于（　　）。
 A. 债务危机 B. 货币危机
 C. 流动性危机 D. 综合性危机

329. 监管是政府对公众要求纠正某些社会个体和社会组织的不公平、不公正和无效率或低效率的一种回应。这种观点属于金融监管理论中的（　　）。
 A. 金融风险控制论 B. 信息不对称论
 C. 保护债权论 D. 公共利益论

330. 下列不属于2010年巴塞尔协议Ⅲ的内容的是（　　）。

A. 引入杠杆率监管标准 B. 强调以市场力量来约束银行
C. 强化资本充足率监管标准 D. 建立流动性风险量化监管标准

331. 在金融领域，因借款人或市场交易对手违约而导致损失的风险属于(   )。
   A. 信用风险 B. 市场风险
   C. 流动性风险 D. 操作风险

332. 由于原油价格暴跌导致原油期货合同出现大幅亏损，这种金融风险属于(   )。
   A. 流动性风险 B. 信用风险
   C. 操作风险 D. 市场风险

刷进阶 高频进阶 强化提升

333. 为增强银行体系维护流动性的能力，2010年巴塞尔协议Ⅲ引入了流动性风险监管的量化指标。其中用于度量中长期内银行解决资金错配能力的指标是(   )。
   A. 流动性覆盖率 B. 净稳定融资比率
   C. 资本充足率 D. 资产负债率

334. 影响金融风险的因素非常复杂，各种因素相互交织，难以事前完全把握，这体现了金融风险的(   )特征。
   A. 不确定性 B. 相关性
   C. 高杠杆性 D. 传染性

335. 从国际金融市场上曾发生过的国际债务危机、欧洲货币危机和亚洲金融危机来看，爆发危机国家的共同特点是(   )。
   A. 财政赤字货币化 B. 实行钉住汇率制度
   C. 本国货币已成为国际货币 D. 资本账户已实现完全可兑换

336. 我国目前的金融监管体制是(   )。
   A. 以中国人民银行为主的综合监管体制
   B. 独立于中央银行的分业监管体制
   C. 以中国人民银行为全国唯一监管机构的体制
   D. 以中国银行业监督管理委员会为主的综合监管体制

337. 1988年巴塞尔报告的主要内容是(   )。
   A. 推出监管银行的"三大支柱"理论
   B. 确认了监督银行资本的可行的统一标准
   C. 引入杠杆率监管标准
   D. 提出宏观审慎监管要求

338. 从2007年春季开始的美国次贷危机可依次分为(   )。
   A. 债务危机阶段、信用危机阶段、流动性危机阶段
   B. 信用危机阶段、债务危机阶段、流动性危机阶段
   C. 流动性危机阶段、信用危机阶段、债务危机阶段
   D. 债务危机阶段、流动性危机阶段、信用危机阶段

339. 美国金融监管体制的特点是(   )。
   A. 独立于中央银行的监管体制
   B. 以证券监督部门为重心，中央银行辅助监管

C. 独立于证券监管部门的监督体制

D. 以中央银行为重心，其他监管机构参与分工

340. 2010年巴塞尔协议Ⅲ强化了银行资本充足率监管标准，待新标准实施后，商业银行总资本充足率应达到(   )。

　　A. 4.5%　　　　　　　　　　　B. 6%

　　C. 8%　　　　　　　　　　　　D. 10.5%

341. 关于布雷顿森林体系运行特征的说法，错误的是(   )。

　　A. 美元按照每盎司黄金35美元的官价与黄金挂钩，其他国家与美元挂钩

　　B. 实行不可调整的固定汇率制度

　　C. 国际收支短期失衡由国际货币基金组织提供信贷资金来解决

　　D. 国际收支长期失衡通过调整汇率平价来解决

342. 由于利率、汇率的波动而导致的金融参与者资产价值变化的风险，属于金融风险中的(   )。

　　A. 信用风险　　　　　　　　　B. 流动性风险

　　C. 操作风险　　　　　　　　　D. 市场风险

343. 在我国目前的金融监管体制中，关于中国人民银行的说法，错误的是(   )。

　　A. 作为最后贷款人在必要时救助高风险金融机构

　　B. 共享监管信息，采取各种措施防范系统性金融风险

　　C. 负有维护金融稳定的职能

　　D. 由中国人民银行建立监管协调机制

344. 下列关于资本监管的说法，不符合1988年《巴塞尔报告》规定的是(   )。

　　A. 银行的核心资本与风险加权资产的比率不得低于4%

　　B. 银行的一级资本至少占全部资本的50%

　　C. 银行资本充足率不得低于4%

　　D. 银行的资本与风险加权资产的比率不得低于8%

345. 1975年2月，西方十国集团以及瑞士和卢森堡共12个国家的中央银行成立了巴塞尔银行监管委员会，其发起机构是(   )。

　　A. 世界银行　　　　　　　　　B. 国际货币基金组织

　　C. 国际清算银行　　　　　　　D. 欧洲复兴开发银行

第二十二章　对外金融关系与政策

346. 通常情况下，可以作为一国国际储备的资产是(   )。

　　A. 境外存款　　　　　　　　　B. 居民本币存款

　　C. 外汇储备　　　　　　　　　D. 企业本币存款

347. 关于外汇储备的说法，正确的是(   )。

　　A. 一般来说，外汇储备在一国的非黄金储备中占比最小

B. 一般来说，一国可通过储备货币多样化来减少外汇储备风险
C. 一国的外汇储备越多越好
D. 外汇储备只能用于弥补国际收支逆差

348. 商业银行在办理境外直接投资人民币结算业务时不需要履行的义务是（　　）。
    A. 严格进行交易真实性和合规性审查
    B. 对公众披露投资企业信息
    C. 履行反洗钱和反恐融资义务
    D. 按照规定报送信息

349. 关于国际金本位制的内容，正确的是（　　）。
    A. 可兑换黄金的美元本位制，可调整的固定汇率
    B. 多元化的国际储备体系，可调整的固定汇率
    C. 多元化的国际储备体系，多种汇率安排的浮动汇率
    D. 铸币平价是各国汇率的决定基础，黄金输送点是汇率变动的上下限

350. 布雷顿森林体系实行的固定汇率制以（　　）为中心。
    A. 法郎   B. 英镑
    C. 瑞郎   D. 美元

351. 国际储备中，在货币基金组织的普通账户中会员国可以自由提取使用的资产是（　　）。
    A. 货币性黄金   B. 特别提款权
    C. 外汇储备   D. 国际货币基金组织的储备头寸

352. 关于国际货币基金组织贷款的说法，正确的是（　　）。
    A. 该贷款通常没有附加政策条件
    B. 该贷款种类单一且固定不变
    C. 减贫与增长贷款是设立最早的一种贷款
    D. 该贷款主要帮助成员方解决国际收支问题

353. 国际货币基金组织的资金来源是成员方缴纳的份额和（　　）。
    A. 债权转让   B. 业务净收益
    C. 从资本市场获得的融资 D. 借款

354. 金本位制度下汇率制度的特点是实行（　　）。
    A. 有管理的浮动汇率   B. 人为的固定汇率
    C. 自发的浮动汇率   D. 自发的固定汇率

☑ **刷进阶**　　　　　　　　　　　　　　　　　　　高频进阶 强化提升

355. 关于国际货币基金组织资金来源的说法，正确的是（　　）。
    A. 国际货币基金组织的借款是其主要的资金来源
    B. 份额的25%以本币缴纳，其余的75%以特别提款权或主要国际货币缴纳
    C. 国际货币基金组织的借款安排即一般借款总安排
    D. 成员方缴纳的份额可决定成员方在国际货币基金组织的投票权、借款数量、特别提款权的分配

356. 国际储备的构成中，在非黄金储备中的占比高达95%的是（　　）。

A. 货币性黄金 B. 国际货币基金组织的储备头寸
C. 特别提款权 D. 外汇储备

357. 作为国际货币体系的核心机构，以促进国际货币领域的合作为宗旨的国际金融机构是(　　)。
A. 国际金融公司 B. 世界银行集团
C. 国际货币基金组织 D. 国际清算银行

358. 在国际货币基金组织的贷款业务中，用于帮助面临长期国际收支问题的最贫困成员方而设立的低息贷款是(　　)。
A. 备用安排 B. 中期贷款
C. 减贫与增长贷款 D. 补充储备贷款

359. 世界上最先出现的国际货币体系是(　　)。
A. 牙买加体系 B. 布雷顿森林体系
C. 国际金银本位制 D. 国际金本位制

360. 各国中央银行间开展货币互换的目标不包括(　　)。
A. 作为金融危机的常设预防机制 B. 作为应对金融危机的临时措施
C. 作为增加盈利的利润增长措施 D. 作为深化双方经济金融合作的措施

刷通关

361. 从重要性来看，国际储备的管理实质上是(　　)的管理。
A. 黄金储备 B. 外汇储备
C. 储备流动性 D. 币种构成

362. 世界各国国际储备最主要的组成部分是(　　)。
A. 货币性黄金 B. 国际货币基金组织的储备头寸
C. 特别提款权 D. 外汇储备

363. 关于国际货币基金组织的中期贷款的说法，正确的是(　　)。
A. 用于解决成员方暂时性国际收支困难
B. 是一种低息贷款
C. 用于解决成员方结构性缺陷导致的严重国际收支问题
D. 用于帮助面临长期国际收支问题的成员方

364. 关于国际储备的说法，错误的是(　　)。
A. 外汇储备是各国货币当局持有的银行存款、国库券等对外流动性资产
B. IMF 的储备头寸是在国际货币基金组织的普通账户中会员国可以自由提取使用的资产
C. 特别提款权由国际货币基金组织根据会员国缴纳的份额无偿分配
D. 黄金储备是可供会员国用于归还基金组织贷款和会员国政府之间偿付国际收支逆差的一种账面资产

第二十三章　统计与数据科学

刷基础

365. 利用统计图形展示 2013—2019 年粮食产量的变化，采用的统计方法属于(　　)。

A. 回归分析 B. 参数估计
C. 描述统计 D. 假设检验

366. 下列变量中，属于定量变量的是（　　）。
    A. 固定资产投资完成额 B. 产品等级
    C. 所属行业 D. 产品类型

367. 下列统计变量中，属于定性变量的是（　　）。
    A. 行业类别 B. 国内生产总值
    C. 日销售额 D. 员工数量

368. 通过直接统计调查获得的数据属于（　　）。
    A. 二手数据 B. 实验数据
    C. 间接数据 D. 一手数据

369. 数据科学涉及的范围非常广泛，下列选项中，不属于数据科学范围内的是（　　）。
    A. 统计学 B. 会计电算化
    C. 计算机科学 D. 人工智能

370. 下列统计变量中，属于顺序变量的是（　　）。
    A. 原油价格 B. 年末总人口
    C. 员工受教育水平 D. 学生年龄

371. 某省统计部门为及时了解该省企业的出口信贷情况，每月定期调查该省出口信贷额排在前500名的企业。这500家虽然只占该省出口企业数量的10%，但是出口信贷总额占该省企业出口信贷总额的75%以上。这种调查方法是（　　）。
    A. 重点调查 B. 随机抽样调查
    C. 典型调查 D. 系统调查

372. 下列关于统计学的说法中，错误的是（　　）。
    A. 统计学是关于收集、整理、分析数据和从数据中得出结论的科学
    B. 描述统计和推断统计的作用只能分开发挥
    C. 参数估计是利用样本信息推断总体特征
    D. 描述统计的内容包括如何用图表或数学方法对数据进行整理和展示

373. 为了解全国钢铁企业的安全生产情况，找出安全隐患，专家根据经验选择6个有代表性的企业进行深入细致的调查，这种调查方法属于（　　）。
    A. 专家调查 B. 重点调查
    C. 系统调查 D. 典型调查

刷进阶

374. 下列变量的观察数据中，可以进行加、减、乘或除等数学运算的是（　　）。
    A. 销售额 B. 性别
    C. 行业类别 D. 职位等级

375. 根据国家有关法律法规，按照统一表式、统一指标、统一报送时间，自上而下地统一布置、自下而上地逐级提供基本统计数据，这种统计调查方式是（　　）。
    A. 统计报表 B. 抽样调查
    C. 普查 D. 重点调查

376. 大数据具有一些特性,下列选项中,不属于大数据的特性的是(　　)。
　　A. 价值密度低　　　　　　　　B. 数据单一性
　　C. 数据量大　　　　　　　　　D. 数据的产生和处理速度快
377. 在进行重点调查时,应选择的调查单位是(　　)。
　　A. 有典型意义的单位
　　B. 调查标志值在总体中占绝大比重的单位
　　C. 主动参与调查的单位
　　D. 随机抽取的单位
378. 某公司从客户名录中随机抽取 600 个客户进行满意度和忠诚度调查,为了验证客户总体中满意度高的客户更倾向于成为忠诚客户,应采用的统计方法是(　　)。
　　A. 假设检验　　　　　　　　　B. 参数估计
　　C. 数据整理　　　　　　　　　D. 数据展示

379. 下列变量中,通常不属于数值型变量的是(　　)。
　　A. 商品销售额　　　　　　　　B. 零件尺寸
　　C. 产品等级　　　　　　　　　D. 家庭收入
380. 从调查对象的总体中抽取一部分单位作为样本进行调查,并根据样本调查结果推断总体数量特征。这种调查方式是(　　)。
　　A. 抽样调查　　　　　　　　　B. 统计报表
　　C. 重点调查　　　　　　　　　D. 典型调查
381. 用 1 表示"硕士及以上",用 2 表示"本科",用 3 表示"大专及以下",这种对变量进行观测的数据是(　　)。
　　A. 分类数据　　　　　　　　　B. 定量数据
　　C. 顺序数据　　　　　　　　　D. 数值型数据

第二十四章　描述统计

382. 将数值减去均值所得的差除以标准差,所得的统计量为(　　)。
　　A. 相关系数　　　　　　　　　B. 标准分数
　　C. 方差　　　　　　　　　　　D. 偏态系数
383. 根据经验法则,服从对称钟形分布的标准分数在[-3,+3]范围内的概率是(　　)。
　　A. 50%　　　　　　　　　　　B. 95%
　　C. 68%　　　　　　　　　　　D. 99%
384. 两个变量之间完全相关是指(　　)。
　　A. 两个变量之间的数值变化大致呈现为线性关系
　　B. 一个变量的取值完全由另一个变量的取值变化来确定
　　C. 两个变量之间存在因果关系
　　D. 两个变量的取值变化互不影响

385. 下列统计量中，适用于描述分类数据和顺序数据集中趋势的是(   )。
    A. 众数						B. 均值
    C. 标准分数					D. 中位数

386. 对于两个定量变量之间的相关分析，适用的统计量是(   )。
    A. 离散系数					B. 相关系数
    C. 偏态系数					D. 标准分数

387. 某公司员工年度业绩考核中，全体员工考核成绩的均值为80，方差为25。某员工在这次业绩考核中成绩为85，则该员工考核成绩的标准分数为(   )。
    A. 3.4						B. 0.2
    C. 1.0						D. 17.0

388. 根据2019年某城市金融业和制造业各1 000人的年薪样本数据来比较这两个行业从业人员年薪的离散程度，应采用的统计量是(   )。
    A. 标准分数					B. 相关系数
    C. 变异系数					D. 偏态系数

389. 在相关分析中，如果两个变量间Pearson相关系数$r=0$，这表示(   )。
    A. 两个变量间不存在线性相关关系		B. 两个变量间没有任何相关关系
    C. 两个变量间存在中度相关关系		D. 两个变量间不存在非线性相关关系

390. 下列指标中，用于描述数据集中趋势，并且易受极端值影响的是(   )。
    A. 方差						B. 中位数
    C. 平均数					D. 标准差

391. 在某企业中随机抽取7名员工来了解该企业2019年上半年职工请假情况。这7名员工2019年上半年请假天数分别为1、5、3、10、0、7、2。这组数据的中位数是(   )。
    A. 3						B. 10
    C. 4						D. 0

刷进阶　　　　　　　　　　　　　　　　　　　高频进阶　强化提升

392. 一组数据的偏态系数为0.2，说明这组数据的分布形态为(   )。
    A. 对称						B. 轻度右偏
    C. 中度右偏					D. 严重右偏

393. 集中趋势的测度值对一组数据的代表程度，取决于该组数据的离散水平。数据的离散程度越大，集中趋势的测度值对该组数据的代表性(   )。
    A. 在一定区间内反复变化			B. 越差
    C. 始终不变					D. 越好

394. 下列统计量中，适用于描述分类数据集中趋势的是(   )。
    A. 均值						B. 众数
    C. 中位数					D. 变异系数

395. 在对数据集中趋势的测度中，适用于偏斜分布的数值型数据的是(   )。
    A. 中位数					B. 均值
    C. 标准差					D. 方差

396. 当相关系数$r=-1$时，变量x和y的相关关系为(   )。

A. 完全负相关关系 B. 不完全相关关系
C. 完全正相关关系 D. 不相关关系

刷通关

397. 下面一组数据为 9 个家庭在 2019 年的人均月收入数据(单位：元)：750、780、850、960、1 080、1 250、1 500、1 650、2 000，则中位数为(　　)元，均值为(　　)元。
 A. 750，1 247.6 B. 1 080，1 202.2
 C. 1 500，1 064.8 D. 2 000，1 505.5

398. 某连锁超市 6 个分店的职工人数(单位：人)由小到大排序后为 57、58、58、60、63、70，其均值为(　　)。
 A. 58 B. 61
 C. 59 D. 70

399. 关于众数的说法，正确的是(　　)。
 A. 受极端值的影响 B. 大小受每个观测值的影响
 C. 缺乏稳定性，可能不唯一 D. 能够充分利用数据的全部信息

400. 在实际应用中，当数据服从对称的钟形分布时，经验法则表明，约有(　　)的数据与平均数的距离在 1 个标准差之内。
 A. 68% B. 95%
 C. 98% D. 99%

第二十五章　抽样调查

刷基础

401. 某保险公司客户满意度抽样调查中，供抽样使用的所有客户名单是(　　)。
 A. 总体 B. 样本
 C. 抽样单元 D. 抽样框

402. 由于调查所获得的数据与其真值之间不一致造成的误差是(　　)。
 A. 抽样误差 B. 抽样框误差
 C. 无回答误差 D. 计量误差

403. 将总体的所有单元按一定顺序排列，在规定范围内，随机抽取一个初始单元，然后按事先规定的规则抽取其他样本单元的抽样方法是(　　)。
 A. 系统抽样 B. 整群抽样
 C. 简单随机抽样 D. 分层抽样

404. 在街边或居民小区，每隔 5 分钟拦住一位行人进行"拦截式"调查，这种抽样方法属于(　　)。
 A. 自愿抽样 B. 方便抽样
 C. 判断抽样 D. 配额抽样

405. 供抽样所用的所有抽样单元的名单称为(　　)。
 A. 抽样框 B. 总体
 C. 总体参数 D. 样本

406. 对于不放回简单随机抽样,所有可能的样本均值取值的平均值总是等于总体均值。这是样本均值估计量的(   )。
    A. 无偏性   B. 有效性
    C. 一致性   D. 渐进性

407. 由于受访者记忆模糊,导致调查数据与其真值之间不一致,这种误差属于(   )。
    A. 抽样误差   B. 抽样框误差
    C. 无回答误差   D. 计量误差

408. 在调查某城市小学教师亚健康状况时,从该城市的 200 所小学中随机抽取 40 所,每个被抽取小学中的所有教师都参与调查。这种抽样方法属于(   )。
    A. 简单随机抽样   B. 分层抽样
    C. 等距抽样   D. 整群抽样

409. 下列抽样方法中,属于非概率抽样的是(   )。
    A. 分层抽样   B. 整群抽样
    C. 判断抽样   D. 等距抽样

刷进阶 高频进阶 强化提升

410. 下列指标中,应采用算术平均方法计算平均数的是(   )。
    A. 企业年销售收入   B. 男女性别比
    C. 国内生产总值环比发展速度 D. 人口增长率

411. 对济南市 1 000 家个体工商户进行调查,下列数值属于总体参数的是(   )。
    A. 抽取 100 家个体工商户计算的平均零售总额
    B. 抽取 100 家个体工商户计算的年零售总额
    C. 每 1 家个体工商户的年零售总额
    D. 1 000 家个体工商户的年零售总额

412. 北京市旅游管理部门要通过抽样调查了解 2019 年北京市常住居民出境旅游总消费金额,该抽样调查的总体参数是 2019 年北京市(   )。
    A. 所有常住居民旅游总消费金额
    B. 被调查的常住居民出境旅游总消费金额
    C. 被调查的每一位常住居民出境旅游消费金额
    D. 所有常住居民出境旅游总消费金额

413. 关于抽样误差估计的说法,正确的是(   )。
    A. 总体方差越大,抽样误差越小
    B. 样本量越小,抽样误差越小
    C. 抽样误差与抽样方式和估计量的选择没有关系
    D. 利用有效辅助信息的估计量可以有效地减小抽样误差

414. 某工厂连续性生产,为检验产品的质量,按每隔 1 小时取下 5 分钟的产品,并做全部检验,这种抽样方法是(   )。
    A. 简单随机抽样   B. 系统抽样
    C. 判断抽样   D. 整群抽样

415. 某城市为调查居民人均收入情况,先从该市所有居委会中随机抽取 40 个居委会,再从每个被抽中的居委会中随机抽取80个居民家庭进行入户调查。这种调查采用的抽样方法是( )。
A. 系统抽样 B. 分层抽样
C. 整群抽样 D. 多阶段抽样

416. 从某个 $N=1\,000$ 的总体中，抽取一个容量为100的不放回简单随机样本，样本方差为200，样本均值为 $\bar{y}$，则总体均值的估计量 $\bar{y}$ 的方差估计为( )。
A. 1.8 B. 0.5
C. 0.475 D. 0.925

417. 按照等级、类型和所属区域将某市所有医院划分为10组，然后在每个组内随机抽取3家医院进行医改政策评价的抽样调查。这种抽样方法是( )。
A. 分层抽样 B. 简单随机抽样
C. 整群抽样 D. 两阶段抽样

418. 某研究机构从我国金融行业从业人员中随机抽取5 000人来了解该行业从业人员的年平均收入，这项抽样调查中的样本是( )。
A. 我国金融行业的所有从业人员 B. 我国金融行业的每个从业人员
C. 抽中的5 000个金融行业从业人员 D. 我国金融行业从业人员的年平均收入

419. 以下不属于概率抽样特点的是( )。
A. 按一定的概率以随机原则抽取样本
B. 总体中每个单元被抽中的概率是已知的，或者是可以计算出来的
C. 当采用样本对总体参数进行估计时，要考虑到每个样本单元被抽中的概率
D. 抽取样本时由操作人员判断抽取

第二十六章 回归分析

420. 最小二乘法的原理是使得( )最小。
A. 因变量的观测值与自变量的观测值之间的离差平方和
B. 因变量的观测值与估计值之间的离差平方和
C. 自变量的观测值与均值之间的离差平方和
D. 因变量的观测值与均值之间的离差平方和

421. 关于相关分析与回归分析的说法，正确的是( )。
A. 相关分析中先要明确自变量和因变量
B. 回归分析研究变量之间相关的方向和相关的程度
C. 相关分析能够指出变量之间相互关系的具体形式
D. 相关分析无法从一个变量的变化来推测另一个变量的变化情况

422. 在一元线性回归模型 $Y=\beta_0+\beta_1 X+\varepsilon$ 中，ε 反映的是( )。
A. X 和 Y 的线性关系对 Y 的影响
B. 由自变量 X 的变化引起的因变量 Y 的变化

C. X 和 Y 的线性关系对 X 的影响

D. 除 X 和 Y 的线性关系之外的随机因素对 Y 的影响

423. 一元线性回归模型拟合效果的测度方法是( )。
    A. 相关系数   B. 决定系数
    C. 方差系数   D. 基尼系数

刷进阶

424. 对于一元线性回归方程 $\hat{y}_i = \hat{\beta}_0 + \hat{\beta}_1 x_i$，确定 $\hat{\beta}_0$ 和 $\hat{\beta}_1$ 的方法是( )。
    A. 二次平均   B. 加权平均
    C. 斯特基方法   D. 最小二乘法

425. 在一元线性回归方程 $\hat{y}_i = \hat{\beta}_0 + \hat{\beta}_1 x_i$ 中，模型参数 $\hat{\beta}_1$ 表示( )。
    A. 当 $x=0$ 时，y 的期望值
    B. 当 x 变动1个单位时，y 的变化总量
    C. 当 y 变动1个单位时，x 的平均变化量
    D. 当 x 变动1个单位时，y 的平均变化量

刷通关

426. 在大样本假定的条件下，回归系数的最小二乘估计量 $\hat{\beta}_0$ 和 $\hat{\beta}_1$ 服从正态分布，可用( )验证自变量对因变量是否有显著影响。
    A. F 检验   B. t 检验法
    C. N 检验   D. u 检验

第二十七章 时间序列分析

刷基础

427. 甲国 2014—2019 年最终消费支出对国内生产总值增长贡献率的时间序列如下表所示。

年份	2014	2015	2016	2017	2018	2019
最终消费支出对国内生产总值增长贡献率/%	61.9	54.9	47.0	48.8	59.7	66.5

按时间序列的分类，该时间序列属于( )。
    A. 平均数时间序列   B. 时点序列
    C. 相对数时间序列   D. 时期序列

428. 某国国内旅游总花费 2018 年为 30 311.9 亿元，2019 年为 34 195.1 亿元，则国内旅游总花费 2019 年的环比发展速度为( )。
    A. 1 281%   B. 1.77%
    C. 112.81%   D. 101.77%

429. 逐期增长量与累计增长量的区别是( )。
    A. 适用的时间序列类型不同   B. 计量单位不同
    C. 基期确定方法不同   D. 报告期确定方法不同

430. 在环比增长速度时间序列中，由于各期的基数不同，运用速度指标反映现象增长的快慢时往往需要结合(　　)这一指标分析才能得出正确结论。
    A. 报告期水平　　　　　　　　　B. 增长1%的绝对值
    C. 累计增长量　　　　　　　　　D. 平均增长量

431. 某公司在2015年的销售收入为2 000万元，2019年的销售收入为3 600万元，以2015年为基期，则这个公司销售收入的平均增长速度为(　　)。
    A. 14%　　　　　　　　　　　　B. 8%
    C. 16%　　　　　　　　　　　　D. 19%

432. 增长速度可以表示为(　　)。
    A. 报告期增长量与基期水平的差　B. 发展水平之比
    C. 报告期增长量与基期水平的比值　D. 发展速度加1

433. 某商品2015—2019年销售额如下表所示。

年份	2015	2016	2017	2018	2019
销售额/万元	25	35	43	51	81

该商品2015—2019年销售额的平均增长量为(　　)万元。
    A. 8　　　　　　　　　　　　　B. 11
    C. 12　　　　　　　　　　　　D. 14

434. 已知某城市商品住宅平均销售价格2017年、2018年、2019年连续三年环比增长速度分别为2%、6%、9%，这三年该城市商品住宅平均销售价格的定基增长速度为(　　)。
    A. 2%×6%×9%　　　　　　　B. （102%×106%×109%）-1
    C. （2%×6%×9%）+1　　　　D. 102%×106%×109%

435. 如果以Y_t表示第t期实际观测值、F_t表示第t期指数平滑预测值、α表示平滑系数，则指数平滑预测法的计算公式为(　　)。
    A. $F_{t+1}=\alpha Y_{t+1}+(1-\alpha)F_t$　　　B. $F_{t+1}=\alpha Y_t+(1-\alpha)F_t$
    C. $F_{t+1}=\alpha(F_t+Y_t)$　　　　　　　　D. $F_{t+1}=\alpha F_t$

436. 某国2014年至2019年的总从业人员和第一产业从业人员(年底数)如下表所示。

年份	2014	2015	2016	2017	2018	2019
总从业人员/千万	100	96	98	100	102	98
其中，第一产业从业人员/千万	40	38	36	34	32	30

则我国2014年至2019年第一产业从业人数占总从业人数的比重的年平均数为(　　)。
    A. 35.4%　　　　　　　　　　　B. 33.9%
    C. 34.1%　　　　　　　　　　　D. 36.2%

437. 某行业2010年至2018年的职工数量(年底数)的记录如下表所示。

年份	2010	2013	2015	2018
职工人数/万人	1 000	1 200	1 600	1 400

则该行业 2010 年至 2018 年平均每年职工人数为（　　）万人。

A. 1 300　　　　　　　　　　B. 1 325

C. 1 333　　　　　　　　　　D. 1 375

438. "增长1%的绝对值"反映的是（　　）。

　　A. 不同的增长速度在不同时间条件下所包含的绝对水平

　　B. 同样的增长速度在不同时间条件下所包含的绝对水平

　　C. 同样的增长速度在不同时间条件下所包含的相对水平

　　D. 不同的增长速度在不同时间条件下所包含的相对水平

439. 以2016年为基期，2018年和2019年某省粮食总产量定基增长速度分别为10.25%和12.15%。2019年对2018年的环比发展速度为（　　）。

　　A. 0.39%　　　　　　　　　B. 14.63%

　　C. 100.39%　　　　　　　　D. 101.72%

440. 在序时平均数的计算过程中，与间隔相等的间断时点序列序时平均数计算思路相同的是（　　）。

　　A. 间隔不相等的间断时点序列序时平均数

　　B. 时期序列序时平均数

　　C. 资料逐日登记且逐日排列的连续时点序列序时平均数

　　D. 只在指标值发生变动时才记录一次的连续时点序列序时平均数

441. 企业某设备 1~6 周期的实际销售量分别为：500台、510台、480台、600台、600台、630台。采用移动平均法计算，取 $k=3$，则第 7 周期的销售量的预测值为（　　）台。

　　A. 490　　　　　　　　　　B. 527

　　C. 553　　　　　　　　　　D. 610

刷通关

442. 某品牌电冰箱 9 月份的库存量记录如下表所示。

日期	1—9日	10—15日	16—21日	22—27日	28—30日
库存量/台	20	10	15	20	40

该商品 9 月份的平均日库存量为（　　）台。

A. 17　　　　　　　　　　　B. 18

C. 19　　　　　　　　　　　D. 20

443. 关于发展速度和增长速度的说法，错误的是（　　）。

　　A. 定基增长速度与环比增长速度之间的推算，必须通过定基发展速度和环比发展速度才能进行

　　B. 报告期水平与某一固定时期水平（通常是最初水平）的比值是定基发展速度

　　C. 定基发展速度等于相应时期内各环比发展速度的累加

　　D. 两个相邻时期定基发展速度的比率等于相应时期的环比发展速度

444. 在同一时间序列中，累计增长量与相应时期逐期增长量之间的数量关系是( )。
   A. 累计增长量等于相应时期逐期增长量的加权平均数
   B. 累计增长量等于相应时期逐期增长量之积
   C. 累计增长量等于相应时期逐期增长量之和除以逐期增长量个数
   D. 累计增长量等于相应时期逐期增长量之和

第二十八章　会计概论

刷基础

445. 下列属于企业流动资产的是( )。
   A. 存货　　　　　　　　　B. 无形资产
   C. 应付票据　　　　　　　D. 工程物资

446. 企业在会计核算过程中，对交易或事项应当根据其对经济决策的影响程度采取不同的核算方式。在不影响会计信息真实性和不至于误导报告使用者做出正确判断的前提下，对影响资产、负债、损益较大的会计事项，必须按照规定的方法和程序进行处理，并在财务会计报告中予以充分、准确的披露，而对影响较小的、次要的会计事项可以适当简化或合并反映。这体现的会计信息质量要求是( )。
   A. 重要性　　　　　　　　B. 谨慎性
   C. 可靠性　　　　　　　　D. 实质重于形式

447. 下列会计活动中，属于管理会计范畴的是( )。
   A. 预测分析企业成本变化趋势
   B. 报告企业财务状况、经营成果和现金流量
   C. 记录经营成果形成和分配
   D. 确认会计要素的增减变动

448. 下列各项符合会计信息质量谨慎性要求的是( )。
   A. 只记录收入，而不记录损失和费用
   B. 只记录损失和费用，而不记录收入
   C. 压低资产的账面金额，抬高负债的账面金额
   D. 不高估资产，不低估负债，按照规定合理核算可能发生的损失和费用

449. 会计通过确认、计量、记录、报告，运用一定的方法或程序，利用货币形式，从价值量方面反映企业已经发生或完成的客观经济活动情况，为经济管理提供可靠的会计信息。这是会计的( )职能。
   A. 核算　　　　　　　　　B. 检查
   C. 反映　　　　　　　　　D. 监督

450. 下列会计处理原则中，属于会计要素确认和计量基本原则的是( )。
   A. 实质重于形式　　　　　B. 历史成本原则
   C. 会计主体　　　　　　　D. 货币计量

451. 现代会计按照对外提供还是对内提供决策所需信息，分为( )两大分支。
   A. 成本会计和责任会计　　B. 财务会计和管理会计
   C. 外资企业会计和国有企业会计　　D. 国际会计和国内会计

452. 下列各项中，不符合资产定义的是（　　）。
    A. 委托加工材料　　　　　　　B. 待处理财产损失
    C. 购入的专利权　　　　　　　D. 购入的原材料

453. 我国《企业会计准则》规定，企业的会计核算应当以（　　）为基础。
    A. 实地盘存制　　　　　　　　B. 永续盘存制
    C. 收付实现制　　　　　　　　D. 权责发生制

454. 关于货币计量这一会计基本前提的说法，错误的是（　　）。
    A. 我国企业会计准则规定，企业会计应当以货币计量
    B. 以货币计量时假定币值是稳定的
    C. 只能用人民币作为唯一的货币来计量企业发生的经济业务
    D. 企业在进行会计核算时货币不一定是唯一的计量单位

455. 下列会计工作中，属于管理会计范畴的是（　　）。
    A. 进行经营决策分析　　　　　B. 编制会计报表
    C. 设置会计科目　　　　　　　D. 清查财产

456. 投资者个人的经济业务与其所投资企业的经济业务分开，这符合会计核算基本前提中对（　　）的要求。
    A. 会计主体　　　　　　　　　B. 持续经营
    C. 货币计量　　　　　　　　　D. 会计分期

457. 企业在对某一经济业务进行会计核算的过程中，应根据交易或事项的重要程度采用不同的核算方式。判断交易或事项重要程度的主要标准是（　　）。
    A. 决策层次
    B. 决策者的喜好
    C. 变现速度
    D. 对决策者利益的关联度和金额占总业务量的比重

458. 一个会计期间的收入和与其相关的成本、费用应当在该会计期间内确认，并相互比较，以便计算本期损益，这体现的是会计要素确认计量的（　　）原则。
    A. 配比原则　　　　　　　　　B. 一致性原则
    C. 相关性原则　　　　　　　　D. 重要性原则

刷进阶　　　　　　　　　　　　　　　　　　　　　　　　　高频进阶
　　　　　　　　　　　　　　　　　　　　　　　　　　　　　强化提升

459. 在会计核算的基本前提中，界定会计核算内容空间范围的是（　　）。
    A. 会计主体　　　　　　　　　B. 会计期间
    C. 持续经营　　　　　　　　　D. 货币计量

460. 下列项目中，不属于会计核算具体内容的是（　　）。
    A. 有价证券的收付　　　　　　B. 债权债务的发生和结算
    C. 资本的增减　　　　　　　　D. 制定下年度管理费用开支计划

461. 企业将以融资租赁方式租入的设备确认为固定资产，这体现了会计信息质量的（　　）要求。
    A. 实质重于形式　　　　　　　B. 可靠性
    C. 重要性　　　　　　　　　　D. 清晰性

462. 凡是当期已经实现的收入和已经发生或应当负担的费用，不论款项是否收付，都应当作为当期的收入和费用；凡是不属于当期的收入和费用，即使款项已在当期收付，也不应当作为当期的收入和费用，这种处理方式称为( )。
    A. 权责发生制　　　　　　　　B. 收付实现制
    C. 收益性支出　　　　　　　　D. 资本性支出

463. 会计核算中产生权责发生制和收付实现制两种记账基础的前提是( )。
    A. 会计主体　　　　　　　　　B. 持续经营
    C. 货币计量　　　　　　　　　D. 会计分期

464. 商业银行对其发放的贷款计提贷款风险准备金，这体现了会计信息质量的( )要求。
    A. 重要性　　　　　　　　　　B. 谨慎性
    C. 真实性　　　　　　　　　　D. 清晰性

465. 在会计核算中，对效益惠及几个会计期间的支出，应作为( )处理。
    A. 收益性支出　　　　　　　　B. 资本性支出
    C. 资产　　　　　　　　　　　D. 企业经营费用

466. 企业提供的会计信息应当反映与企业财务状况、经营成果和现金流量等有关的所有重要交易或者事项，这是会计信息质量的( )要求。
    A. 重要性　　　　　　　　　　B. 完整性
    C. 谨慎性　　　　　　　　　　D. 相关性

467. 下列各项中，已经形成企业负债的是( )。
    A. 企业的银行贷款　　　　　　B. 企业签订的期货合同
    C. 企业购买的固定资产　　　　D. 企业发生的销售费用

468. 下列会计活动中，属于财务会计范畴的是( )。
    A. 全面预算　　　　　　　　　B. 财务报告
    C. 责任会计　　　　　　　　　D. 成本控制

469. 关于会计职能的说法，错误的是( )。
    A. 会计的职能是会计本质的外在表现形式
    B. 会计的基本职能是核算和监督
    C. 预算、检查、考核、分析等手段是会计的核算职能
    D. 会计核算具有完整性、连续性和系统性的特点

470. 以下不属于企业会计核算具体内容的是( )。
    A. 财务成果的计算和处理　　　B. 财物的收发、增减和使用
    C. 债权债务的发生和结算　　　D. 支出、费用、成本的分析和检查

471. 企业可将不拥有所有权但能控制的资产视为自己的资产，这体现了会计信息质量的( )要求。
    A. 谨慎性　　　　　　　　　　B. 相关性
    C. 实质重于形式　　　　　　　D. 重要性

第二十九章　会计循环

刷基础

472. 下列不属于会计计量属性的是（　　）。
    A. 历史成本　　　　　　　　　　B. 重置成本
    C. 货币计量　　　　　　　　　　D. 公允价值

473. 根据会计报表报送对象的不同，会计报表可分为（　　）。
    A. 反映财务状况的会计报表、反映经营成果的会计报表和反映现金流量的会计报表
    B. 个别会计报表和合并会计报表
    C. 年度会计报表和月度会计报表
    D. 对外会计报表和对内会计报表

474. 关于会计循环的说法，错误的是（　　）。
    A. 以确认、计量、记录和报告为主要环节的会计基本程序及相应方法是会计循环
    B. 将某一会计事项作为资产、负债、所有者权益、收入、费用或利润等会计要素正式列入会计报表的过程是会计确认
    C. 会计记录是会计的核心问题，贯穿于会计从确认、计量到报告的全过程
    D. 会计记录是通过账户、会计凭证和账簿等载体，运用复式记账等手段，对确认和计量的结果进行记录，为编制财务会计报告积累数据的过程

475. 关于借贷记账法的说法，错误的是（　　）。
    A. 以"借""贷"作为记账符号，反映各项会计要素增减变动情况
    B. 账户的基本结构：右方为借方，左方为贷方
    C. 记账规则：有借必有贷，借贷必相等
    D. 一个企业全部账户本期借方发生额合计等于全部账户本期贷方发生额合计

刷进阶

476. 负债类账户的发生额与余额之间的关系是（　　）。
    A. 期初余额+本期贷方发生额=期末余额
    B. 期初余额+本期借方发生额−本期贷方发生额=期末余额
    C. 期初余额+本期贷方发生额−本期借方发生额=期末余额
    D. 期初余额+本期借方发生额=期末余额

477. 公平交易中，熟悉情况的交易双方自愿进行资产交换或者债务清偿的金额是（　　）。
    A. 公允价值　　　　　　　　　　B. 可变现净值
    C. 重置成本　　　　　　　　　　D. 历史成本

478. 下列会计概念中，属于会计记录方法的是（　　）。
    A. 记账凭证　　　　　　　　　　B. 复式记账
    C. 历史成本　　　　　　　　　　D. 会计报告

刷通关

479. 在我国，企业对外会计报表种类、格式和编制方法由（　　）制定。
    A. 财政部　　　　　　　　　　　B. 各地财政部门

C. 企业
D. 各地证券监督管理部门

480. 在会计账务处理中,对发生的经济业务事项都要根据原始凭证或汇总原始凭证编制记账凭证,然后直接根据记账凭证逐笔登记总分类账。这种账务处理程序是(　　)。
   A. 记账凭证账务处理程序
   B. 汇总记账凭证账务处理程序
   C. 科目汇总表账务处理程序
   D. 日记总账账务处理程序

第三十章　会计报表

刷基础　　　　　　　　　　　　　　　　　　紧扣大纲　夯实基础

481. 企业会计报表应当根据经过审核的会计账簿记录和有关资料进行编制,真实地反映交易或事项的实际情况,这体现了会计报表的(　　)要求。
   A. 真实可靠
   B. 编报及时
   C. 全面完整
   D. 便于理解

482. 资产负债表中,资产类项目的排列顺序是(　　)。
   A. 按照流动性进行排列,流动性强的排在后面
   B. 按照到期日的远近进行排列,后到期的排在前面
   C. 按照流动性进行排列,流动性强的排在前面
   D. 按照到期日的远近进行排列,先到期的排在前面

483. 反映企业在一定会计期间内有关现金和现金等价物的流入和流出的报表称为(　　)。
   A. 资产负债表
   B. 所有者权益变动表
   C. 现金流量表
   D. 利润表

484. 企业编制利润表所依据的会计等式是(　　)。
   A. 投资-成本=利润
   B. 资产-负债=所有者权益
   C. 收入-成本=所有者权益
   D. 收入-费用=利润

485. 下列经济业务所产生的现金流量中,属于应列入现金"投资活动产生的现金流量"下的项目是(　　)。
   A. 支付职工工资
   B. 购买固定资产支付货款
   C. 支付应交税费
   D. 收到银行借款

486. 假设某企业2019年实现营业收入4 500万元,发生营业成本3 400万元,缴纳税金及附加200万元,发生销售费用90万元、管理费用80万元、财务费用20万元,发生营业外收入120万元,发生营业外支出20万元,则该企业2019年的利润总额是(　　)万元。
   A. 710
   B. 810
   C. 1 100
   D. 1 400

487. 下列资产项目中,流动性最强的是(　　)。
   A. 存货
   B. 无形资产
   C. 在建工程
   D. 预付款项

488. 在资产负债表上,资产项目是按其流动性进行排列的。下列资产项目中,排在应收账款前面的是(　　)。
   A. 货币资金
   B. 固定资产

C. 长期投资　　　　　　　　D. 存货

489. 我国企业编制的资产负债表的基本格式属于（　　）。
A. 多步式　　　　　　　　B. 报告式
C. 单步式　　　　　　　　D. 账户式

490. 在资产负债表上，下列应记入非流动资产项目的是（　　）。
A. 存货　　　　　　　　　B. 待摊费用
C. 无形资产　　　　　　　D. 预付款项

491. 下列经济业务所产生的现金流量中，应列入"经营活动产生的现金流量"项目的是（　　）。
A. 变卖固定资产收回的现金　　B. 支付经营租赁费用付出的现金
C. 取得投资收益收到的现金　　D. 取得银行借款收到的现金

492. 有关企业财务状况的信息，主要通过（　　）来反映。
A. 现金流量表　　　　　　B. 成本报表
C. 利润表　　　　　　　　D. 资产负债表

493. 下列资产负债表项目中，根据若干总账科目期末余额分析计算填列的是（　　）。
A. 资本公积　　　　　　　B. 固定资产
C. 货币资金　　　　　　　D. 其他应收款

494. 资产负债表中，负债类项目排列顺序的依据是（　　）。
A. 金额大小　　　　　　　B. 变现的能力
C. 重要程度　　　　　　　D. 到期日的远近

495. 已知企业年末"应收账款"贷方余额为 3 000 元，"预收账款"贷方余额为 2 000 元，那么，在年末资产负债表中"预收款项"项目应填列的金额是（　　）元。
A. -3 000　　　　　　　　B. 1 000
C. 2 000　　　　　　　　 D. 5 000

496. 在资产负债表中，根据总账科目余额直接填列的项目是（　　）。
A. 短期借款　　　　　　　B. 预收款项
C. 其他应付款　　　　　　D. 存货

497. 将会计报表分为个别会计报表和合并会计报表的依据是（　　）。
A. 所反映的经济内容　　　B. 会计报表报送对象
C. 会计报表编报主体　　　D. 会计报表编制的时间范围

刷进阶　　　　　　　　　　　　　　　　　　　　高频进阶　强化提升

498. 按提供信息的详细程度及其统驭关系分类，账户可以分为（　　）。
A. 总分类账户和明细分类账户　　B. 一级账户和二级账户
C. 资产类账户和权益类账户　　　D. 基本账户和辅助账户

499. 下列账户记录方法中，符合负债类账户记账规则的是（　　）。
A. 增加记借方　　　　　　B. 增加记贷方
C. 减少记贷方　　　　　　D. 期末无余额

500. 2019 年末，某公司其他应收款所属明细科目贷方余额 2 000 元，其他应付款所属明细科目贷方余额 5 000 元，其他应收款计提的坏账准备为 60 元，则资产负债表上其他应付款项目的期末数为( )元。
- A. 7 000
- B. 6 940
- C. 5 000
- D. 4 940

501. 下列各项业务,能引起现金流量变动的是( )。
- A. 从银行提取现金
- B. 出售固定资产取得价款
- C. 赊购商品
- D. 计提坏账准备

502. 下列会计项目中,对利润表中营业利润具有影响的是( )。
- A. 营业外收入
- B. 营业外支出
- C. 财务费用
- D. 所得税

503. 反映企业在某一特定日期财务状况的会计报表是( )。
- A. 利润表
- B. 资产负债表
- C. 现金流量表
- D. 所有者权益变动表

504. 关于负债特征的说法,错误的是( )。
- A. 必须于未来某一特定时期予以清偿的现时义务
- B. 必须是预期能直接或间接给企业带来经济利益
- C. 必须有其可用货币额反映的价值量
- D. 必须是现行条件下已承担的预期会造成经济利益流出的现时义务

505. 一项经济业务发生后会引起相关会计要素的变动,下列变动情况说法错误的是( )。
- A. 一项资产和一项负债同时等额减少
- B. 一项资产和一项所有者权益同时等额减少
- C. 一项负债和一项所有者权益同时等额增加
- D. 一项负债减少,另一项所有者权益等额增加,资产要素不变

506. 成本费用类账户结构的基本关系是( )。
- A. 期初余额=期末余额
- B. 期初余额+本期增加发生额=期末余额
- C. 期初余额+本期贷方发生额-本期借方发生额=期末余额
- D. 期初余额+本期借方发生额-本期贷方发生额=期末余额

507. 关于资产负债表的说法,正确的是( )。
- A. 资产负债表是反映企业在一定会计期间经营成果的静态报表
- B. 资产负债表有表格式和报告式两种
- C. 资产负债表可以总括反映企业资金的来源渠道和构成情况
- D. 根据资产负债表提供的信息,可以评价企业的经济效益、盈利能力

508. 支付给职工以及为职工支付的现金属于( )产生的现金流量。
- A. 债务活动
- B. 筹资活动
- C. 经营活动
- D. 投资活动

509. 下列经济业务所产生的现金流量中,应列入"筹资活动产生的现金流量"项目的是( )。

A. 接受劳务支付的现金 B. 支付各种税费的现金
C. 取得投资收益收到的现金 D. 取得银行借款收到的现金

510. 我国企业的现金流量表由报表正表和补充资料两部分组成，正表采用( )。
A. 单步式 B. 报告式
C. 账户式 D. 多步式

511. 一般情况下，下列账户的期末余额应列入资产负债表中流动负债类的是( )。
A. 待摊费用 B. 预付款项
C. 预收款项 D. 在建工程

512. 我国企业的资产负债表中，资产类项目的排序规则是( )。
A. 按照资产的变现能力顺序由快到慢排列
B. 按照资产的变现能力顺序由慢到快排列
C. 按照资产的金额大小顺序由大到小排列
D. 按照各项资产占总资产的比重由大到小排列

513. 已知某企业本年"营业收入"为100万元，"营业成本"为70万元，"管理费用"为15万元，"营业外支出"为4万元，假设不考虑其他因素，该企业本年利润表中营业利润为( )万元。
A. 14 B. 10
C. 15 D. 26

514. 我国企业现金流量表编制的方法是( )。
A. 采用间接法编制现金流量表正表，在补充资料中提供按直接法将净利润调节为经营活动现金流量的信息
B. 采用直接法编制现金流量表正表，在补充资料中提供按间接法将净利润调节为经营活动现金流量的信息
C. 采用直接法编制现金流量表正表，在补充资料中提供按直接法将净利润调节为经营活动现金流量的信息
D. 采用间接法编制现金流量表正表，在补充资料中提供按间接法将净利润调节为经营活动现金流量的信息

第三十一章 财务报表分析

刷基础

515. 在进行财务报表分析时，用于衡量企业利用债权人提供资金进行经营活动的能力和反映债权人发放贷款安全程度的指标是( )。
A. 资产负债率 B. 流动比率
C. 总资产周转率 D. 资本收益率

516. 通常情况下，一个大型工业企业的流动比率、速动比率和现金比率的关系是( )。
A. 流动比率<速动比率<现金比率 B. 现金比率>流动比率>速动比率
C. 流动比率>速动比率>现金比率 D. 速动比率>流动比率>现金比率

517. 关于流动比率的说法，错误的是( )。
A. 流动比率是衡量企业短期偿债能力的指标

B. 流动比率应维持在 2∶1 比较理想
C. 流动比率越高,说明资产的流动性越大,短期偿债能力越强
D. 流动比率可以用来衡量盈利能力对债务偿付的保证程度

518. 资本收益率是反映企业( )能力的指标。
    A. 偿债 B. 盈利
    C. 发展 D. 营运

519. 反映所有者对于企业投资部分的盈利能力的指标是( )。
    A. 净资产收益率 B. 资产总额
    C. 存货周转率 D. 利润总额

520. 下列指标中,反映企业偿债能力的是( )。
    A. 普通股每股收益 B. 市盈率
    C. 资产负债率 D. 总资产周转率

521. 下列指标中,反映企业流动资产利用效率的是( )。
    A. 速动比率 B. 产权比率
    C. 总资产周转率 D. 流动资产周转率

522. 某企业本年度营业收入为 200 万元,销售退回 30 万元,销售折让 10 万元,期初应收账款余额为 60 万元,期末应收账款余额为 100 万元,则该企业应收账款周转次数为( )次。
    A. 5 B. 4
    C. 2 D. 1

523. 已知企业 2019 年末所有者权益中,股本为 2 780 万元,资本公积为 220 万元,盈余公积为 400 万元,未分配利润为 180 万元;而该企业 2018 年末所有者权益中,股本为 2 480 万元,资本公积为 520 万元,盈余公积为 300 万元,未分配利润为 750 万元。则该企业 2019 年的资本保值增值率为( )。
    A. 29% B. 100%
    C. 112% D. 88%

524. 在计算速动比率时,要从流动资产中扣除存货部分,再除以流动负债。这是因为( )。
    A. 存货的价值较大 B. 存货的质量不稳定
    C. 存货的变现能力较差 D. 存货的未来销路不定

525. 已知某企业年末流动资产合计 800 万元,非流动资产合计 1 200 万元,流动负债合计 400 万元,非流动负债合计 400 万元,则该企业年末流动比率为( )。
    A. 2 B. 3
    C. 0.67 D. 2.5

526. 某企业年末流动资产总额为 8 000 万元,存货 5 000 万元,应收账款 2 000 万元,流动负债 6 000 万元,则该企业速动比率为( )。
    A. 0.15 B. 0.5

C. 1　　　　　　　　　　　　　　D. 2

527. 企业营业收入净额与全部资产的平均余额的比率是(　　)。
　　A. 资产净利润率　　　　　　　B. 流动资产周转率
　　C. 总资产周转率　　　　　　　D. 净资产收益率

528. 资本保值增值率是反映企业(　　)的指标。
　　A. 盈利能力　　　　　　　　　B. 偿债能力
　　C. 发展能力　　　　　　　　　D. 营运能力

529. 速动资产是企业在短期内可变现的资产,其金额是用流动资产减去(　　)。
　　A. 存货　　　　　　　　　　　B. 短期投资
　　C. 应收账款　　　　　　　　　D. 货币资金

530. 下列选项中,反映企业全部资产的使用效率的是(　　)。
　　A. 流动比率　　　　　　　　　B. 资产总额
　　C. 总资产周转率　　　　　　　D. 利润总额

531. 下列指标中,反映普通股每股盈利能力的是(　　)。
　　A. 市盈率　　　　　　　　　　B. 普通股每股收益
　　C. 资本保值增值率　　　　　　D. 资产净利润率

第三十二章　政府会计

刷基础

532. 在政府财务会计要素中,资产、负债和净资产应当列入(　　)。
　　A. 决算报表　　　　　　　　　B. 收入费用表
　　C. 现金流量表　　　　　　　　D. 资产负债表

533. 在政府财务会计要素中,收入和费用应当列入(　　)。
　　A. 资产负债表　　　　　　　　B. 收入费用表
　　C. 现金流量表　　　　　　　　D. 所有者权益变动表

534. 政府预算会计提供与政府预算执行有关的信息,实行(　　),国务院另有规定的,依照其规定。
　　A. 应收应付制　　　　　　　　B. 权责发生制
　　C. 收付实现制　　　　　　　　D. 历史成本制

535. 政府会计由预算会计和财务会计构成。财务会计提供与政府的财务状况、运行情况和现金流量等有关信息,实行(　　)。
　　A. 现收现付制　　　　　　　　B. 权责发生制
　　C. 收付实现制　　　　　　　　D. 历史成本制

536. 以下选项中,不属于政府财务会计要素的是(　　)。
　　A. 资产　　　　　　　　　　　B. 净资产
　　C. 收入　　　　　　　　　　　D. 利润

537. 以下政府会计要素中,属于流动资产的是(　　)。
　　A. 固定资产　　　　　　　　　B. 在建工程
　　C. 无形资产　　　　　　　　　D. 存货

刷进阶

538. 以下政府会计要素中,属于非流动资产的是( )。
   A. 无形资产　　　　　　　　B. 货币资金
   C. 短期投资　　　　　　　　D. 存货

539. 以下政府会计要素中,属于非流动负债的是( )。
   A. 应付及预收款项　　　　　B. 应付职工薪酬
   C. 长期应付款　　　　　　　D. 应缴款项

540. 在政府财务会计要素中,( )是指政府会计主体资产扣除负债后的净额。
   A. 净资产　　　　　　　　　B. 所有者权益
   C. 净资本　　　　　　　　　D. 净利润

541. 预算收入、预算支出和预算结余应当列入政府( )。
   A. 资产负债表　　　　　　　B. 预算报表
   C. 现金流量表　　　　　　　D. 决算报表

刷通关

542. 政府会计主体在预算年度内依法发生并纳入预算管理的现金流出,被称为( )。
   A. 预算支出　　　　　　　　B. 预算收入
   C. 预算费用　　　　　　　　D. 预算利润

543. 在政府预算会计要素中,年度预算执行终了,预算收入实际完成数扣除预算支出和结转资金后剩余的资金,被称为( )。
   A. 支出资金　　　　　　　　B. 结余资金
   C. 收入资金　　　　　　　　D. 结转资金

544. 关于政府预算会计要素,以下说法错误的是( )。
   A. 预算收入是指政府会计主体在预算年度内依法取得并纳入预算管理的现金流入
   B. 预算支出是指政府会计主体在预算年度内依法发生并纳入预算管理的现金流出
   C. 预算结余包括结余资金和结转资金
   D. 预算收入、预算支出和预算结余应当列入政府预算报表

第三十三章　法律对经济关系的调整

刷基础

545. 当代社会法律对社会经济关系的调整模式是( )。
   A. 行政法主导模式
   B. 诸法不分,刑、民合一
   C. 民商法主导模式
   D. 民商法、经济法主导,社会保障法、环境保护法等辅助模式

546. 关于经济法的说法,正确的是( )。
   A. 经济法的调整对象包括经济管理关系、市场管理关系和组织管理性的流转和协作关系
   B. 经济法就是调整经济的法

C. 经济法是调整各种经济关系的法律规范的总称
D. 物权法是经济法的重要组成内容

刷进阶

547. 在对市场经济进行规制的法律体系中，处于基本法地位的是（　　）。
    A. 环境保护法　　　　　　　　B. 民商法
    C. 劳动法　　　　　　　　　　D. 社会保障法

第三十四章　物权法律制度

刷基础

548. 根据物权的发生是否基于当事人的意思为标准可将物权分为（　　）。
    A. 自物权和他物权　　　　　　B. 用益物权和担保物权
    C. 主物权和从物权　　　　　　D. 法定物权和意定物权

549. 按份共有中，除共有人另有约定外，对共有物的处分和重大修缮行为需获得占份额（　　）以上共有人的同意。
    A. 二分之一　　　　　　　　　B. 三分之一
    C. 三分之二　　　　　　　　　D. 五分之三

550. 下列权利中，属于担保物权的有（　　）。
    A. 地役权　　　　　　　　　　B. 留置权
    C. 宅基地使用权　　　　　　　D. 建设用地使用权

551. 根据《中华人民共和国物权法》，预告登记后，债权消灭或者自能够进行不动产登记之日起（　　）内未申请登记的，预告登记失效。
    A. 3个月　　　　　　　　　　 B. 1个月
    C. 6个月　　　　　　　　　　 D. 1年

552. 所有物不许任何人非法侵害，一物不容二主，这体现了所有权的（　　）特征。
    A. 弹力性　　　　　　　　　　B. 独占性
    C. 存续性　　　　　　　　　　D. 全面性

553. 处分按份共有的不动产，除共有人之间另有约定外，至少需要占份额（　　）以上按份共有人的同意。
    A. 二分之一　　　　　　　　　B. 三分之一
    C. 四分之一　　　　　　　　　D. 三分之二

554. 下列权利凭证中，不可以出质的是（　　）。
    A. 汇票　　　　　　　　　　　B. 仓单
    C. 债券　　　　　　　　　　　D. 不动产权属证书

555. 关于作为物权客体的"物"的说法，正确的是（　　）。
    A. 物权法上的"物"既可以是有体物，也可以是无体物
    B. 物权法上的"物"包括他人的身体
    C. 物权法上的"物"也可以是行为
    D. 物权法上的"物"须是独立于人身之外的物

556. 甲、乙、丙、丁按份共有一房屋，甲占该房屋70%的份额，由于房屋年久失修，损坏严重，现甲欲将该房屋进行修缮，预计费用为80万元。如各共有人事先对此未做约定，则甲的重大修缮行为(　　)。
   A. 须经乙、丙、丁一致同意
   B. 须经乙、丙、丁中的两人同意
   C. 须经乙、丙、丁中份额最大的一人同意
   D. 无须乙、丙、丁同意

557. 为方便自家农田的灌溉，甲与乙达成书面协议。甲在乙的土地上开挖一条新排水渠并支付乙一定的费用。甲因此协议享有的权利属于(　　)。
   A. 土地使用权　　　　　　B. 相邻
   C. 地役权　　　　　　　　D. 土地承包经营权

558. 以土地使用权为抵押标的设立的抵押，其抵押合同(　　)。
   A. 自合同订立时生效　　　B. 无效
   C. 自办理抵押登记时生效　D. 自土地管理部门批准后生效

559. 关于物权的概念和特征的说法，错误的是(　　)。
   A. 物权具有追及效力和优先效力
   B. 物权客体的物可以是独立物和有体物，也可以是行为
   C. 物权是法定的，物权的设定采用法定主义
   D. 物权是权利人在法定范围内直接支配一定的物，并排斥他人干涉的权利

560. 根据《中华人民共和国物权法》，下列财产中，可以作为抵押权标的的是(　　)。
   A. 土地所有权　　　　　　B. 学校的教育设施
   C. 被扣押的财产　　　　　D. 建设用地使用权

561. 根据物权法规定，下列情形中，属于附合行为的是(　　)。
   A. 小张用一块儿木头进行雕刻
   B. 小王所进行的绘画行为
   C. 小刘将自己的钢筋用于别人的房屋上
   D. 小谢将他人的木板做成板凳

刷进阶　　　　　　　　　　　　　　　　　　　　　　　高频进阶
　　　　　　　　　　　　　　　　　　　　　　　　　　　强化提升

562. 根据《中华人民共和国担保法》的规定，关于保证的说法错误的是(　　)。
   A. 企业法人不可以作为保证人
   B. 保证合同的当事人是保证人和主合同的债权人
   C. 保证方式包括一般保证和连带责任保证
   D. 连带责任保证是指在债务人不能履行债务时，由保证人与债务人承担连带责任的保证

563. 根据《中华人民共和国民法通则》和《中华人民共和国物权法》，可以适用先占取得的物是(　　)。
   A. 遗失的手表　　　　　　B. 所有人不明的埋藏物
   C. 房屋　　　　　　　　　D. 所有人抛弃的动产

564. 同一动产上已设立抵押权或者质权，该动产又被留置的，优先受偿的是(　　)。

A. 抵押权人 B. 质权人
C. 所有权人 D. 留置权人

565. 根据《中华人民共和国物权法》，业主将住宅改为经营性用房的，除遵守法律、法规以及管理规约外，还应当经过( )同意。
   A. 有利害关系的业主 B. 物业管理公司
   C. 业主委员会 D. 小区全体业主

566. 关于"一物一权"原则的说法，正确的是( )。
   A. 一物之上只能设立一个用益物权 B. 一物之上只能设立一个担保物权
   C. 一物之上只能设立一个物权 D. 一件共有物上只有一项所有权

567. 关于建设用地使用权的说法，错误的是( )。
   A. 设立建设用地使用权，可以采取出让或者划拨方式
   B. 建设用地使用权是一项法定的独立物权
   C. 划拨土地有期限的限制，鼓励以划拨方式设立建设用地使用权
   D. 建设用地使用权是从国家土地所有权中分离出来的用益物权

568. 根据《中华人民共和国物权法》，下列权利凭证中，可以用于质押的是( )。
   A. 房产证 B. 存款单
   C. 土地使用权证 D. 财产保险单

569. 关于物权种类的说法，错误的是( )。
   A. 用益物权的标的物可以是动产，也可以是不动产
   B. 抵押权、质权、留置权和地役权都属于从物权
   C. 所有权属于无期限物权，抵押权、质权、留置权属于有期限物权
   D. 所有权是最完整、全面的一种物权形式

570. 甲、乙、丙、丁4人按份共有一艘轮船，甲占该船70%份额。现甲欲用该船作抵押向银行申请贷款，如各共有人事先对此事项未做约定，则甲的抵押行为( )。
   A. 须经乙、丙、丁一致同意
   B. 无须经乙、丙、丁同意
   C. 须经乙、丙、丁中份额最大的一人同意
   D. 须经乙、丙、丁中的两人同意

刷通关 举一反三 高效通关

571. 通过一定的法律行为或基于法定的事实从原所有人处取得所有权的方式称为( )。
   A. 善意取得 B. 继受取得
   C. 原始取得 D. 非法取得

572. 关于质权的说法，错误的是( )。
   A. 质权的设立无须转移占有标的物 B. 权利可以成为质权的标的
   C. 对不动产不得设定质权 D. 质权具有物上代位性、从属性和不可分性

573. 根据物权的权利人行使权利的范围不同，物权可以分为( )。
   A. 主物权和从物权 B. 自物权和他物权
   C. 法定物权和意定物权 D. 用益物权和担保物权

574. 下列物权中，不属于用益物权的是( )。

A. 土地承包经营权 B. 地役权
C. 建设用地使用权 D. 抵押权

575. 根据《中华人民共和国合同法》，关于债权转让的说法，错误的是（　　）。
A. 具有人身性质的债权不能转让
B. 债权人转让权利，应当经过债务人的同意
C. 双方订立合同时约定不得转让的权利不能转让
D. 债权人转让权利的通知不得撤销，但经受让人同意的除外

576. 关于不动产转移登记的说法，错误的是（　　）。
A. 不动产转移登记需要交纳契税和所得税等税款
B. 不动产转移登记是一种不动产权利转让行为
C. 不动产转移登记前后的权利主体一致
D. 不动产转移登记属于对交易行为的确认

第三十五章　合同法律制度

577. 下列买卖合同中，根据我国法律规定确定无效的是（　　）。
A. 甲趁乙父母重病急需用钱而低价购买乙的房屋的合同
B. 甲误将乙认作丙而与之订立的合同
C. 甲与乙为逃避国家税收隐瞒真实情况虚假签订的合同
D. 甲欺骗乙称房屋具有学区指标而签订的合同

578. 某13周岁的学生在文具店花30元钱购买了一支钢笔，商店附赠给其价值3元钱的墨水一瓶。关于该学生购买钢笔及获赠墨水行为的表述正确的是（　　）。
A. 购买钢笔和获赠墨水的行为均有效
B. 购买钢笔和获赠墨水的行为均无效
C. 购买钢笔的行为无效，但获赠墨水的行为有效
D. 购买钢笔的行为有效，但获赠墨水的行为无效

579. 甲公司向乙公司发出以3 000元每台的单价购买100台电脑的要约，乙公司回复"同意出售100台电脑，但单价为每台3 100元"，则该回复为（　　）。
A. 新要约 B. 部分无效承诺
C. 要约邀请 D. 有效承诺

580. 甲与乙在合同中，并未明确约定履行合同的先后顺序，后甲拒不履行义务，但要求乙履行其义务，根据《中华人民共和国合同法》这属于（　　）。
A. 同时履行抗辩权 B. 先履行抗辩权
C. 法定解除权 D. 不安抗辩权

581. 甲与乙签订了一份电脑买卖合同，甲为卖方，乙为买方。合同约定：甲将电脑发货给丙。因为乙与丙也签订了一份电脑买卖合同，乙为卖方，丙为买方。现因为甲发给丙的电脑存在质量问题，引发纠纷。丙应向（　　）追究违约责任。
A. 乙 B. 甲或乙
C. 甲 D. 甲和乙

582. 甲商场向乙企业发出采购100台冰箱的邀约，乙企业于5月5日寄出承诺信件，5月8日信件寄至甲商场。适逢其总经理外出，5月9日总经理知悉了该信内容，遂于5月10日电传告知乙企业收到承诺。该承诺的生效时间是(   )。
   A. 5月9日   B. 5月5日
   C. 5月10日   D. 5月8日

583. 债权与债务同归于一人而使合同关系终止的事实称为(   )。
   A. 提存   B. 混同
   C. 抵消   D. 免除债务

584. 在债务人已无力清偿债务时，下列情形中，债权人不能行使债权人撤销权的是(   )。
   A. 债务人用明显不合理的低价转让其房产
   B. 债务人放弃了对第三方的到期债权
   C. 债务人捡到他人的钱包后返还，并且拒绝他人给付的酬金
   D. 债务人将其自有机器设备无偿赠送给其他同行

585. 关于合同转让的说法，正确的是(   )。
   A. 债权转让应取得债务人的同意才有效
   B. 债权转让和债务转移均应取得合同相对方的同意才有效
   C. 债务转移应取得债权人的同意才有效
   D. 债权转让和债务转移只要通知了合同相对方就发生效力

586. 关于免除的说法，错误的是(   )。
   A. 免除可导致合同关系消灭
   B. 免除须取得债务人同意
   C. 免除可以是部分免除也可以是全部免除
   D. 免除是债权人放弃债权的行为

587. 甲乙签订了一份供货合同。合同约定甲先供货，乙后付款。在供货前，甲有证据证明乙经营状况严重恶化无付款能力。对此，甲可依法主张(   )。
   A. 同时履行抗辩权   B. 合同撤销权
   C. 先履行抗辩权   D. 不安抗辩权

588. 甲公司于7月1日向乙公司发出要约，出售一批原材料，要求乙公司在1个月内做出答复。该要约于7月2日到达乙公司。当月，因市场行情变化，该种原材料市场价格大幅上升，甲公司拟撤销该要约。根据《中华人民共和国合同法》的规定，下列关于甲公司能否撤销要约的表述中，正确的是(   )。
   A. 不可以撤销该要约，因该要约确定了承诺期限
   B. 可以撤销该要约，撤销通知在乙公司发出承诺通知之前到达乙公司即可
   C. 可以撤销该要约，撤销通知在承诺期限届满前到达乙公司即可
   D. 可以撤销该要约，撤销通知在乙公司发出承诺通知之前发出即可

589. 根据《中华人民共和国合同法》规定，关于先履行抗辩权的说法错误的是(   )。
   A. 先履行抗辩权一般适用于双务合同
   B. 如果先履行一方履行了应当履行的义务，则先履行抗辩权随之消灭
   C. 先履行抗辩权可以使对方的请求权延期，也可以消灭对方的请求权
   D. 先履行一方履行债务不符合约定的，后履行一方有权拒绝其相应的履行要求

590. 下列有关代位权的表述中,不符合规定的是( )。
   A. 专属于债务人自身的债权,债权人不得行使代位权
   B. 债权人行使代位权的必要费用,由债务人承担
   C. 债务人的债务未到履行期或履行期间未届满,债权人不得行使代位权
   D. 自债务到期后债权人5年内没有行使代位权的,则债权人的代位权消灭

591. 乙公司向甲公司发出要约,随后立即又发出一份"要约作废"的函件。甲公司的董事长助理收到乙公司"要约作废"函件后,忘了交给已经看到要约函件的董事长。第三天甲公司董事长发函给乙公司,提出只要将交货日期推迟两个星期,其他条件都可以接受。后甲、乙公司未能缔约,双方缔约未成功的法律原因是( )。
   A. 乙公司的要约已被撤销   B. 乙公司的要约已被撤回
   C. 甲公司对要约做了实质性改变 D. 甲公司承诺超过了有效期间

592. 赵甲乙向钱丙丁借了5 000元钱,同时赵甲乙又为钱丙丁修好了家用轿车的挡风玻璃,修理费和材料费刚好是5 000元。则他们之间的债权债务可以( )。
   A. 提存   B. 抵销
   C. 免除   D. 混同

593. 下列不属于合同生效要件的是( )。
   A. 主体合格   B. 内容合法
   C. 双方签字   D. 意思表示真实

594. 关于债权人代位权的说法,正确的是( )。
   A. 债权人代位权必须通过诉讼程序行使
   B. 债权人必须以债务人的名义行使代位权
   C. 债权人代位权的行使必须取得债务人的同意
   D. 代位权的行使只涉及债权人、第三人之间的效力

刷进阶 高频进阶 强化提升

595. 下列各项中属于单务合同的是( )。
   A. 买卖合同   B. 借用合同
   C. 租赁合同   D. 银行借款合同

596. 2019年3月红英学校与美服制衣厂签订了一份校服定做的合同。双方约定美服制衣厂于4月23日交货,红英学校在交货后5日内付款。直到2019年5月1日美服制衣厂也没有交付校服。美服制衣厂要求红英学校提供一部分货款后再交货,但红英学校拒绝了美服制衣厂的要求,红英学校行使的权利是( )。
   A. 不安抗辩权   B. 同时履行抗辩权
   C. 先诉抗辩权   D. 先履行抗辩权

597. 合同保全的法律特征不包括( )。
   A. 合同保全主要发生在合同有效成立期间
   B. 合同保全可以采取合同抵销的方式
   C. 合同保全是债的对外效力的体现
   D. 合同保全的基本方法是代位权和撤销权

598. 在订立合同过程中,因一方当事人的过失给对方造成损失所应承担的责任是( )。

A. 违约责任 B. 返还财产责任
C. 不当得利责任 D. 缔约过失责任

599. 根据《中华人民共和国物权法》，下列财产可以设定抵押的是(　　)。
A. 建设用地使用权 B. 土地所有权
C. 使用权有争议的财产 D. 依法被查封的财产

600. 债务人于债务已届履行期时，将无法给付的标的物交给相应机关，以消灭债务的行为称为(　　)。
A. 混同 B. 提存
C. 抵销 D. 免除债务

601. 秦某与李某签订一份货物买卖合同，秦某为卖方，住在甲市；李某为买方，住在乙市。双方对履行地点没有约定，且不能通过交易习惯、合同性质确定，双方也未能达成补充协议。关于该合同履行地点的说法，正确的是(　　)。
A. 交易货币应在甲市，交付货物应在乙市
B. 交易货物应在甲市，交付货币应在乙市
C. 交易货币和货物均在甲市
D. 交易货币和货物均在乙市

602. 根据《中华人民共和国担保法》的规定，即使下列单位具有代为清偿债务能力，但只有(　　)可以做保证人。
A. 某公立学校 B. 某公立医院
C. 某公益社会团体 D. 某企业法人

603. 根据《中华人民共和国合同法》，承担违约责任的方式不包括(　　)。
A. 继续履行 B. 支付违约金
C. 支付定金 D. 违约损害赔偿

604. 关于要约的说法，错误的是(　　)。
A. 要约到达受要约人时生效 B. 要约是以订立合同为目的的意思表示
C. 要约的内容必须具体确定 D. 要约可以撤回但不能撤销

刷通关 举一反三 高效通关

605. 甲公司欠乙公司 30 万元，一直无力偿付，现丙公司欠甲公司 50 万元已到期，但甲公司明示放弃对丙的债权。对甲公司的这一行为，乙公司可以采取的措施是(　　)。
A. 请求人民法院撤销甲放弃债权的行为
B. 通知丙公司撤销甲放弃债权的行为
C. 向人民法院请求以自己的名义代位行使甲公司的债权
D. 直接要求丙公司代替甲公司偿还欠款

606. 甲公司与乙饮料厂签订一份买卖纯净水的合同，约定提货时付款。甲公司提货时称公司出纳员突发急病，支票一时拿不出来，要求先提货，过两天再把货款送来，乙饮料厂拒绝了甲公司的要求。乙饮料厂行使的这种权利在法律上称为(　　)。
A. 不安抗辩权 B. 先履行抗辩权
C. 继续履行抗辩权 D. 同时履行抗辩权

607. 关于违约责任的说法，错误的是(　　)。

A. 违约责任是一种民事法律责任
B. 当事人一方因第三人的原因造成违约的，不必向对方承担违约责任
C. 不可抗力是免除违约方违约责任的重要原因和理由
D. 违约行为可以分为预期违约和实际违约

608. 根据合同的分类，下列属于实践合同的是（　　）。
A. 买卖合同　　　　　　　　　B. 借用合同
C. 租赁合同　　　　　　　　　D. 经过公证的赠与合同

609. 在合同履行期限届满之前，当事人一方明确表示或者以自己的行为表明不履行合同义务的行为称为（　　）。
A. 实际违约　　　　　　　　　B. 预期违约
C. 不可抗力　　　　　　　　　D. 解除合同

610. 关于承诺的说法，正确的是（　　）。
A. 受要约人超过承诺期限发出承诺的，除要约人及时通知受要约人该承诺有效的以外，为新要约
B. 受要约人超过承诺期限发出承诺的，除要约人及时通知受要约人该承诺失效的以外，为有效
C. 承诺可以撤销，撤销承诺的通知应当在承诺通知到达要约人之前或者与承诺通知同时到达要约人
D. 承诺不得撤回，但可以撤销

611. 关于合同解除权的说法，错误的是（　　）。
A. 解除权是一种形成权
B. 基于解除权解除合同需要经过对方当事人的同意
C. 约定解除和协议解除的法律性质不同
D. 解除权的行使是一种单方法律行为

第三十六章　公司法律制度

刷基础

612. 股份有限公司设监事会，其成员不得少于（　　）人。
A. 5　　　　　　　　　　　　B. 13
C. 1　　　　　　　　　　　　D. 3

613. 有限责任公司的股东向股东以外的人转让股权，应当经其他股东（　　）同意。
A. 三分之一以上　　　　　　　B. 全体
C. 三分之二以上　　　　　　　D. 过半数

614. 下列不属于清算组职权的是（　　）。
A. 代表公司参与民事诉讼　　　B. 清缴公司所欠税款
C. 通知债权人　　　　　　　　D. 对外参与生产经营活动

615. 有限责任公司由（　　）股东共同出资设立。
A. 2人以上50人以下　　　　　B. 3人到13人
C. 50人以下　　　　　　　　　D. 5人到19人

616. 关于公司章程的说法，错误的是( )。
    A. 公司以章程为存在和活动的根据
    B. 公司章程是规范公司的组织和活动的基本规则
    C. 公司章程对股东没有约束力
    D. 公司章程对公司、董事、监事、高级管理人员具有约束力

617. 股份有限公司股东大会做出增加注册资本的决议，必须经出席会议的股东所持表决权的( )以上通过。
    A. 二分之一   B. 三分之二
    C. 四分之三   D. 五分之三

618. 根据《中华人民共和国公司法》，有限责任公司增加注册资本的决议，必须经( )表决通过。
    A. 代表三分之二以上表决权的股东   B. 全体股东
    C. 代表二分之一以上表决权的股东   D. 出席股东会的全体股东

619. 下列选项中，不属于我国公司所具有的特征的是( )。
    A. 公司的财产与股东个人的财产相分离   B. 公司有自己的组织机构和场所
    C. 公司有独立的法律服务机构   D. 能够以自己的名义从事民商事活动

620. 根据《中华人民共和国公司法》的规定，下列关于股份有限公司监事会的说法中，正确的是( )。
    A. 监事会不应当包括股东代表
    B. 监事会中公司职工代表的比例不得低于三分之一
    C. 监事不可以提议召开临时股东大会会议
    D. 监事会成员不得少于 2 人

621. 公司名称必须预先核准，预先核准的公司名称保留期为( )个月。
    A. 12   B. 3
    C. 6   D. 9

622. 关于公司股东法定义务的说法，错误的是( )。
    A. 股东对公司负有忠实义务和勤勉义务   B. 股东应向公司缴纳所认缴的出资
    C. 公司设立登记后股东不得抽回出资   D. 股东应当遵守公司章程

623. 公司如果选举了下列( )人员担任公司的董事、监事、高级管理人员，该选举有效。
    A. 因贪污、贿赂、侵占财产、挪用财产或者破坏社会主义市场经济秩序，被判处刑罚，执行期满超过 6 年
    B. 担任破产清算的公司、企业的董事或者厂长、经理，对该公司、企业的破产负有个人责任的，自该公司、企业破产清算完结之日起未逾 3 年
    C. 担任因违法被吊销营业执照、责令关闭的公司、企业的法定代表人，并负有个人责任的，自该公司、企业被吊销营业执照之日起未逾 3 年
    D. 个人所负数额较大的债务到期未清偿

刷进阶　　　　　　　　　　　　　　　　　　　　　　　高频进阶
　　　　　　　　　　　　　　　　　　　　　　　　　　强化提升

624. 具有证明有限责任公司股东地位、确认有限责任公司股东投资数额效力的法律文件

是( )。
A. 股东名册 B. 公司章程
C. 股东会会议记录 D. 公司会计账簿

625. 关于公司特征的说法,错误的是( )。
A. 公司是以营利为目的的经济组织
B. 公司以章程为存在和活动的根据
C. 公司具备法人资格
D. 公司股东可以直接占有、使用和处分公司财产

626. 股份有限公司董事、监事、高级管理人员在任职期间每年转让的股份不得超过其所持有本公司股份总数的( )。
A. 10% B. 15%
C. 20% D. 25%

627. 国有独资公司是我国公司法规定的一种特殊形式的( )。
A. 两合公司 B. 私营企业
C. 有限责任公司 D. 股份有限公司

628. 根据《中华人民共和国公司法》规定,公司股东拥有强制解散公司的权利,如果公司经营管理发生严重困难,持有公司全部股东表决权( )以上的股东,可以请求人民法院解散公司。
A. 3% B. 5%
C. 8% D. 10%

629. 根据《中华人民共和国公司法》规定,有限责任公司可以设经理,经理对( )负责,行使职权。
A. 董事会 B. 监事会
C. 股东会 D. 职工大会

630. 关于公司法基本制度的说法,错误的是( )。
A. 我国法律对公司名称实行强制注册制度
B. 设立公司应当申请名称预先核准,预先核准的公司名称保留期为3个月
C. 公司没有公司章程,不能获得批准,也不能获得登记
D. 经过出席会议的股东所持表决权的三分之二以上通过,才能解散公司

631. 股份有限公司股东大会做出修改公司章程的决议,必须经出席会议的股东( )以上通过。
A. 半数 B. 所持表决权的三分之二
C. 三分之二 D. 所持表决权的二分之一

刷通关

632. 关于公司治理结构的说法,错误的是( )。
A. 股东资格的取得方式有原始取得和继受取得
B. 股东可以查阅和复制监事会会议决议
C. 有限责任公司董事会成员为5至19人
D. 股份有限公司的监事会中应当有职工代表

633. 根据《中华人民共和国公司法》规定，公司解散后股份有限公司的清算组由（　　）组成。
   A. 董事　　　　　　　　　　　B. 股东
   C. 董事和股东　　　　　　　　D. 董事或者股东大会确定的人员

634. 下列各项属于上市公司组织机构的特别规定的是（　　）。
   A. 上市公司必须设立董事会　　　B. 上市公司必须设立监事会
   C. 上市公司必须设立独立董事制度　D. 上市公司必须设立股东大会

635. 在公司收购本公司股份时，公司合计持有的本公司股份不得超过本公司已发行股份总额的10%，并应当在3年内转让或注销的情形不包括（　　）。
   A. 将股份用于员工持股计划或者股权激励
   B. 将股份用于转换上市公司发行的可转换为股票的公司债券
   C. 上市公司为维护公司价值及股东权益所必需
   D. 与持有本公司股份的其他公司合并

636. 公司除因合并或者分立需要解散以外，应当在解散事由出现之日起（　　）日内成立清算组，开始清算。
   A. 10　　　　　　　　　　　　B. 15
   C. 20　　　　　　　　　　　　D. 30

第三十七章　其他法律制度

刷基础　　紧扣大纲　夯实基础

637. 经营者实施的，引人误认为是他人商品或者与他人存在特定联系，这种行为被称为（　　）。
   A. 混淆行为　　　　　　　　　B. 虚假商业宣传行为
   C. 诋毁商誉行为　　　　　　　D. 侵犯商业秘密行为

638. 根据《中华人民共和国专利法》的规定，关于专利权的说法，错误的是（　　）。
   A. 专利权人有缴纳年费的义务
   B. 专利权人有权转让其专利权
   C. 专利权人有许可他人实施其专利并收取费用的权利
   D. 专利权在期限届满前终止的，无须由国务院专利行政部门登记和公告

639. 以下有奖销售的情形中，符合我国法律规定的是（　　）。
   A. 抽奖式的有奖销售，最高奖的金额为1万元
   B. 所设奖的有奖销售信息不明确，顾客不能正常兑奖
   C. 使用谎称有奖的方式进行有奖销售
   D. 故意让内定人员中奖的有奖销售

640. 下列情形中，因产品存在缺陷造成人身、他人财产损害的，生产者应当承担赔偿责任的是（　　）。
   A. 未将产品投入流通的
   B. 产品投入流通时，引起损害的缺陷尚不存在的
   C. 消费者知情后购买并使用

D. 将产品投入流通时的科学技术水平尚不能发现缺陷的存在的

641. 《中华人民共和国产品质量法》所称产品不包括( )。
   A. 建筑设备　　　　　　　　B. 建筑材料
   C. 建设工程　　　　　　　　D. 食品

642. 发明专利权的期限为20年，自( )起计算。
   A. 申请之日　　　　　　　　B. 登记之日
   C. 公告之日　　　　　　　　D. 授予之日

643. 行政机关滥用行政权力，实施对外地商品设定歧视性收费项目，实行歧视性收费标准，妨碍商品在地区之间自由流通的行为是( )。
   A. 经营者集中行为　　　　　B. 宏观调控行为
   C. 滥用市场支配者地位行为　D. 滥用行政权力排除、限制竞争的行为

644. 根据《中华人民共和国产品质量法》规定，下列说法正确的是( )。
   A. 《中华人民共和国产品质量法》对生产者、销售者的产品缺陷责任均实行严格责任
   B. 《中华人民共和国产品质量法》对生产者产品缺陷实行严格责任，对销售者实行过错责任
   C. 产品缺陷造成损害要求赔偿的诉讼时效期间为1年，自当事人知道或者应当知道其权益受到损害时起计算
   D. 产品缺陷造成损害要求赔偿的请求权自造成损害的缺陷产品交付最初消费者满5年丧失

645. 某研究所工作人员甲在退休后半年内完成了一项发明，但其利用的物质条件来源于本单位，该发明( )。
   A. 属于非职务发明，专利申请权属于甲
   B. 属于职务发明，专利申请权属于甲
   C. 属于职务发明，专利申请权属于该研究所
   D. 属于非职务发明，专利申请权属于该研究所

646. 根据《中华人民共和国消费者权益保护法》，经营者不得以通知、声明、店堂告示的方式，排除或者限制消费者的权利，减轻或免除经营者的责任，这是经营者的( )义务。
   A. 不得侵犯消费者人格权　　B. 格式条款的合理使用
   C. 安全保障　　　　　　　　D. 质量担保

647. 关于违反反不正当竞争法的法律责任，以下说法错误的是( )。
   A. 经营者违反反不正当竞争法规定，给他人造成损害的，应当依法承担损害赔偿责任，赔偿受害者因不正当竞争行为受到的实际损失，并赔偿被侵害经营者为制止侵权行为所支付的合理开支
   B. 从事虚假商业宣传行为和诋毁商誉行为给被侵权人造成的实际损失，侵权人因侵权所获得的利益难以确定的，由法院根据侵权行为的情节判决给予权利人100万元以下的赔偿
   C. 经营者或其他自然人、法人和非法人组织违反反不正当竞争法的规定，还要承担相应的行政法律责任
   D. 某些不正当竞争行为情节严重，构成犯罪的，还应追究刑事责任

648. 在不正当竞争行为中，经营者编造、传播虚假信息，损害竞争对手的商业信誉，这种

行为是指(　　)。
   A. 诋毁商誉行为 B. 虚假商业宣传
   C. 侵犯商业秘密行为 D. 混淆行为

649. 关于商标注册的说法，错误的是(　　)。
   A. 我国商标注册采用自愿注册和强制注册相结合、以自愿注册为主的制度
   B. 国家规定必须使用注册商标的商品，未经核准注册的，不得在市场销售
   C. 未经注册的商标可以使用，但是使用人不享有专用权
   D. 未经商标注册人许可，法律禁止任何人以任何形式使用注册商标

刷进阶 　　　　　　　　　　　　　　　　　　　高频进阶
　　　　　　　　　　　　　　　　　　　　　　　　强化提升

650. 下列行为中，不适用《中华人民共和国反垄断法》的是(　　)。
   A. 农业生产者及农村经济组织在农产品生产经营活动中实施的联合行为
   B. 中华人民共和国境内经济活动中的垄断行为
   C. 中华人民共和国境外的垄断行为，对境内市场竞争产生排除、限制影响的
   D. 经营者滥用知识产权，排除、限制竞争的行为

651. 根据《中华人民共和国商标法》的规定，下列说法正确的是(　　)。
   A. 商标的设计对使用的图形和文字没有限制
   B. 不以使用为目的的恶意商标注册申请，应当先按照程序受理
   C. 商标注册申请人可以通过一份申请就多个类别的商品申请注册同一商标
   D. 注册商标需要在核定使用范围以外的商品上取得商标专用权的，无须另行提出注册申请

652. 关于劳动合同订立的说法，错误的是(　　)。
   A. 劳动合同应采取书面形式订立
   B. 劳动合同的选择性条款不完善，会导致合同不能成立
   C. 对劳动合同的无效或者部分无效有争议的，由劳动争议仲裁机构或者人民法院确认
   D. 劳动合同自签订之日起生效，但双方当事人约定需公证方可生效的合同，其生效时间始于公证之日

653. 授予发明和实用新型专利权的条件不包括(　　)。
   A. 新颖性 B. 富有美感
   C. 创造性 D. 实用性

654. 根据《中华人民共和国消费者权益保护法》，下列关于消费者的"依法求偿权"的说法，正确的是(　　)。
   A. 只有商品的购买者、使用者或服务的接受者可以作为求偿权主体
   B. 消费者可以要求人身损害赔偿，既包括生命健康损害赔偿，也包括精神损害赔偿
   C. 非消费者的第三人在事故现场受到损害，不能享有依法求偿权
   D. 消费者可以要求财产损害赔偿，但只包括直接损失

655. 消费者王某在商场购物时，被商场保安搜身，保安的行为侵犯了王某的(　　)。
   A. 安全权 B. 维护尊严权
   C. 求偿权 D. 知情权

656. 因产品存在缺陷造成受害人人身伤害的，侵害人应当赔偿受害人的损失。下列费用

中，不属于产品责任的赔偿诉讼的是( )。
A. 受害人的医疗费用 B. 受害人治疗期间的护理费
C. 受害人的残疾赔偿金 D. 受害人在治疗期间发生的投资收益损失

657. 根据《中华人民共和国专利法》，下列关于实用新型专利的说法，错误的是( )。
A. 实用新型是指对产品的形状、构造或二者结合所提出的适于实用的新的技术方案
B. 实用新型仅指具有一定形状的物品发明
C. 授予实用新型专利的条件是应具备新颖性、创造性和实用性
D. 实用新型对产品的创造性要求比发明高

658. 根据《中华人民共和国劳动合同法》，下列情形中，用人单位不得与劳动者解除劳动合同的是( )。
A. 劳动者在试用期间被证明不符合录用条件的
B. 劳动者被依法追究刑事责任的
C. 因劳动者过错致使劳动合同无效的
D. 劳动者因工负伤并被确认丧失劳动能力的

刷通关

659. 根据《中华人民共和国消费者权益保护法》，关于经营者义务的说法，错误的是( )。
A. 经营者对消费者承担提供真实信息的义务
B. 经营者承担不得侵犯消费者人格权的义务
C. 经营者对一切商品都承担7天内无理由退货义务
D. 经营者依法承担"三包"义务

660. 商标注册的条件不包括( )。
A. 申请人必须具备合法资格
B. 商标不含《中华人民共和国商标法》明确禁止使用的图形和文字
C. 申请注册商标应以使用为目的
D. 申请人必须是法人机构的代表人

661. 任何人认为商标局初步审定并予以公告的商标不具有合法性，都可以在公告之日起的( )个月内，提出异议。
A. 3 B. 4
C. 9 D. 12

662. 某自来水公司在向消费者供应自来水时，要求消费者必须购买其经销的水管，这种行为侵害了消费者的( )。
A. 知情权 B. 安全权
C. 公平交易权 D. 求偿权

663. 劳动合同的条款包括必要条款和选择性条款，下列选项中属于选择性条款的是( )。
A. 劳动报酬 B. 合同期限
C. 补充保险和福利待遇 D. 劳动保护和劳动条件

664. 根据《中华人民共和国专利法》，下列智力成果中，可授予专利权的是( )。
A. 动物和植物品种的生产方法 B. 妨害公共利益的发明创造
C. 科学发现 D. 用原子核变换方法获得的物质

刷 多项选择题

多项选择题 答题技巧

多项选择题在各类题型中得分率较低。根据考试要求,多项选择题的5个备选项中,有2~4个选项符合题意,至少有1个错项。错选,该题不得分;少选,所选的每个选项得0.5分。面对这种评分标准,考生要认真审题,在不犯低级错误的前提下,快速答题。千万不要在多选题上浪费太多时间。如果遇到不会做的题目,宁可少选,也别贪多。针对多选题,目标就是拿到50%以上的分数,不要给自己太大的压力。

第一章 市场需求、供给与均衡价格

刷基础 紧扣大纲 夯实基础

665. 下列因素中,影响供给价格弹性的有( )。
　　A. 时间　　　　　　　　　　　　B. 投入品的替代性大小和相似程度
　　C. 预期　　　　　　　　　　　　D. 生产周期和自然条件
　　E. 偏好

666. 关于对某些产品实行最高限价的说法,正确的有( )。
　　A. 最高限价可能导致变相涨价现象　　B. 最高限价可能会导致市场过剩现象
　　C. 最高限价只宜在短期内实施　　　　D. 最高限价总是高于均衡价格
　　E. 最高限价可能会导致市场短缺现象

667. 影响供给的因素不包括( )。
　　A. 生产成本　　　　　　　　　　B. 消费者的个人收入
　　C. 生产者的预期　　　　　　　　D. 消费者的预期
　　E. 消费者偏好

668. 关于政府实施最低保护价格的说法,正确的有( )。
　　A. 保护价格总是高于均衡价格　　　　B. 保护价格总是低于均衡价格
　　C. 实施保护价格有可能导致市场过剩　　D. 实施保护价格有可能导致配给制
　　E. 保护价格的顺利实施需要政府建立收购和储备系统

669. 下列关于价格弹性的说法,正确的有( )。
　　A. 需求收入弹性为负值的商品称为奢侈品
　　B. 供给价格弹性可以用于判断一种商品是否属于高档品
　　C. 需求价格弹性的计算公式有点弹性和弧弹性两种
　　D. 企业实行薄利多销策略的理论基础是需求价格弹性
　　E. 需求交叉弹性可用于判断两种商品是否具有替代关系或互补关系

刷进阶

670. 在其他条件不变的情况下，关于需求价格弹性和总销售收入的关系的说法，正确的有（　　）。
    A. 需求价格弹性系数大于1，产品价格降低时，会使生产者的销售收入增加
    B. 需求价格弹性系数小于1，产品价格提高时，会使生产者的销售收入减少
    C. 需求价格弹性系数等于1，产品价格提高时，不会影响生产者的销售收入
    D. 需求价格弹性系数小于1，产品价格提高时，会使生产者的销售收入增加
    E. 需求价格弹性系数大于1，产品价格提高时，会使生产者的销售收入增加

671. 在一般情况下，政府实施最高限价可能产生的结果或问题有（　　）。
    A. 供给短缺　　　　　　　　B. 生产者变相涨价
    C. 黑市交易　　　　　　　　D. 生产者变相降价
    E. 过度生产

672. 决定某种商品需求价格弹性大小的因素主要有（　　）。
    A. 该种商品的替代品的数量和相近程度
    B. 该种商品的生产周期长短
    C. 该种商品的生产自然条件状况
    D. 该种商品在生活消费中的重要性
    E. 该种商品的用途多少

刷通关

673. 影响需求的主要因素有（　　）。
    A. 消费者偏好　　　　　　　B. 互补品价格
    C. 消费者的收入　　　　　　D. 消费者预期
    E. 生产成本

674. 关于需求价格弹性影响因素的说法，正确的有（　　）。
    A. 非必需品需求价格弹性大
    B. 生活必需品的需求价格缺乏弹性
    C. 一种商品的用途越多，它的需求价格弹性越大
    D. 一种商品若有极少的替代品，则该商品的需求价格弹性大
    E. 时间越短，商品的需求价格弹性越缺乏

第二章　消费者行为分析

刷基础

675. 关于无差异曲线的说法，正确的有（　　）。
    A. 无差异曲线向右下方倾斜并凸向原点
    B. 无差异曲线离原点越远，消费者偏好程度越高
    C. 无差异曲线的理论基础是基数效用论
    D. 无差异曲线可以反映消费者的预期
    E. 用无差异曲线可以描述消费者的偏好状况

刷进阶

676. 在给定的预算线坐标图上，决定预算线变动的因素有（　　）。
    A. 消费者收入　　　　　　　　B. 商品边际替代率
    C. 消费者偏好　　　　　　　　D. 价格弹性
    E. 商品价格

刷通关

677. 关于无差异曲线特征的说法，正确的有（　　）。
    A. 无差异曲线从左向右上倾斜
    B. 无差异曲线离原点越远，消费者的偏好程度越低
    C. 任意两条无差异曲线都不能相交
    D. 无差异曲线是凸向原点的
    E. 无差异曲线斜率为负

第三章　生产和成本理论

刷基础

678. 关于科斯的企业本质理论的说法，正确的有（　　）。
    A. 企业是为了节约市场交易费用或交易成本而产生的
    B. 从历史上看，企业产生以后，企业与市场机制就是两种不同的协调生产和配置资源的方式
    C. 追求生产规模最大化是企业的唯一动机
    D. 导致市场机制和企业的交易费用不同的主要因素是信息的不完全性
    E. 从历史上看，企业产生以后，社会上就形成了两种交易，即企业外部的市场交易和企业内部的交易

679. 关于各种短期成本曲线变动规律的说法，正确的有（　　）。
    A. 总固定成本曲线和总可变成本曲线相交于某一点
    B. 总成本曲线和总可变成本曲线相交于某一点
    C. 总成本曲线和总可变成本曲线的变动规律是一致的
    D. 总成本曲线和总固定成本曲线随着产量增长逐渐靠近
    E. 总固定成本曲线和总可变成本曲线的变动规律是一致的

680. 美国经济学家科斯提出的企业理论的主要观点有（　　）。
    A. 企业是为了节约市场交易费用而产生的
    B. 企业的本质是作为市场机制或价格机制的替代物
    C. 信息不完全性是导致市场机制和企业交易费用不同的主要因素
    D. 企业可以使一部分市场交易内部化，从而降低交易费用
    E. 不同市场结构中的企业的本质是不同的

刷进阶

681. 下列关于总成本、总固定成本和总可变成本曲线的说法，正确的有（　　）。

A. 总成本曲线是先上升后下降的曲线
B. 总可变成本曲线和总成本曲线的变动规律是一致的
C. 总可变成本曲线从原点出发，之后随产量增加而上升
D. 总成本曲线是从纵轴一个截点，即产量为零时总成本等于固定成本的那个点开始，随产量增加而逐步上升的曲线
E. 总固定成本曲线是一条平行于横轴的直线

682. 下列关于成本曲线的说法，正确的有（　　）。
A. 平均总成本是先下降后上升的曲线
B. 无论上升或下降，平均可变成本曲线的变动慢于边际成本曲线
C. 边际成本曲线是先下降后上升的曲线
D. 平均可变成本是先下降后上升的曲线
E. 平均固定成本是先下降后上升的曲线

✅ 刷通关

683. 关于经济学中成本的说法，正确的有（　　）。
A. 生产成本可分为显成本和隐成本两部分
B. 隐成本实际是一种机会成本
C. 正常利润不应作为隐成本的一部分计入成本
D. 成本是企业在生产经营过程中所支付的物质费用和人工费用
E. 不论从长期还是短期看，成本均可分为固定成本和可变成本

684. 关于科斯的企业形成理论的说法，正确的有（　　）。
A. 企业的产生可以大量节约市场交易费用
B. 企业与市场机制是两种不同的协调生产和配置资源的方式
C. 企业作为生产的一种组织形式大大减少了需要签订的契约数量
D. 导致市场机制和企业交易费用不同的主要因素在于外部性的存在
E. 企业的本质或者显著特征是作为市场机制或价格机制的替代物

第四章　市场结构理论

✅ 刷基础

685. 实行价格歧视的基本条件有（　　）。
A. 必须是大宗商品
B. 生产者具有较强的谈判能力
C. 市场必须能有效隔离，同一产品不能在不同市场间流动
D. 消费者具有较高的鉴别能力
E. 必须有可能根据不同的需求价格弹性划分出两组或两组以上的不同购买者

686. 关于垄断竞争市场上生产者行为的说法，正确的有（　　）。
A. 生产者之间可以实施价格协议制度
B. 企业是完全的价格接受者
C. 企业的需求曲线是一条水平线

D. 企业的需求曲线是向右下方倾斜的

E. 在短期内企业的行为和完全垄断企业的行为完全相似

687. 关于完全竞争市场供求曲线的说法，正确的有（   ）。

    A. 行业需求曲线是一条向右下方倾斜的曲线

    B. 行业供给曲线是一条向右上方倾斜的曲线

    C. 个别企业的需求曲线是一条平行于横轴的水平线

    D. 个别企业的短期供给曲线是其处于平均可变成本之上的平均总成本曲线

    E. 个别企业的短期供给曲线是其处于平均可变成本之上的边际成本曲线

688. 完全竞争市场具有的特征有（   ）。

    A. 同行业中只有少数的生产者

    B. 同行业各个企业生产的同一产品不存在任何差别

    C. 买卖双方对市场信息有充分的了解

    D. 企业可以自由进入或退出市场

    E. 每个生产者都是价格的决定者

689. 关于垄断竞争企业和完全垄断企业需求曲线的说法正确的有（   ）。

    A. 完全垄断企业和垄断竞争企业在短期均衡时均处于盈利状态

    B. 垄断竞争企业面临的需求曲线分为主观需求曲线和市场份额需求曲线

    C. 垄断竞争企业和完全垄断企业，短期中都遵循利润最大化原则

    D. 完全垄断企业面临的需求曲线比垄断竞争企业面临的需求曲线更平坦

    E. 垄断竞争企业和完全垄断企业面临的需求曲线都是向右下方倾斜的

690. 寡头垄断市场具有的基本特征有（   ）。

    A. 在一个行业中，只有很少几个企业进行生产

    B. 它们所生产的产品有一定的差别或者完全无差别

    C. 它们对价格有较大程度的控制

    D. 买卖双方对市场信息都有充分的了解

    E. 进入这一行业比较困难

691. 关于完全竞争市场的说法，正确的有（   ）。

    A. 个别企业的需求曲线和整个行业的需求曲线相同

    B. 所有企业都是价格的接受者

    C. 个别企业的需求曲线是一条平行于横轴的水平线

    D. 不同企业生产的产品存在差别

    E. 整个行业的需求曲线向右下方倾斜

692. 以下属于垄断竞争市场特征的有（   ）。

    A. 生产者是完全的价格接受者   B. 生产者对价格有一定程度的控制

    C. 企业进入或退出市场比较容易   D. 同行业中只有少数的生产者

    E. 同行业各个企业生产的产品存在一定差别

693. 在我国现实生活中，近似于完全垄断市场的行业有（   ）。

A. 电力供应 B. 财产保险
C. 移动通信 D. 民用航空
E. 固定电话业务

694. 关于完全垄断市场中生产者行为的说法，正确的有（　　）。
A. 垄断企业的平均收益等于单位产品的价格
B. 垄断企业的边际收益不等于其平均收益或价格
C. 垄断企业通过协议价格制来控制市场
D. 垄断企业的需求曲线向右下方倾斜
E. 垄断企业属于价格接受者

第五章　生产要素市场理论

刷基础

695. 关于生产要素市场理论的说法，正确的有（　　）。
A. 生产者使用生产要素的原则是边际成本等于边际收益产品
B. 完全竞争生产者的要素供给曲线是一条水平线
C. 边际收益产品等于边际物质产品乘以边际收益
D. 生产者对生产要素的需求具有外部性
E. 生产要素市场属于最终市场

696. 下列因素中，决定劳动的供给曲线具有后弯形状的有（　　）。
A. 劳动和闲暇的互补效应 B. 工资和利率的互补效应
C. 工资增加的替代效应 D. 工资和租金的互补效应
E. 工资增加的收入效应

697. 下列关于生产要素市场理论的说法中，错误的有（　　）。
A. 生产者对生产要素的需求是派生需求
B. 生产者使用要素的原则是边际要素成本等于边际收益产品
C. 完全竞争生产者的要素供给曲线是向右下方倾斜的
D. 劳动的供给原则是劳动的边际效用等于闲暇的边际效用
E. 工资增加的收入效应表现为劳动供给增加

刷进阶

698. 关于生产要素供给曲线的说法，正确的有（　　）。
A. 资本的供给曲线在短期内是一条后弯曲线，在长期内是一条垂直线
B. 各种生产要素的供给曲线是相同的
C. 劳动的供给曲线是一条后弯曲线
D. 土地的供给曲线是一条垂直线
E. 资本的供给曲线在短期内是一条垂直线，在长期内是一条后弯曲线

699. 关于完全竞争生产者的要素供给曲线的说法，正确的有（　　）。
A. 要素供给曲线是垂直线
B. 生产者对生产要素的价格有一定的掌控能力

C. 要素供给曲线是水平线
D. 要素供给曲线是向右下方倾斜的曲线
E. 边际要素成本曲线及平均要素成本曲线与要素供给曲线重合

刷通关

700. 关于生产要素市场理论的说法，正确的有（　　）。
    A. 工资增加的替代效应表现为劳动供给增加
    B. 各种生产要素曲线都是后弯线
    C. 生产者对生产要素的需求是联合需求
    D. 完全竞争生产者的要素供给曲线为水平线
    E. 完全竞争生产者的要素需求曲线是向右下方倾斜的

第六章　市场失灵和政府的干预

刷基础

701. 关于信息不对称和市场失灵的说法，正确的有（　　）。
    A. 道德风险仅存在于保险市场
    B. 信息不对称指的是在某项经济活动中，某一参与者比对方拥有更多的影响其决策的信息
    C. 信息不对称的存在影响资源的有效配置
    D. 逆向选择存在于一切可能出现信息不对称的商品和服务市场
    E. 逆向选择仅存在于二手车市场的交易中

702. 关于经济学家科斯提出的产权和外部性理论的说法，正确的有（　　）。
    A. 不同的产权制度会导致不同的资源配置效率
    B. 一旦考虑到交易成本，产权的初始界定对于经济运行的效率就会产生十分重要的作用
    C. 只要产权是明确的，并且交易成本为零或者很小，市场均衡的最终结果都是有效率的
    D. 很多外部性的产生都是由于产权不清晰导致的
    E. 明确和界定产权是解决外部性问题的唯一途径

703. 为了消除外部性对市场的影响，政府采取的措施包括（　　）。
    A. 使用税收和补贴手段　　B. 制定相关法规
    C. 合并相关企业　　　　　D. 公共管制
    E. 明确和界定产权

刷进阶

704. 美国经济学家科斯关于产权和外部性理论的主要观点和结论包括（　　）。
    A. 很多外部性的产生都是由于产权不清晰导致的
    B. 只要产权是明确的，并且交易成本为零或者很小，市场均衡的最终结果都是有效率的
    C. 只要产权是明确的，市场均衡的最终结果都是有效率的

D. 不同的产权制度，会导致不同的资源配置效率
E. 明确和界定产权是解决外部性问题的重要途径

705. 关于公共物品与市场失灵的说法，正确的有（　　）。
A. 纯公共物品只能由政府提供
B. 准公共物品具有一定的拥挤性
C. 公共物品的市场需求曲线是所有消费者沿需求量方向相加得到的
D. 公共物品的消费容易产生"搭便车"现象
E. 对于准公共物品可以通过市场机制来引导资源的配置

706. 导致市场失灵的原因主要有（　　）。
A. 垄断　　　　　　　　　　　B. 竞争
C. 外部性　　　　　　　　　　D. 公共物品
E. 信息不对称

707. 关于信息不对称和市场失灵的说法，正确的有（　　）。
A. 信息不对称会导致道德风险
B. 信息不对称会导致某些商品或者服务市场出现萎缩甚至消失
C. 通过税收和补贴手段，可以解决信息不对称导致的市场失灵
D. 政府对商品的说明、质量标准和广告等做出法律规定，以克服信息不对称所导致的市场失灵
E. 通过明晰产权可以克服信息不对称所引起的市场失灵

第七章　国民收入核算和简单的宏观经济模型

708. 关于消费函数和储蓄函数的含义及其关系的说法，正确的有（　　）。
A. 边际储蓄倾向大于0并小于1
B. 边际储蓄倾向大于1
C. 当储蓄函数已知，即可求得消费函数
D. 边际消费倾向总是小于平均消费倾向
E. 消费函数和储蓄函数互为补数

709. 关于国内生产总值（GDP）指标的说法，错误的有（　　）。
A. 用不变价格计算的 GDP 可以用来计算经济增长速度
B. 用现行价格计算的 GDP 可以用来计算经济增长速度
C. GDP 包含了伴随经济增长而来的生态与环境变化的影响
D. 通常用国内生产总值或人均国内生产总值来衡量总产出
E. 用现行价格计算的 GDP 可以反映一个国家或地区的经济发展规模

710. 凯恩斯消费理论的主要假设有（　　）。
A. 边际消费倾向递减　　　　　B. 收入是决定消费的最重要的因素
C. 长期消费函数是稳定的　　　D. 消费取决于家庭所处的生命周期阶段

E. 平均消费倾向会随着收入的增加而减少

711. 下列经济因素中，对长期总供给有决定性影响的有( )。
    A. 政府购买　　　　　　　　B. 价格总水平
    C. 劳动　　　　　　　　　　D. 资本
    E. 技术

712. 下列关于国内生产总值与国民总收入的说法，正确的有( )。
    A. 国民总收入是一个收入概念
    B. 国内生产总值是一个生产概念
    C. 国内生产总值又称为国民生产总值
    D. 国民总收入=国内生产总值+来自国外的净要素收入
    E. 国内生产总值=国民总收入+来自国外的净要素收入

713. 关于总供给的说法，正确的有( )。
    A. 政府购买是影响总供给的重要因素
    B. 总供给的变动主要取决于企业的利润水平
    C. 企业预期是影响总供给的重要因素
    D. 总供给曲线向右下方倾斜
    E. 长期总供给曲线是一条与横轴(总产出)相交的垂直线

714. 影响总需求变动的因素主要有( )。
    A. 利率　　　　　　　　　　B. 生产成本
    C. 货币供给量　　　　　　　D. 政府购买
    E. 税收

715. 用收入法计算国内生产总值时，下列属于劳动者报酬的有( )。
    A. 福利费　　　　　　　　　B. 工资总额
    C. 营业盈余　　　　　　　　D. 生产税净额
    E. 农户和个体劳动者生产经营所获得的纯收益

第八章　经济增长和经济发展理论

716. 下列可用于经济波动状况分析的经济指标中，属于领先指标的有( )。
    A. 居民消费价格指数　　　　B. 商品库存
    C. 制造业订货单　　　　　　D. 股票价格指数
    E. 广义货币 M_2

717. 在当前和今后的一个时期，我国推进供给侧改革的主要任务有( )。
    A. 降成本　　　　　　　　　B. 去产能
    C. 去库存　　　　　　　　　D. 加杠杆
    E. 补短板

刷进阶

718. 经济发展不仅包括经济增长，还包括经济结构和社会结构的变化，这些变化具体包括（　　）。
    A. 产业结构不断优化
    B. 城市化进程逐步推进
    C. 广大居民生活水平提高
    D. 国民收入分配状况逐步改善
    E. 生产规模不断提高

719. 决定经济增长的具体因素主要有（　　）。
    A. 市场预期
    B. 资本的投入数量
    C. 劳动生产率
    D. 劳动投入的数量
    E. 资本的效率

刷通关

720. 下列指标中属于同步指标的有（　　）。
    A. 工业总产值
    B. 广义货币 M_2
    C. 固定资产投资额
    D. 制造业订货单
    E. 居民消费价格指数

第九章　价格总水平和就业、失业

刷基础

721. 关于决定价格总水平变动因素的说法，正确的有（　　）。
    A. 在其他影响因素不变的情况下，货币供应量增长，价格总水平一般会趋于上升
    B. 如果总需求的增长快于总供给的增长，价格总水平就有可能上升
    C. 在其他影响因素不变的情况下，货币流通速度加快，就会促使价格总水平下降
    D. 从长期来看，影响价格总水平的是总需求
    E. 从长期来看，总供给与价格总水平是反方向变动的

722. 按照西方古典经济学的观点，自愿失业的类型主要包括（　　）。
    A. 转轨型失业
    B. 开放型失业
    C. 结构性失业
    D. 周期性失业
    E. 摩擦性失业

723. 关于就业和失业的说法，正确的有（　　）。
    A. 失业是指有劳动能力并愿意就业但在目前没有从事有报酬或收入的工作的现象
    B. 努力扩大就业减少失业，是提高人民生活水平的重要途径
    C. 促进经济增长是增加就业的主要途径
    D. 如果第三产业在 GDP 中所占比例较大，则就业弹性较高
    E. 解决自愿失业是宏观经济调控的重点

刷进阶

724. 关于奥肯定律的含义和作用的说法，正确的有（　　）。
    A. 奥肯定律揭示了通货膨胀和失业之间的关系

B. 奥肯定律揭示了经济增长和失业之间的关系

C. 奥肯定律揭示了经济增长和国际资本流动之间的关系

D. 奥肯定律揭示了经济增长和财政收入之间的关系

E. 奥肯定律的政策含义是政府应当把促进经济增长作为增加就业或降低失业的主要途径

725. 关于价格总水平变动的经济效应的说法，正确的有（   ）。

  A. 实际利率是在货币购买力上升时的利率

  B. 在价格总水平上涨过程中，如果名义工资不提高或提高幅度低于价格上升幅度，实际工资就会下降

  C. 在名义利率不变时，实际利率与价格总水平呈反向变动

  D. 价格总水平的变动会在一定条件下影响汇率的变动

  E. 任何通货膨胀都有利于促进经济增长

726. 关于菲利普斯曲线的说法，正确的有（   ）。

  A. 简单的菲利普斯曲线是一条描述通货膨胀与失业之间相关关系的曲线

  B. 简单的菲利普斯曲线表明通货膨胀率与失业率之间是负相关关系

  C. 弗里德曼认为通货膨胀和失业之间的替代关系只在短期内存在

  D. 弗里德曼认为通货膨胀和失业之间的替代关系只在长期内存在

  E. 弗里德曼认为长期的菲利普斯曲线是一条和横轴垂直的直线

第十章　国际贸易理论和政策

727. 下列由政府实行的进出口贸易干预措施中，不属于非关税壁垒的有（   ）。

  A. 出口信贷　　　　　　　B. 反倾销税

  C. 歧视性公共采购　　　　D. 出口补贴

  E. 卫生检疫标准

728. 关于倾销和反倾销的说法，正确的有（   ）。

  A. 进口国征收反倾销税可以根据本国需要随意确定标准

  B. 反倾销措施属于贸易救济措施

  C. 反倾销的措施可采用征收反倾销税

  D. 倾销的实质就是低价出口产品

  E. 确定是否属于倾销行为的关键是认定产品的正常价值

729. 关于反倾销税的说法，错误的有（   ）。

  A. 反倾销税是在正常海关税费之外，进口国主管机关对确认倾销产品征收的一种附加税

  B. 反倾销税的税额不得超过所裁定的倾销幅度

  C. 反倾销税的纳税义务人是倾销产品的出口商

D. 反倾销税的纳税义务人是倾销产品的进口商
E. 进口商不得直接或间接替出口商承担反倾销税

730. 国际贸易中通常存在的倾销有(　　)。
    A. 掠夺性倾销　　　　　　　　B. 资本性倾销
    C. 偶然性倾销　　　　　　　　D. 隐蔽性倾销
    E. 持续性倾销

刷通关

731. 下列政府对进出口贸易干预的措施中,不属于非关税壁垒的有(　　)。
    A. 直接补贴　　　　　　　　　B. 进口配额制
    C. 卫生检疫标准　　　　　　　D. 反倾销税
    E. 歧视性公共采购

第十一章　公共物品与财政职能

刷基础

732. 下列行为中,符合尼斯坎南模型的有(　　)。
    A. 通过公共物品和服务的生产外包,提高效率
    B. 增加某一行业官僚部门的数量,提高竞争性
    C. 通过改变对官僚的鼓励,引导其最小化既定产出的成本
    D. 通过政府垄断生产公共物品,提高效率
    E. 增强官僚部门内部的竞争性

733. 关于公共选择的说法,正确的有(　　)。
    A. 公共选择是关于"政府失灵"的理论
    B. 公共选择是对非市场决策的经济学研究
    C. 公共选择理论产生于20世纪40—50年代的美国
    D. 公共选择分析的是政治场景和公共选择中的个人行为
    E. 公共选择的代表人物包括亚当·斯密、萨缪尔森等

734. 公共选择的理论基石有(　　)。
    A. 孔多塞规则　　　　　　　　B. 经济人假设
    C. 个人主义方法论　　　　　　D. 交易成本理论
    E. 官僚理论

刷进阶

735. 公共物品的融资方式包括(　　)。
    A. 强制融资　　　　　　　　　B. 自愿融资
    C. 政府生产　　　　　　　　　D. 合同外包
    E. 联合融资

736. 财政履行稳定和发展职能的目标有(　　)。
    A. 扩大社会总需求　　　　　　B. 经济增长
    C. 实现充分就业　　　　　　　D. 物价稳定

E. 国际收支平衡

737. 现代市场经济中,财政实现收入分配职能的手段主要有( )。
A. 加强税收调节
B. 增加社会保障支出
C. 增加经济建设支出
D. 没收财产并重新分配
E. 提供社会福利

刷通关

738. 关于财政实现其职能的机制和手段的说法,正确的有( )。
A. 通过税收调节个人消费水平和结构,属于经济稳定和发展职能
B. 通过财政贴息引导和调节社会投资方向,属于资源配置职能
C. 通过建立国库集中收付制度提高财政自身管理效率,属于收入分配职能
D. 通过个人所得税将个人收益调节到合理水平,属于资源配置职能
E. 通过公共支出提供社会福利,属于收入分配职能

739. 下列实现财政职能的手段中,属于实现收入分配职能的手段有( )。
A. 明确市场和政府对社会收入分配的范围和界限
B. 加强税收调节
C. 充分发挥利率的调节作用
D. 发挥财政转移支付作用
E. 发挥公共支出的作用

第十二章 财政支出

刷基础

740. 财政支出绩效评价程序包括( )。
A. 前期准备
B. 反馈评价结果
C. 撰写评价报告
D. 实施评价
E. 进行评价分析

741. 实施部门预算支出绩效评价的原则包括( )。
A. 可比性原则
B. 统一领导原则
C. 分类管理原则
D. 客观公正原则
E. 科学规范原则

742. 下列经济理论中,属于财政支出规模增长理论的有( )。
A. 梯度渐进增长理论
B. 非均衡增长理论
C. 政府活动扩张法则
D. 内生增长理论
E. 经济发展阶段增长理论

743. 部门预算支出绩效评价的方法有( )。
A. 比较法
B. 公众评价法
C. 因素分析法
D. 量本利分析法
E. 成本效益分析法

744. 关于当年中央财政支出占全国财政支出的比重的说法,正确的有( )。

A. 是相对稳定的 B. 呈现不断增长的趋势
C. 能反映政府干预经济的程度 D. 能反映中央政府对地方政府的控制程度
E. 是与人口变量相联系的相对指标

刷进阶

745. 优化我国财政支出结构的方向有(　　)。
    A. 扩大购买性支出的比重 B. 扩大转移性支出的比重
    C. 扩大竞争性生产投资支出规模 D. 严控一般性行政消费支出
    E. 保障经济社会发展薄弱环节和民生支出需要

746. 确定财政支出绩效评价指标应遵循的原则有(　　)。
    A. 平衡性原则 B. 相关性原则
    C. 可比性原则 D. 重要性原则
    E. 经济性原则

747. 衡量财政支出规模变化的指标有(　　)。
    A. 人均财政支出指标 B. 财政支出增长率
    C. 财政支出增长的弹性系数 D. 财政支出增长的边际倾向
    E. 当年财政支出占当年国内生产总值的比重

刷通关

748. 德国社会政策学派代表人瓦格纳提出的"政府活动扩张法则"认为,财政支出增长的原因有(　　)。
    A. 工业化引起的市场扩张,使市场当事人之间的关系更加复杂,产生的冲突和矛盾增加,进而产生对商业法律和契约的需要
    B. 在一个国家经济发展的不同时期,财政支出所发挥的作用是不同的
    C. 为了纠正市场失灵问题对资源配置的负面影响,需要政府参与资源配置
    D. 随着经济的不断增长,文化、教育、福利等财政支出增长率将超过国内生产总值的增长率
    E. 财政支出水平随着税收收入的增长而逐渐上升

749. 以下属于非均衡增长理论观点的有(　　)。
    A. 通过分析公共部门平均劳动生产率的状况对公共财政支出增长原因做出解释
    B. 公共支出增长的内在原因是公众可容忍税收水平的提高
    C. 在进步部门,技术起着决定作用
    D. 政府部门的生产率偏低导致政府支出规模不断扩大
    E. 财政支出不断增长是因为社会和经济的发展增加了对政府活动的需求

第十三章　财政收入

刷基础

750. 我国国债的偿还方式主要有(　　)。
    A. 到期一次偿还法 B. 市场购销法
    C. 约定分期偿还法 D. 转期偿还法

E. 提前偿还法

751. 下列各项中，税负容易转嫁的商品有（　　）。
　　A. 非生活必需品
　　B. 课税范围广泛的商品
　　C. 生活必需品
　　D. 课税范围狭窄的商品
　　E. 需求弹性小，供给弹性大的商品

752. 关于地方政府债务管理制度的说法，错误的有（　　）。
　　A. 地方政府举债只能用于经常性支出
　　B. 地方政府债务分为一般债务和专项债务
　　C. 地方政府专项债务纳入政府性基金预算管理
　　D. 地方政府债务实行限额管理
　　E. 地方政府对其举借的债务负有偿还责任，中央政府实行救助原则

刷进阶

753. 关于债务依存度的说法，正确的有（　　）。
　　A. 它是国债累计余额占国内生产总值的比重
　　B. 反映了一个国家的财政支出有多少是依靠发行国债来实现的
　　C. 当债务依存度过高时，表明财务支出过分依赖债务收入
　　D. 国际公认的债务依存度警戒线在 15%～20%
　　E. 发达国家的债务依存度警戒线不超过 60%

754. 国债具有的功能包括（　　）。
　　A. 弥补财政赤字
　　B. 筹集建设资金
　　C. 调节货币供应量和利率
　　D. 扩大财政收入
　　E. 调控宏观经济

刷通关

755. 影响税负转嫁的因素包括（　　）。
　　A. 课税商品的性质
　　B. 应税商品供给与需求的弹性
　　C. 税负制度的完善程度
　　D. 课税与经济交易的关系
　　E. 课税范围的大小

第十四章　税收制度

刷基础

756. 关于税目的说法，正确的有（　　）。
　　A. 税目代表征税的广度
　　B. 税目体现征税的深度
　　C. 税目是对课税对象的具体划分
　　D. 税目是计算应纳税额的依据
　　E. 税目是税法规定的课税对象的具体项目

757. 关于房产税的表述，以下说法正确的有（　　）。
　　A. 纳税人包括产权所有人、承典人、房产代管人或使用人
　　B. 征税范围为城市、县城、建制镇和工矿区的房屋
　　C. 从价计征的，以房产余值为计税依据，税率为 1.2%

D. 从租计征的，以房屋出租取得的租金收入为计税依据，税率为12%
E. 房产不在同一地方时，应在纳税人居住地的税务机关申报纳税

758. 下列产品中属于应征消费税税目的有（　　）。
 A. 游艇 B. 高尔夫球及球具
 C. 卡车 D. 涂料
 E. 电池

759. 下列税种中，属于直接税的有（　　）。
 A. 消费税 B. 个人所得税
 C. 财产税 D. 企业所得税
 E. 关税

760. 增值税的优点有（　　）。
 A. 能够平衡税负，促进公平竞争 B. 便于对出口商品退税
 C. 税负不易转嫁 D. 在组织财政收入上具有稳定性和及时性
 E. 税负征管可以互相制约，交叉审计

刷进阶

761. 下列纳税人提供的服务中，增值税税率为6%的有（　　）。
 A. 增值电信服务 B. 基础电信服务
 C. 金融服务 D. 邮政服务
 E. 不动产租赁服务

762. 关于财产税所具有的特点的说法，正确的有（　　）。
 A. 符合税收的纳税能力原则 B. 税源比较充分且相对稳定
 C. 收入弹性较小 D. 不易转嫁
 E. 具有资源配置职能

763. 关于税制要素的说法，正确的有（　　）。
 A. 纳税人只能是法人
 B. 纳税期限是税法规定的纳税人发生纳税义务后向国家缴纳税款的期限
 C. 纳税地点和纳税义务发生地总是一致的
 D. 税率是税法规定的应征税额与征税对象之间的比例
 E. 课税对象是不同税种间相互区别的主要标志

刷通关

764. 关于所得税所具有的特点的说法，正确的有（　　）。
 A. 税负相对比较公平 B. 一般不存在重复征税问题
 C. 税负不易转嫁 D. 税源可靠，收入具有弹性
 E. 具有资源配置职能

765. 下列属于流转税的有（　　）。
 A. 房产税 B. 车船税
 C. 增值税 D. 个人所得税
 E. 消费税

766. 在税制要素中，一般来说，税率可分为（　　）。

A. 混合税率 B. 边际税率
C. 比例税率 D. 定额税率
E. 累进(退)税率

第十五章 政府预算

刷基础

767. 社会保险基金预算按险种分别编制，主要包括( )。
    A. 农村居民基本养老保险基金 B. 生育保险基金
    C. 企业职工基本养老保险基金 D. 失业保险基金
    E. 工伤保险基金

768. 关于政府预算的说法，正确的有( )。
    A. 政府预算是具有法律规定和制度保证的、经法定程序审核批准的政府年度财政收支计划
    B. 从本质方面看，政府预算是国家和政府意志的体现
    C. 政府预算要经过国务院的审查和批准才能生效
    D. 政府预算制度最早出现在英国
    E. 政府预算按照编制依据的内容和方法分类，分为单式预算和复式预算

769. 下列关于政府预算的说法，正确的有( )。
    A. 政府预算经过国家权力机关的审查和批准才能生效
    B. 我国的预算年度实行历年制
    C. 政府预算体现了政府年度工作重点和方向
    D. 政府预算按照编制依据的内容和方法分类，分为单式预算和复式预算
    E. 政府预算指标背后反映的是政府在做什么和不做什么之间做出的选择

770. 根据《中华人民共和国预算法》的规定，县级以上地方各级人民代表大会常务委员会的预算管理职权有( )。
    A. 审查和批准本级政府预算 B. 审查和批准本级预算调整方案
    C. 编制本级政府预算草案 D. 审查和批准本级政府预备费动用
    E. 审查和批准本级政府决算

771. 政府性基金预算的管理原则有( )。
    A. 以收定支 B. 专款专用
    C. 结余结转下年继续使用 D. 以支定收
    E. 统筹使用

刷进阶

772. 单式预算的优点包括( )。
    A. 便于分类控制预算收支平衡
    B. 能够清晰反映政府财政收支全貌
    C. 便于政府对复杂的财政活动进行分析、管理和监督
    D. 便于政府灵活运用资本性投资和国债手段，调控宏观经济运行

E. 便于编制，易于操作

773. 以下属于建立全面规范、公开透明预算制度内容的有（　　）。
   A. 建立跨年度预算平衡机制
   B. 全面推进预算绩效管理
   C. 实施中期财政规划管理
   D. 建立权责发生制政府综合财务报告制度
   E. 健全中央和地方财力与事权相匹配的财政体制

774. 政府预算的原则包括（　　）。
   A. 年度性原则　　　　　　　　B. 完整性原则
   C. 公开性原则　　　　　　　　D. 经济性原则
   E. 统一性原则

刷通关

775. 国有资本经营预算的编制原则有（　　）。
   A. 以收定支、专款专用　　　　B. 相对独立、相互衔接
   C. 分级编制、逐步实施　　　　D. 统筹兼顾、适度集中
   E. 结余结转下年继续使用

776. 根据《中华人民共和国预算法》，全国人民代表大会常务委员会的预算管理职权有（　　）。
   A. 决定本级政府预备费的动用　　B. 审查和批准中央决算
   C. 监督中央和地方预算执行　　　D. 审查和批准中央预算调整方案
   E. 审查和批准中央预算

第十六章　财政管理体制

刷基础

777. 广义的财政管理体制主要包括（　　）。
   A. 公共部门财务管理体制　　　B. 国有企业管理体制
   C. 国有资本管理体制　　　　　D. 税收管理制度
   E. 政府预算管理体制

778. 合理划分中央与地方财政事权和支出责任的原则，包括（　　）。
   A. 体现基本公共服务受益范围　　B. 兼顾政府职能和行政效率
   C. 实现权、责、利相统一　　　　D. 做到中央统筹、地方协助
   E. 激励地方政府主动作为

779. 根据国际经验，中央和地方政府间财政收支划分的特征有（　　）。
   A. 收入结构与支出结构的非对称安排
   B. 收入结构划分以中央政府为主
   C. 支出结构划分以中央政府为主
   D. 划归中央政府掌握的收入大于其实质性职权范围的一定比例
   E. 地方政府所承担的职权往往要超过其直接收入划分所拥有的财力

780. 合理划分中央与地方财政事权和支出责任的总体要求包括（　　）。

A. 坚持财政事权由中央与地方协商决定
B. 坚持法治化规范化道路
C. 坚持有利于健全社会主义市场经济体制
D. 坚持积极稳妥统筹推进
E. 坚持加强中央对微观事务的直接管理

781. 我国现行分税制财政管理体制下，属于中央收入的税种有（   ）。
A. 关税   B. 车船税
C. 个人所得税   D. 消费税
E. 资源税

刷进阶   高频进阶 强化提升

782. 财政转移支付制度具有的作用有（   ）。
A. 为地方政府提供稳定的收入来源，弥补其收支差额
B. 有利于实现政府间财政关系的纵向平衡
C. 有利于增强中央政府对地方政府的控制能力
D. 增强了地方政府提供本地区公共物品和服务的能力
E. 可以完全解决各地方之间因财务状况不同而造成的公共服务水平的不均等

783. 政府间事权及支出责任划分一般遵循的原则有（   ）。
A. 受益原则   B. 区域原则
C. 效率原则   D. 恰当原则
E. 技术原则

784. 我国现阶段规范财政转移支付制度的任务有（   ）。
A. 重点增加对革命老区、民族地区、边疆地区、贫困地区的转移支付
B. 促进地区间财力均衡
C. 增加一般性转移支付规模和比例
D. 清理、整合、规范专项转移支付项目
E. 增加专项转移支付项目

785. 财政转移支付的特点有（   ）。
A. 完整性   B. 对称性
C. 法制性   D. 稳定性
E. 统一性和灵活性相结合

刷通关   举一反三 高效通关

786. 下列税种中，属于中央与地方共享税的有（   ）。
A. 增值税   B. 关税
C. 消费税   D. 个人所得税
E. 企业所得税

787. 我国分税制财政管理体制改革取得的主要成效有（   ）。
A. 建立了财政收入稳定增长的机制   B. 保证地方财政收入的来源稳定
C. 增强了中央政府宏观调控能力   D. 促进了产业结构调整和资源优化配置
E. 增强了中央政府对地方政府的监督能力

第十七章 财政政策

刷基础

788. 财政"汲水政策"的特点有（   ）。
    A. 该政策是一种诱导经济复苏的政策
    B. 该政策以扩大公共投资规模为手段
    C. 实行该政策时，财政投资规模具有有限性
    D. 该政策具有自动调节经济运行的机制
    E. 该政策是一种短期的财政政策

789. 关于财政政策时滞的说法，正确的有（   ）。
    A. 认识时滞和行政时滞属于内在时滞
    B. 决策时滞、执行时滞和效果时滞属于外在时滞
    C. 认识时滞是从经济现象发生变化到决策者对其有所认识所经过的时间
    D. 决策时滞的长短主要取决于行政部门掌握经济信息和准确预测的能力
    E. 财政政策时滞的存在，会对财政政策的实施效果产生一定的影响

790. 当社会总供给大于总需求时，政府可实施的财政政策措施有（   ）。
    A. 实行中性预算平衡政策   B. 增加财政补贴支出
    C. 降低税率   D. 提高政府投资支出水平
    E. 缩小预算支出规模

791. 下列经济政策中，不属于财政政策的有（   ）。
    A. 利率政策   B. 税收政策
    C. 国债政策   D. 预算政策
    E. 汇率政策

刷进阶

792. 财政政策乘数包括（   ）。
    A. 税收乘数   B. 政府购买支出乘数
    C. 债务乘数   D. 平衡预算乘数
    E. 赤字预算乘数

793. 在社会总需求大于社会总供给的经济过热时期，政府可以采取的财政政策有（   ）。
    A. 缩小政府预算支出规模   B. 鼓励企业和个人扩大投资
    C. 减少税收优惠政策   D. 降低政府投资水平
    E. 减少财政补贴支出

刷通关

794. 随着我国社会主义市场经济体制的发展完善，财政宏观调控的方式发生的转变包括（   ）。
    A. 由被动调控向主动调控转变   B. 由主动调控向被动调控转变
    C. 由直接调控向间接调控转变   D. 由间接调控向直接调控转变
    E. 由单一手段调控向综合运用工具调控转变

795. 根据财政政策调节经济周期的作用，财政政策划分为（   ）。
    A. 自动稳定的财政政策   B. 扩张性财政政策
    C. 紧缩性财政政策   D. 相机抉择的财政政策
    E. 中性财政政策

第十八章　货币供求与货币均衡

刷基础　　　　　　　　　　　　　　　　　　　紧扣大纲
　　　　　　　　　　　　　　　　　　　　　　　夯实基础

796. 在我国货币供应量指标中，属于准货币的有（   ）。
    A. 单位定期存款   B. 现金
    C. 其他存款(财政存款除外)   D. 个人存款
    E. 单位活期存款

797. 关于货币均衡特征的说法，正确的是（   ）。
    A. 在一定时期内，货币供给与货币需求在动态上保持一致
    B. 在长期内，货币供给与货币需求大体一致
    C. 在短期内，货币供给与货币需求完全一致
    D. 在任一时点上，货币供给与货币需求在数量上完全相等
    E. 在现代经济中，货币均衡在一定程度上反映了经济总体均衡状况

798. 下列金融统计指标中计入我国社会融资规模的是（   ）。
    A. 非金融机构在我国 A 股市场获得的直接融资
    B. 金融机构通过表外业务向实体经济提供的信托贷款
    C. 金融机构通过表内业务向实体经济提供的人民币贷款
    D. 房地产公司从地下钱庄获得的高利贷
    E. 保险公司向受灾的投保企业提供的损失赔偿

799. 需求拉上型通货膨胀的特点有（   ）。
    A. 成本的增长诱使消费支出增长
    B. 政府为阻止失业率上升而增加支出
    C. 政府采取紧缩性财政政策以减少总需求
    D. 政府采取扩张性货币政策以增加总需求
    E. 支出的增长与实际的或预期的成本增长密切相关

800. 弗里德曼认为，影响人们持有实际货币的因素有（   ）。
    A. 财富构成   B. 各种资产的预期收益和机会成本
    C. 投资倾向   D. 预防动机
    E. 财富总额

801. 流通中货币（M_0）的持有者包括（   ）。
    A. 企事业单位   B. 存款类金融机构
    C. 非存款类金融机构   D. 个人
    E. 机关团体

刷进阶

802. 通常情况下，政府治理通货膨胀可采取的措施有（　　）。
   A. 发行公债
   B. 提高法定存款准备金率
   C. 增加政府购买性支出
   D. 中央银行通过公开市场向金融机构出售有价证券
   E. 削减社会福利支出

803. 根据通货膨胀的成因，可以划分为（　　）。
   A. 需求拉上型通货膨胀
   B. 成本推进型通货膨胀
   C. 输入型通货膨胀
   D. 输出型通货膨胀
   E. 结构型通货膨胀

804. 根据我国目前对货币层次的划分，属于 M_2 而不属于 M_1 的有（　　）。
   A. 单位活期存款
   B. 单位定期存款
   C. 流通中的货币
   D. 除财政存款以外的其他存款
   E. 个人存款

805. 下列通货膨胀类型中，属于成本推进型通货膨胀的有（　　）。
   A. 扩张性货币政策造成的通货膨胀
   B. 消费强劲增长引发的通货膨胀
   C. 工资和物价螺旋上升引发的通货膨胀
   D. 进口商品价格上涨引起的通货膨胀
   E. 垄断企业人为抬高价格引发的通货膨胀

刷通关

806. 根据凯恩斯的流动性偏好理论，决定货币需求的动机包括（　　）。
   A. 交易动机
   B. 预防动机
   C. 储蓄动机
   D. 投机动机
   E. 投资动机

807. 商业银行的信用扩张能力并非无限的，一般来说，银行体系扩张信用、创造派生存款的能力要受到（　　）的限制。
   A. 自身资金来源不足
   B. 缴存中央银行存款准备金
   C. 信贷资产流动性
   D. 提取现金数量
   E. 企事业单位及社会公众缴付税款

808. 基础货币包括（　　）。
   A. 中央银行发行的货币
   B. 财政部门在中央银行的存款
   C. 财政部门在商业银行的存款
   D. 商业银行在中央银行的存款
   E. 中央银行的资产

第十九章 中央银行与货币政策

刷基础

809. 关于货币当局资产负债表的说法,正确的有( )。
   A. 外汇、货币黄金列入资产方的国外资产项目
   B. 对政府的项目主要体现在列入负债方的接受政府存款和列入资产方的对政府债权
   C. 发行债券列入负债方
   D. 储备货币是资产方的主要项目
   E. 不计入储备货币的金融性公司存款列入负债方

810. 中央银行的业务主要有( )。
   A. 货币发行
   B. 保管外汇和黄金储备
   C. 集中存款准备金
   D. 吸收存款
   E. 充当最后贷款人

811. 中央银行将短期市场利率作为货币政策的中间目标,主要原因有( )。
   A. 中央银行只要控制住了短期市场利率,就能够控制一定时期的社会总需求实现货币政策的目标
   B. 短期市场利率与各种支出变量有着较为稳定可靠的联系,中央银行能够及时收集到各方面的资料对利率进行分析和预测
   C. 短期市场利率直接决定商业银行的资产业务规模
   D. 中央银行可以通过调整再贴现率,存款准备金率或在公开市场上买卖国债改变资金供求关系,引导短期市场利率的变化
   E. 短期市场利率的变化,会影响金融机构、企业、居民的资金实际成本和机会成本,改变其行为

812. 货币政策的内容包括( )。
   A. 预期达到的货币政策效果
   B. 货币政策目标
   C. 预期达到的中央银行国际合作目标和效果
   D. 实现货币政策目标所运用的货币政策工具
   E. 与治理通货膨胀相关的财政政策

813. 建立中央银行制度是出于( )等方面的需要。
   A. 集中货币发行权
   B. 管理金融业
   C. 满足投资者扩大生产
   D. 国家对社会经济发展实行干预
   E. 代理国库和为政府筹措资金

814. 公开市场业务的优越性表现为( )。
   A. 可以进行经常性、连续性的操作
   B. 可以主动出击
   C. 货币乘数的影响很大,作用力度很强
   D. 可以对货币供应量进行微调
   E. 不需要法定存款准备金制度的配合

刷进阶

815. 货币政策传导效率取决于( )。
A. 较为发达的金融市场
B. 中央银行的组织架构
C. 较高程度的利率汇率市场化
D. 能够对货币政策变动做出灵敏反应的经济主体
E. 足够数量的经济主体

816. 通常情况下，货币政策目标确定后，中央银行选择相应中介目标时依据的原则包括( )。
A. 可控性　　　　　　　　B. 可测性
C. 连续性　　　　　　　　D. 相关性
E. 可逆性

817. 下列金融业务中，属于中央银行对商业银行提供的有( )。
A. 集中存款准备金　　　　B. 充当最后贷款人
C. 货币发行　　　　　　　D. 组织全国银行间的清算业务
E. 保管外汇和黄金储备

818. 中央银行作为国家的银行主要体现在( )。
A. 代理国库　　　　　　　B. 代理发行国家债券
C. 对国家提供信贷支持　　D. 保管外汇与黄金储备
E. 发行货币

819. 关于一般性货币政策工具的说法，正确的有( )。
A. 中央银行提高法定存款准备金率，扩大了商业银行的信用扩张能力
B. 商业银行掌握着再贴现政策的主动权
C. 法定存款准备金率政策作用力度大
D. 调整法定存款准备金率能迅速影响货币供应量
E. 中央银行运用公开市场操作直接影响货币供应量

刷通关

820. 中央银行使用的一般性货币政策工具不包括( )。
A. 法定存款准备金率　　　B. 公开市场操作
C. 窗口指导　　　　　　　D. 消费者信用控制
E. 预缴进口保证金

821. 下列属于选择性货币政策工具的有( )。
A. 优惠利率　　　　　　　B. 信用配额
C. 消费者信用控制　　　　D. 不动产信用控制
E. 预缴进口保证金

822. 通常而言，货币政策的中介目标体系一般包括( )。
A. 货币供应量　　　　　　B. 基础货币
C. 货币需求量　　　　　　D. 通货膨胀率
E. 利率

第二十章 商业银行与金融市场

刷基础

823. 关于商业银行主要业务的说法，正确的有（　　）。
    A. 吸收存款是商业银行外来资金的主要渠道
    B. 负债业务是形成商业银行资金来源的业务
    C. 结算过程中的短期资金占用是商业银行的存款业务
    D. 为防范银行风险，金融管理当局对商业银行证券投资的范围一般都有限制性规定
    E. 票据贴现业务在商业银行资产中的比重一般排在首位

824. 票据市场最主要的子市场包括（　　）。
    A. 商业票据市场　　　　　　　　B. 融资性票据市场
    C. 短期票据市场　　　　　　　　D. 银行承兑票据市场
    E. 银行大额可转让定期存单市场

825. 商业银行的全部资金来源包括自有资金和吸收的外来资金两部分。其中，自有资金主要包括（　　）。
    A. 未分配利润　　　　　　　　　B. 吸收存款
    C. 发行金融债券　　　　　　　　D. 公积金
    E. 发行股票筹集的股本

826. 在下列（　　）情形下，存款人有权要求存款保险基金管理机构使用存款保险基金偿付存款人的被保险存款。
    A. 存款保险基金管理机构担任投保机构的接管组织
    B. 银行代售理财产品出现兑付危机、资金亏损
    C. 人民法院裁定受理对投保机构的破产申请
    D. 银行理财产品本金亏损、收益不达标
    E. 存款保险基金管理机构实施被撤销投保机构的清算

827. 存款保险基金的运用形式包括（　　）。
    A. 投资政府债券　　　　　　　　B. 存放在中国人民银行
    C. 投资中央银行票据　　　　　　D. 投资股票
    E. 投资信用等级较高的金融债券

828. 同业拆借市场的作用包括（　　）。
    A. 弥补短期资金不足　　　　　　B. 解决长期性资金需求
    C. 解决临时性资金需求　　　　　D. 弥补票据清算的差额
    E. 解决投资性资金需求

刷进阶

829. 以下属于商业银行资产业务的有（　　）。
    A. 票据贴现　　　　　　　　　　B. 吸收存款
    C. 贷款业务　　　　　　　　　　D. 投资业务
    E. 借款业务

830. 商业银行的负债业务主要包括（　　）。
    A. 结算业务　　　　　　　　B. 吸收存款
    C. 贷款业务　　　　　　　　D. 租赁业务
    E. 借款业务

831. 下列业务中，属于商业银行借款业务的有（　　）。
    A. 融资性租赁　　　　　　　B. 再贴现
    C. 转账结算　　　　　　　　D. 同业拆借
    E. 发行金融债券

832. 下列金融业务中，属于商业银行中间业务的有（　　）。
    A. 办理信托　　　　　　　　B. 发放贷款
    C. 办理结算　　　　　　　　D. 吸收存款
    E. 办理票据贴现

833. 短期政府债券的特点有（　　）。
    A. 违约风险小　　　　　　　B. 利率敏感性强
    C. 流动性强　　　　　　　　D. 面额小
    E. 收入免税

834. 商业银行的资金来源包括自有资金和外来资金两部分，下列属于外来资金形成渠道的有（　　）。
    A. 吸收存款　　　　　　　　B. 向中央银行借款
    C. 从国际货币市场借款　　　D. 发行股票
    E. 同业拆借

第二十一章　金融风险与金融监管

835. 在一系列巴塞尔协议中，影响广泛的包括（　　）。
    A. 2003年新巴塞尔资本协议　　B. 1992年巴塞尔协议
    C. 2010年巴塞尔协议Ⅲ　　　　D. 1975年巴塞尔协议
    E. 1988年巴塞尔报告

836. 下列选项中属于金融监管的一般性理论的有（　　）。
    A. 金融风险控制论　　　　　B. 保护债权论
    C. 信息不对称理论　　　　　D. 公共利益论
    E. 外部性理论

837. 金融风险的基本特征有（　　）。
    A. 不确定性　　　　　　　　B. 相关性
    C. 稳定性　　　　　　　　　D. 高杠杆性
    E. 传染性

刷进阶

838. 通常情况下，发生债务危机的国家具有的特征有（　　）。
    A. 出口不断萎缩
    B. 国际债务条件对债务国不利
    C. 缺乏外债管理经验，外债投资效益不高
    D. 政府税收增加
    E. 本币汇率高估

839. 金融监管首先是从对银行进行监管开始的，这和银行的（　　）特性有关。
    A. 银行提供的期限转换功能　　B. 银行是整个支付体系的重要组成部分
    C. 银行提供资金中介功能　　D. 银行的信用创造和流动性创造功能
    E. 银行是一国金融国际化发展的重要条件

刷通关

840. 金融监管是指一国的金融管理部门为达到稳定货币、维护金融业正常秩序的目的，依照国家法律、行政法规的规定，对金融机构及其经营活动采取一系列行为，主要包括（　　）。
    A. 外部监督　　B. 稽核
    C. 检查　　D. 对违法违规行为进行处罚
    E. 内部审计

841. 在金融领域中，常见的金融风险类型有（　　）。
    A. 操作风险　　B. 市场风险
    C. 信用风险　　D. 政治风险
    E. 流动性风险

第二十二章　对外金融关系与政策

刷基础

842. 国际货币基金组织的宗旨和职能包括（　　）。
    A. 对成员方生产性投资提供便利，协助成员方的经济复兴以及生产和资源的开发
    B. 向有国际收支困难的成员方提供贷款
    C. 促进汇率的稳定，保持成员方之间有秩序的汇率安排
    D. 为会员国央行管理国际储备资产
    E. 促进国际货币领域合作

843. 关于汇率制度的说法，错误的有（　　）。
    A. 布雷顿森林体系下的固定汇率制度是一种人为的可调整的固定汇率制度
    B. 一般来说，国际汇率制度分为固定汇率制度和浮动汇率制度两种类型
    C. 相对的通货膨胀率完全不会影响一国汇率制度的选择
    D. 一般来说，经济开放程度低，或资本流出入较为频繁的国家倾向于实行固定汇率制度
    E. 汇率制度是一国对本国货币汇率变动的基本方式所做的一系列安排或规定

844. 国际货币体系的主要内容有( )。
    A. 确定金融监管制度　　　　　　B. 确定国际储备资产
    C. 确定国际投资规则　　　　　　D. 确定汇率制度
    E. 确定国际收支调节方式

845. 1988年巴塞尔报告把银行资本分为核心资本和附属资本,下列各项中属于附属资本的有( )。
    A. 长期次级债券　　　　　　　　B. 混合资本工具
    C. 实收股本　　　　　　　　　　D. 公开储备
    E. 呆账准备金

846. 世界银行贷款的特点主要有( )。
    A. 贷款期限较长　　　　　　　　B. 贷款实行浮动利率
    C. 贷款是有政策条件的　　　　　D. 主要是帮助其成员方解决国际收支问题
    E. 贷款程序严密,审批时间较长

847. 在国际货币体系变迁的过程中,曾出现过的国际货币体系有( )。
    A. 金银复本位制　　　　　　　　B. 银本位制
    C. 国际金本位制　　　　　　　　D. 牙买加体系
    E. 布雷顿森林体系

848. 世界银行的资金来源主要有( )。
    A. 银行股份　　　　　　　　　　B. 转让债权
    C. 业务净收益　　　　　　　　　D. 借款
    E. 成员方缴纳的份额

刷进阶

849. 在国际贸易融资方式中,出口贸易融资包括( )。
    A. 海外代付　　　　　　　　　　B. 打包贷款
    C. 进口信用证　　　　　　　　　D. 福费廷
    E. 出口信贷

850. 影响一国汇率制度选择的因素有( )。
    A. 经济开放程度　　　　　　　　B. 经济规模
    C. 国际储备总量　　　　　　　　D. 国内金融市场的发达程度
    E. 政府干预程度

851. 2003年新巴塞尔资本协议的主要内容有( )。
    A. 引入杠杆率监管标准　　　　　B. 建立流动性风险量化监管标准
    C. 最低资本要求　　　　　　　　D. 监管当局的监督检查
    E. 市场约束

852. 下列选项中,属于跨境人民币业务的类型的有( )。
    A. 跨境人民币证券投融资　　　　B. 境外直接投资人民币结算
    C. 双边货币合作　　　　　　　　D. 外商间接投资人民币融资
    E. 人民币与美元利率互换

刷通关

853. 2010年巴塞尔协议Ⅲ的主要内容有（　　）。
   A. 强化资本充足率监管标准
   B. 强调以市场力量来约束银行
   C. 建立流动性风险量化监管标准
   D. 确定新监管标准的实施过渡期
   E. 引入杠杆率监管标准

854. 目前，国际货币基金组织会员国的国际储备一般可分为（　　）。
   A. 外汇储备
   B. 货币性黄金
   C. IMF的储备头寸
   D. 特别提款权
   E. 外债

855. 商业银行在办理境外直接投资人民币结算业务时应履行的义务包括（　　）。
   A. 严格遵循"事前管理"的原则进行审查
   B. 严格进行交易真实性和合规性审查
   C. 按照规定报送信息
   D. 履行反洗钱义务
   E. 履行反恐融资义务

第二十三章　统计与数据科学

刷基础

856. 一手数据的来源主要有（　　）。
   A. 科研论文
   B. 公开出版物
   C. 实验
   D. 调查
   E. 统计年鉴

857. 抽样调查的优点有（　　）。
   A. 统一的标准调查时间
   B. 适应面广
   C. 时效性强
   D. 准确性高
   E. 经济性

858. 下列统计方法中，属于描述统计的有（　　）。
   A. 用图形展示数据分布特征
   B. 用数学方法展示数据分布特征
   C. 用样本信息判断关于总体的假设是否成立
   D. 用样本均值估计总体均值
   E. 用表格展示数据的频数分布

刷进阶

859. 下列统计数据中，属于一手数据的有（　　）。
   A. 通过临床试验获得的新药疗效数据
   B. 通过查阅统计年鉴获得的居民消费价格指数
   C. 通过房地产管理部门数据库获得的房价数据
   D. 通过入户调查得到的家庭月收入数据
   E. 通过网络调查得到的网民对某项政策的支持率数据

860. 下列统计数据中，属于观测数据的有（　　）。

A. 新产品使用寿命 B. 国内生产总值
C. 新药疗效 D. 从业人员数
E. 消费支出

861. 下列统计分析中,需要采用推断统计方法的有(   )。
A. 利用样本信息估计总体特征
B. 利用图表对数据进行展示
C. 描述一组数据的集中趋势
D. 利用样本信息检验对总体的假设是否成立
E. 描述一组数据的离散趋势

第二十四章 描述统计

862. 在描述统计中,测度的数据分布特征主要包括(   )。
A. 拟合程度 B. 离散程度
C. 相关性 D. 集中趋势
E. 分布的偏态

863. 关于 Pearson 相关系数的说法,正确的有(   )。
A. Pearson 相关系数只适用于线性相关关系
B. Pearson 相关系数的取值范围在 0 和 1 之间
C. Pearson 相关系数可以测度回归模型对样本数据的拟合程度
D. 当 Pearson 相关系数 $r=0$ 时,说明两个变量之间没有任何关系
E. 当 Pearson 相关系数 $r=0$ 时,表明两个变量之间不存在线性相关关系

864. 下列指标中用于测度数据离散趋势的有(   )。
A. 离散系数 B. 中位数
C. 方差 D. 平均数
E. 标准差

865. 下列数据特征的测度值中,易受极端值影响的有(   )。
A. 均值 B. 中位数
C. 方差 D. 标准差
E. 众数

866. 下列统计指标中,适用于测度数据集中趋势的有(   )。
A. 均值 B. 众数
C. 方差 D. 中位数
E. 离散系数

第二十五章 抽样调查

✓ 刷基础

867. 关于分层抽样设计的说法，正确的有（   ）。
    A. 不同层间单元的差异尽可能大
    B. 各层的样本单元比例必须与该层的总体单元比例一致
    C. 不等比例分层抽样的抽样误差大于等比例分层抽样
    D. 抽样框中必须有总体单元的分层信息
    E. 同一层内单元间的差异尽可能小

868. 下列误差来源中会导致非抽样误差的有（   ）。
    A. 样本量较小
    B. 问卷设计原因造成被调查者对调查问题理解有偏误
    C. 被调查者拒绝接受调查
    D. 调查人员有意作弊
    E. 抽样框不完善

869. 下列属于样本量影响因素的有（   ）。
    A. 调查的精度   B. 总体的离散程度
    C. 总体的规模   D. 无回答情况
    E. 系统录入误差

870. 下列抽样方法中，属于概率抽样的有（   ）。
    A. 配额抽样   B. 分层抽样
    C. 整群抽样   D. 判断抽样
    E. 简单随机抽样

871. 抽样调查的过程中，选择估计量的常用标准包括（   ）。
    A. 估计量的差异性   B. 估计量的无偏性
    C. 估计量的有效性   D. 估计量的系统性
    E. 估计量的一致性

✓ 刷进阶

872. 与抽样调查相比，普查的特点有（   ）。
    A. 时效性强   B. 使用范围比较窄
    C. 通常是一次性或周期性的 D. 规定统一的标准调查时间
    E. 经济性

873. 关于系统抽样的说法，正确的有（   ）。
    A. 最简单的系统抽样是等距抽样   B. 对抽样框的要求比较复杂
    C. 操作简便   D. 方差估计比较复杂
    E. 确定起始单位后，整个样本就确定了

874. 统计数据的非抽样误差形成的原因主要有（   ）。
    A. 有意虚报或瞒报调查数据   B. 抄录错误

C. 抽样框不完善　　　　　　　　D. 抽样的随机性
E. 被调查者恰巧不在家

875. 下列抽样方法中，属于非概率抽样的有(　　)。
　　A. 等距抽样　　　　　　　　　B. 方便抽样
　　C. 判断抽样　　　　　　　　　D. 整群抽样
　　E. 配额抽样

876. 关于抽样调查的说法，正确的有(　　)。
　　A. 抽样调查中不存在误差　　　B. 抽样调查用样本数据推断总体数量特征
　　C. 抽样调查适应面广　　　　　D. 抽样调查时效性差
　　E. 抽样调查通常从总体中选择重点单位进行调查

第二十六章　回归分析

877. 在某城市随机抽取1 000户居民作为样本对该城市居民消费水平进行研究，对居民月消费支出Y(单位：元)和月收入X(单位：元)，建立回归模型，得到估计的回归系数$Y=1\,300+0.6X$，决定系数0.96，关于该模型的说法正确的有(　　)。
　　A. 居民月收入和月消费支出之间正相关
　　B. 回归模型的拟合效果很好
　　C. 居民月收入难以解释月消费支出的变化
　　D. 居民月收入每增长1元，月消费支出将平均增长0.6元
　　E. 居民月收入为10 000元时，居民人均月消费支出大约为7 300元

878. 对于$\hat{y}_i=\hat{\beta}_0+\hat{\beta}_1 x_i$这个式子的说法，正确的有(　　)。
　　A. 这是y对x的一元线性回归方程　　B. 式中$\hat{\beta}_0$、$\hat{\beta}_1$是两个未知常数
　　C. $\hat{\beta}_1$表示直线在y轴上的截距　　　D. $\hat{\beta}_0$为直线的斜率
　　E. $\hat{\beta}_0$、$\hat{\beta}_1$一旦确定这条直线也就唯一确定了

879. 一般情况下，使用估计的回归方程之前，需要对模型进行的检验有(　　)。
　　A. 分析回归系数的经济含义是否合理
　　B. 分析变量之间相关的方向
　　C. 分析估计的模型对数据的拟合效果如何
　　D. 分析变量之间相关的程度
　　E. 对模型进行假设检验

880. 关于决定系数的说法，正确的有(　　)。
　　A. 决定系数的取值在-1到1之间

B. 决定系数越高,说明模型的拟合效果越好
C. 决定系数为 0 说明回归直线无法解释因变量的变化
D. 决定系数为 1 说明回归直线可以解释因变量的所有变化
E. 决定系数说明了回归模型所能解释的因变量变化占因变量总变化的比例

第二十七章 时间序列分析

刷基础

881. 下列时间序列分析指标中,用于水平分析的有( )。
A. 发展水平
B. 发展速度
C. 平均发展水平
D. 平均增长速度
E. 平均增长量

882. 下表中的能源生产总量是( )时间序列。

某国 2016—2019 年能源生产总量

年份	2016	2017	2018	2019
能源生产总量/万吨标准煤	109 126	106 988	120 900	138 369

A. 相对数
B. 时期
C. 绝对数
D. 平均数
E. 时点

883. 时间序列按照构成要素中统计指标值的表现形式进行分类,可以分为( )。
A. 绝对数时间序列
B. 分位数时间序列
C. 相对数时间序列
D. 中位数时间序列
E. 平均数时间序列

884. 关于时间序列速度分析的说法,正确的有( )。
A. 两个相邻时期环比发展速度的比率等于相邻时期的定基发展速度
B. 定基发展速度等于相应时期内各环比发展速度的连乘积
C. 平均增长速度等于平均发展速度减去 1
D. 当时间序列中的指标值出现 0 或负数时,不宜计算速度
E. 计算平均发展速度通常采用简单算术平均法

885. 下列统计指标中,可以采用算术平均数方法计算平均数的有( )。
A. 销售额
B. 产品合格率
C. 产品销售量
D. 居民收入
E. 经济增长率

刷进阶

886. 关于发展速度的说法,正确的有( )。
A. 发展速度是报告期增长量与基期水平的比值
B. 两个相邻时期定基发展速度的比率等于相应时期的环比发展速度
C. 定基发展速度等于相应时期内各环比发展速度的连乘积

D. 环比发展速度是报告期水平与最初水平的比值
E. 定基发展速度是报告期水平与前一期水平的比值

887. 根据基期的不同,增长量可分为( )。
A. 累计增长量	B. 平均增长量
C. 逐期增长量	D. 环比增长量
E. 最终增长量

888. 时间序列的速度分析指标有( )。
A. 发展速度	B. 发展水平
C. 平均增长速度	D. 增长速度
E. 平均增长量

889. 在对时间序列进行速度分析时,应注意的事项有( )。
A. 速度指标数值与基数大小有密切关系
B. 时间序列指标值出现负数时不宜计算速度
C. 不宜采用几何平均法计算平均发展速度
D. 不需要结合水平指标进行分析
E. 时间序列指标值出现 0 时不宜计算速度

刷通关

890. 下列指标可以构成相对数时间序列的有( )。
A. 财政收入	B. 经济增长率
C. 年底总人口	D. 城镇人口比重
E. 人均国内生产总值

891. 由于基期选择的不同,发展速度有( )之分。
A. 基期水平	B. 报告期水平
C. 定基发展速度	D. 环比发展速度
E. 最末水平

892. 在同一时间序列中,关于增长量的说法正确的有( )。
A. 逐期增长量是报告期水平与某一固定时期的水平之差
B. 累计增长量是报告期水平与前一期水平之差
C. 累计增长量等于相应时期逐期增长量之和
D. 增长量是不同时期发展水平之比
E. 逐期增长量是报告期水平与前一期水平之差

第二十八章　会计概论

刷基础

893. 在需要进行会计核算的经济业务事项中,属于款项的有( )。
A. 股票	B. 现金
C. 银行存款	D. 应收账款
E. 银行汇票存款

894. 会计监督的主要手段有（　　）。
    A. 检查 B. 考核
    C. 报告 D. 预算
    E. 记录

895. 我国企业会计准则对企业会计信息提出的质量要求包括（　　）。
    A. 谨慎性 B. 及时性
    C. 可靠性 D. 准确性
    E. 永久性

896. 下列资产中属于非流动资产的有（　　）。
    A. 现金 B. 应收账款
    C. 无形资产 D. 长期股权投资
    E. 银行存款

897. 如果一笔资本性支出按收益性支出处理了，将出现的结果是（　　）。
    A. 多计费用而少计资产价值 B. 少计费用而多计资产价值
    C. 当期净收益和资产价值虚增 D. 当期净收益降低
    E. 资产价值偏低

898. 一项经济业务发生后会引起相关会计要素的变动。下列会计要素变动情形中，正确的有（　　）。
    A. 一项资产和一项负债同时等额增加
    B. 一项资产和一项所有者权益同时等额减少
    C. 一项负债和一项所有者权益同时等额增加
    D. 一项资产增加，一项负债同时等额减少
    E. 一项负债增加，另一项负债等额减少，资产和所有者权益不变

899. 下列会计核算要求中，属于我国《企业会计准则》规定的会计信息质量要求的有（　　）。
    A. 持续经营 B. 可比性
    C. 权责发生制 D. 相关性
    E. 实质重于形式

900. 反映企业经营成果的会计要素有（　　）。
    A. 费用 B. 负债
    C. 资产 D. 收入
    E. 利润

刷进阶　高频进阶　强化提升

901. 下列属于会计计量属性的有（　　）。
    A. 历史成本 B. 持续经营
    C. 可变现净值 D. 公允价值
    E. 会计分期

902. 反映财务状况的会计要素包括（　　）。
    A. 资产 B. 负债

C. 费用 D. 收入
E. 利润

903. 会计要素的确认计量原则包括(   )。
    A. 权责发生制原则 B. 配比原则
    C. 历史成本原则 D. 实质重于形式原则
    E. 划分收益性支出与资本性支出原则

904. 关于会计基本前提的说法，正确的有(   )。
    A. 企业会计应当以货币计量
    B. 会计主体规定了会计核算内容的空间范围
    C. 会计主体建立在持续经营的基础上
    D. 明确会计期间，是为了把会计主体的经济业务与其他会计主体的经济业务分开
    E. 区分权责发生制和收付实现制两种记账基础的会计基本前提是会计分期

905. 下列会计项目中，属于企业流动资产的有(   )。
    A. 应收票据 B. 在建工程
    C. 预付款项 D. 应收账款
    E. 无形资产

906. 以下属于资产特征的有(   )。
    A. 形成资产的交易已经发生
    B. 资产必须是企业拥有的或控制的资源
    C. 资产必须以实物形式存在
    D. 资产必须是预期能够给企业带来经济效益的资源
    E. 形成资产的交易预计在未来发生

907. 根据《中华人民共和国会计法》，应该进行会计核算的经济业务事项包括(   )。
    A. 财物的收发、增减和使用 B. 会计人员的交接
    C. 财务成果的统计分析 D. 款项和有价证券的收付
    E. 收入、支出、费用、成本的计算

908. 所有者权益的来源包括(   )。
    A. 所有者投入的资本 B. 留存收益
    C. 直接计入所有者权益的利得 D. 直接计入所有者权益的损失
    E. 收入

第二十九章　会计循环

909. 我国《政府会计准则》的主要内容包括(   )。
    A. 政府绩效评估报告 B. 政府财务会计要素
    C. 政府决算报告和财务报告 D. 政府会计信息质量要求
    E. 政府预算会计要素

910. 下列会计方法中，属于复式记账法的有（　　）。
   A. 永续盘存法　　　　　　　　B. 收付记账法
   C. 借贷记账法　　　　　　　　D. 科目汇总法
   E. 收支结余法

911. 在借贷记账法下，经济业务发生时贷方登记增加额的账户有（　　）。
   A. 负债类账户　　　　　　　　B. 收入类账户
   C. 成本类账户　　　　　　　　D. 所有者权益类账户
   E. 费用类账户

912. 关于科目汇总表账务处理程序的说法，正确的有（　　）。
   A. 大大减少了登记总分类账的工作量　　B. 不能反映账户的对应关系，不便于查账
   C. 便于了解账户之间的对应关系　　　　D. 适用于规模较小、业务量较少的单位
   E. 可做到试算平衡

刷进阶

913. 填制和审核会计凭证的作用包括（　　）。
   A. 明确经济责任　　　　　　　B. 控制经济活动
   C. 提供记账依据　　　　　　　D. 保证会计资料真实正确
   E. 对会计要素进行分类

914. 在借贷记账法下，经济业务发生时借方登记增加额的账户有（　　）。
   A. 负债类账户　　　　　　　　B. 收入类账户
   C. 资产类账户　　　　　　　　D. 费用类账户
   E. 所有者权益类账户

915. 会计记录的方法主要包括（　　）。
   A. 设置账户　　　　　　　　　B. 复式记账
   C. 编制报表　　　　　　　　　D. 填制和审核凭证
   E. 登记账簿

刷通关

916. 借贷记账法的记账规则包括（　　）。
   A. 有借必有贷，借贷必相等
   B. 全部账户本期借方发生额合计＝全部账户本期贷方发生额合计
   C. 全部账户期末借方余额合计＝全部账户期末贷方余额合计
   D. 资产账户余额合计＝负债账户余额合计
   E. 收入账户本期发生额合计＝费用账户本期发生额合计

917. 会计确认主要解决的问题包括（　　）。
   A. 确定某一经济业务是否需要进行确认
   B. 确定一项经济业务的货币金额
   C. 确定某一经济业务应在何时进行确认
   D. 确定某一经济业务应确认为哪个会计要素
   E. 为编制财务报告积累数据

第三十章 会计报表

刷基础

918. 我国《企业会计准则》规定,附注应披露的内容有(   )。
   A. 不遵循企业会计准则的声明
   B. 会计政策和会计估计变更以及差错更正的说明
   C. 财务报表的编制基础
   D. 重要会计政策的说明,包括财务报表项目的计量基础和会计政策的确定依据
   E. 重要会计估计的说明,包括下一会计期间内很可能导致资产、负债账面价值重大调整的会计估计的确定依据

919. 在资产负债表中,根据有关明细账期末余额计算填列的项目有(   )。
   A. 应付工资   B. 固定资产
   C. 实收资本   D. 其他应付款
   E. 预收款项

920. 编制现金流量表时,为了将净利润调节为经营活动的现金流量,需要以净利润为基础,采用间接法加以调整的项目有(   )。
   A. 没有实际支付现金的费用   B. 没有实际收到现金的收益
   C. 不属于经营活动的损益   D. 经营性应收应付项目的增减变动
   E. 不涉及现金的投资活动

921. 下列各项中,属于"经营活动现金流量"的有(   )。
   A. "取得投资收益所收到的现金"
   B. "销售商品、提供劳务收到的现金"
   C. "购买商品、接受劳务支付的现金"
   D. "购建固定资产、无形资产和其他长期资产所支付的现金"
   E. "收回投资所收到的现金"

922. 根据《企业会计准则》的规定,一套完整的企业会计报表至少包括(   )等报表。
   A. 利润表   B. 利润分配表
   C. 现金流量表   D. 资产负债表
   E. 收支情况表

923. 企业利润表的作用在于(   )。
   A. 分析企业利润增减变动情况及原因
   B. 提供企业所拥有和控制的经济资源及其分布和构成情况的信息
   C. 提供企业财务状况、偿债能力和支付能力的信息
   D. 反映企业在一定会计期间内现金的流动情况
   E. 评价企业经营管理者的经营业绩和盈利能力

刷进阶

924. 现金流量表附注披露的内容有(   )。
   A. 将净利润调节为经营活动的现金流量

B. 不涉及现金收支的投资活动和筹资活动
C. 涉及现金收支的投资活动和筹资活动
D. 现金流量净增加额
E. 经营活动取得的现金

925. 企业将一项投资确认为现金等价物应当满足的条件有（　　）。
A. 期限短
B. 流动性强
C. 易于转换为已知金额的现金
D. 价值变动风险很小
E. 可上市交易

926. 下列各项中，属于"投资活动现金流量"的有（　　）。
A. "取得投资收益所收到的现金"
B. "销售商品、提供劳务收到的现金"
C. "购买商品、接受劳务支付的现金"
D. "购建固定资产、无形资产和其他长期资产所支付的现金"
E. "收回投资所收到的现金"

刷通关

927. 在资产负债表中，根据有关资产科目期末余额与其备抵科目期末余额抵消后的金额填列的项目有（　　）。
A. 固定资产
B. 长期股权投资
C. 无形资产
D. 其他应收款
E. 预收款项

928. 下列关于资产负债表的说法，正确的有（　　）。
A. 资产负债表是反映企业财务状况的报表
B. 资产负债表是反映企业经营成果的报表
C. 资产负债表是静态报表
D. 资产负债表是动态报表
E. 资产负债表是反映企业现金流量的报表

929. 资产负债表中可以根据某一科目总账余额直接填列的有（　　）。
A. 应收账款
B. 短期借款
C. 货币资金
D. 盈余公积
E. 实收资本

第三十一章　财务报表分析

刷基础

930. 下列财务分析指标中，用于分析企业偿债能力的有（　　）。
A. 资产负债率
B. 净资产收益率
C. 流动比率
D. 已获利息倍数
E. 速动比率

931. 下列财务分析指标中，属于反映企业盈利能力的有（　　）。

A. 资产负债率 B. 总资产周转率
C. 资本保值增值率 D. 净资产收益率
E. 市盈率

932. 反映企业短期偿债能力的比率包括( )。
A. 流动比率 B. 速动比率
C. 资产负债率 D. 产权比率
E. 现金比率

刷进阶

933. 下列可能会造成流动比率过高的情况有( )。
A. 难以如期偿还债务 B. 应收账款占用过多
C. 企业的流动资产占用较多 D. 在产品、产成品呆滞、积压
E. 将现金全部存入银行

934. 下列指标中,属于反映企业盈利能力的指标有( )。
A. 营业净利润率 B. 净资产收益率
C. 资本收益率 D. 流动资产周转率
E. 普通股每股收益

刷通关

935. 下列指标中,属于反映企业营运能力的指标有( )。
A. 存货周转率 B. 总资产周转率
C. 营业利润率 D. 资本收益率
E. 应收账款周转率

936. 关于资产净利润率的说法,正确的有( )。
A. 资产净利润率越高,说明企业全部资产的盈利能力越差
B. 资产净利润率是用净利润除以平均资产总额再乘以100%计算的
C. 资产净利润率越高,说明企业全部资产的盈利能力越强
D. 资产净利润率与净利润成反比,与平均资产总额成正比
E. 资产净利润率与净利润成正比,与平均资产总额成反比

第三十二章 政府会计

刷基础

937. 政府会计由( )构成。
A. 预算会计 B. 决算会计
C. 财务会计 D. 管理会计
E. 成本会计

938. 政府会计主体净资产增加时,其表现形式为( )。
A. 资产减少 B. 负债增加
C. 费用增加 D. 负债减少
E. 资产增加

939. 在政府会计中，收入的确认应当同时满足的条件包括（　　）。
   A. 与收入相关的含有服务潜力或者经济利益的经济资源很可能流入政府会计主体
   B. 含有服务潜力或者经济利益的经济资源流入会导致政府会计主体资产增加或者负债减少
   C. 与收入相关的含有服务潜力或者经济利益的经济资源很可能流出政府会计主体
   D. 含有服务潜力或者经济利益的经济资源流入会导致政府会计主体资产减少或者负债增加
   E. 流入金额能被可靠地计量

940. 关于政府会计要素的说法，以下表述正确的有（　　）。
   A. 资产、负债和净资产应当列入资产负债表
   B. 收入和费用应当列入现金流量表
   C. 未来发生的经济业务或者事项形成的义务应当确认为负债
   D. 政府会计主体的资产按照流动性，分为流动资产和非流动资产
   E. 政府会计主体净资产增加时，其表现形式为资产增加或负债减少

941. 在政府的会计报告中，政府财务报告包括（　　）。
   A. 政府专项财务报告　　B. 政府综合财务报告
   C. 政府部门财务报告　　D. 政府临时财务报告
   E. 政府特别财务报告

942. 在政府预算会计要素中，预算结余包括（　　）。
   A. 结余资金　　　　　B. 净余资金
   C. 流转资金　　　　　D. 结转资金
   E. 全余资金

943. 以下选项中，属于政府财务会计要素的有（　　）。
   A. 资产　　　　　　　B. 负债
   C. 净资产　　　　　　D. 利润
   E. 所有者权益

第三十三章　法律对经济关系的调整

944. 市场管理关系是经济法的调整对象，具体包括（　　）。
   A. 经济协作关系　　　B. 消费者权益保护关系
   C. 产品质量管理关系　D. 合同法律关系
   E. 维护公平竞争关系

945. 关于"经济法"和"调整经济的法"的说法，正确的有（　　）。

A. "调整经济的法"是调整围绕社会物质财富的生产、交换、分配和消费过程所进行的各种经济关系的法律规范总体
B. "经济法"在自由资本主义时期对经济关系的调整起着主导作用
C. "调整经济的法"简称"经济法"
D. "调整经济的法"是一国所有调整经济关系的法律规范的总和
E. "经济法"是与民法并列的一个法律部门,是现代法律体系的一个重要组成部分

946. 下列法律中,属于经济法的有(　　)。
   A. 产品质量法　　　　　　　　B. 物权法
   C. 合同法　　　　　　　　　　D. 知识产权法
   E. 消费者权益保护法

第三十四章　物权法律制度

947. 业主的建筑物区分所有权包含的内容有(　　)。
   A. 对物业管理用房的独占使用权　　B. 对共有部分的共有权
   C. 对共有部分的共同管理权　　　　D. 对专有部分的专有权
   E. 对小区道路上车位的独占使用权

948. 关于物权法定原则的说法,正确的有(　　)。
   A. 当事人可以创设新类型的物权
   B. 物权制度的所有内容均是由法律直接加以规定的
   C. 物权的法律后果源自法律的直接规定
   D. 非经法定程序,不得取得、变更和消灭物权
   E. 物权保护方法和债权保护方法均为法定的物权保护方法

949. 根据《中华人民共和国物权法》的规定,下列财产可以出质的有(　　)。
   A. 汇票　　　　　　　　　　　B. 债券
   C. 仓单　　　　　　　　　　　D. 企业厂房
   E. 可以转让的基金份额

950. 物权法的基本原则包括(　　)。
   A. 诚实信用原则　　　　　　　B. 物权法定原则
   C. 一物一权原则　　　　　　　D. 物权公示原则
   E. 平等自愿原则

951. 担保物权的法律特征有(　　)。
   A. 价值权性　　　　　　　　　B. 从属性
   C. 物上代位性　　　　　　　　D. 可分性
   E. 法定性

952. 根据《中华人民共和国物权法》,下列财产中,必须进行抵押登记后其抵押权才发生法律效力的有(　　)。

A. 正在建造的船舶 B. 房屋
C. 交通运输工具 D. 建设用地使用权
E. 正在建造的建筑物

953. 下列物权中属于从物权的有(　　)。
A. 所有权 B. 抵押权
C. 留置权 D. 地役权
E. 质权

✓ 刷进阶　　　　　　　　　　　　　　　　　　　　　　　高频进阶 强化提升

954. 下列财产所有权的取得方式中,属于原始取得的有(　　)。
A. 继承房产 B. 财产收归国有
C. 没收非法所得 D. 生产产品
E. 接受遗赠

955. 土地承包经营权具有的法律特征有(　　)。
A. 土地承包经营权属于一种新型的用益物权
B. 承包经营合同是确认土地承包经营权的主要依据
C. 土地承包经营权的主体是公民或集体组织
D. 土地承包经营权的客体为全民所有的土地和集体所有的土地
E. 土地承包经营权是利用他人的动产的一种权利

956. 下列关于物权的说法,正确的有(　　)。
A. 物权的客体是人
B. 物权具有追及效力和优先效力
C. 一物一权原则是物权的基本原则之一
D. 物权和债权构成了市场经济社会的最基本的财产权利
E. 从设立目的的角度可以将物权分为自物权和他物权

957. 所有权的法律特征包括(　　)。
A. 所有权的存续性 B. 所有权的单一性
C. 所有权的片面性 D. 所有权的独占性
E. 所有权的弹力性

958. 下列关于物权的说法,正确的有(　　)。
A. 物权是相对权 B. 物权的权利主体是特定的
C. 物权是权利人直接支配物的权利 D. 物权的设定采用法定主义
E. 物权的标的是物而不是行为

✓ 刷通关　　　　　　　　　　　　　　　　　　　　　　　举一反三 高效通关

959. 下列物权类型中,属于用益物权的有(　　)。
A. 质权 B. 建筑物区分所有权
C. 地役权 D. 建设用地使用权
E. 土地承包经营权

960. 用益物权和担保物权的区别在于(　　)。
A. 设立目的不同 B. 权利的性质不同

C. 标的物不同 D. 权利的主体不同
E. 标的价值形态发生变化对权利的影响不同

961. 关于所有权的说法，正确的有（　　）。
    A. 所有权包括占有权、使用权、收益权和处分权四项权能
    B. 使用权是拥有所有权的根本标志
    C. 处分权是所有权内容的核心
    D. 所有权是最完整、全面的一种物权形式
    E. 物权属于所有权的一种

第三十五章　合同法律制度

刷基础

962. 合同可分为诺成合同和实践合同。下列合同中，属于实践合同的有（　　）。
    A. 信用合同 B. 保管合同
    C. 租赁合同 D. 买卖合同
    E. 定金合同

963. 甲公司与乙公司签订了一份汽车买卖合同，合同标的总价款为 1 000 万元。关于定金的收取，甲公司提出了几个不同数额的收取方案，根据《中华人民共和国担保法》，下列甲公司提出的定金数额中，符合法律规定的是（　　）。
    A. 310 万元 B. 120 万元
    C. 450 万元 D. 180 万元
    E. 200 万元

964. 甲向乙借款 10 万元，丙和丁为保证人。合同未约定保证方式。借款期限届满，甲无力偿还债务。下列说法中正确的有（　　）。
    A. 乙必须先要求甲偿还债务
    B. 乙有权直接要求丙和丁偿还债务
    C. 丙和丁各承担 5 万元的保证责任
    D. 丙和丁对 10 万元的保证债务承担连带责任
    E. 丙和丁有权拒绝承担保证责任

965. 以下属于可撤销合同的有（　　）。
    A. 一方乘人之危迫使对方签订的合同 B. 恶意串通损害国家利益的合同
    C. 重大误解的合同 D. 显失公平的合同
    E. 无权处分他人财产的合同

966. 关于合同定金的说法，正确的有（　　）。
    A. 定金具有担保效力
    B. 收受定金的一方不履行约定债务的，应当双倍返还定金
    C. 定金合同从实际交付定金之日起生效
    D. 定金的数额由当事人约定，但不得超过主合同标的额的 50%
    E. 当事人既约定定金又约定违约金的，未违约一方可以同时要求赔偿定金和违约金

967. 下列合同中，属于效力待定合同的有（　　）。

A. 损害社会公共利益的合同
B. 显失公平的合同
C. 无权处分他人财产的合同
D. 恶意串通，损害国家、集体或者第三人利益的合同
E. 不具有相应的民事行为能力人订立的合同

☑ 刷进阶　　　　　　　　　　　　　　　　　　　　高频进阶
　　　　　　　　　　　　　　　　　　　　　　　　　强化提升

968. 根据《中华人民共和国合同法》，下列文书中，属于要约邀请的有(　　)。
　　A. 寄送的价目表　　　　　　　B. 招标公告
　　C. 悬赏广告　　　　　　　　　D. 招股说明书
　　E. 拍卖公告

969. 应当先履行债务的当事人，有确切证据证明对方有下列(　　)等情形的，可以中止履行。
　　A. 经营状况严重恶化　　　　　B. 转移财产、抽逃资金，以逃避债务
　　C. 丧失商业信誉　　　　　　　D. 法定代表人或负责人变动
　　E. 可能丧失履行债务能力

970. 关于定金与违约金的区别，说法正确的有(　　)。
　　A. 定金的给付一般是在订立合同之时，也可以在合同履行之前给付，而不是在违约时支付
　　B. 违约金有证明合同成立和预先给付的效力，而定金没有
　　C. 定金主要是担保作用，违约金则是违约责任的一种形式
　　D. 定金的数额不超过主合同标的额的20%，而违约金没此限制
　　E. 违约金是担保权，而定金不是

971. 根据法律的规定，以下属于无效合同的有(　　)。
　　A. 无民事行为能力人签订的合同
　　B. 违背公序良俗的合同
　　C. 无权处分他人财产而订立的合同
　　D. 行为人与相对人以虚假的意思表示签订的合同
　　E. 合同的主体不具有相应的民事行为能力

☑ 刷通关　　　　　　　　　　　　　　　　　　　　举一反三
　　　　　　　　　　　　　　　　　　　　　　　　　高效通关

972. 合同当事人发生的下列情形中，属于法定解除合同的有(　　)。
　　A. 甲、乙订立租赁合同，按照约定甲的儿子回来之后乙就搬走
　　B. 当事人一方迟延履行主要债务，经催告后在合理期限内仍未履行
　　C. 甲方由于不可抗力致使合同的全部义务不能履行
　　D. 当事人一方迟延履行债务或者有其他违约行为致使不能实现合同目的
　　E. 甲、乙双方经协商同意，并且不因此损害国家利益和社会公共利益

973. 从合同的法律性质分析，赠与合同属于(　　)。
　　A. 单务合同　　　　　　　　　B. 有名合同
　　C. 要式合同　　　　　　　　　D. 从合同
　　E. 单方合同

974. 能够引起合同关系消灭的法律事实主要包括( )。
　　A. 提存　　　　　　　　　　B. 抵销
　　C. 合同履行　　　　　　　　D. 免除债务
　　E. 债权债务分离

第三十六章　公司法律制度

刷基础　　　　　　　　　　　　　　　　　　　　紧扣大纲
　　　　　　　　　　　　　　　　　　　　　　　　夯实基础

975. 下列人员中,不得担任公司的董事、监事、高级管理人员的有( )。
　　A. 限制民事行为能力人
　　B. 个人所负数额较大的债务到期未清偿的人
　　C. 因犯罪被剥夺政治权利,执行期满未逾5年的人
　　D. 无民事行为能力人
　　E. 自国家行政机关辞职的人

976. 关于公司特征的说法,正确的有( )。
　　A. 公司是以营利为目的的经济组织
　　B. 公司有独立的财产
　　C. 大部分公司具备法人资格,小部分公司不具有法人资格
　　D. 公司的财产与股东的个人财产相分离
　　E. 公司须依法设立

977. 有限责任公司股东会讨论的下列事项决议中,须经代表三分之二以上表决权的股东通过的有( )。
　　A. 变更公司的住所　　　　　B. 解聘公司高级管理人员
　　C. 公司合并、分立、解散　　D. 修改公司章程
　　E. 增加或者减少注册资本

978. 根据《中华人民共和国公司法》,关于股份有限公司的说法,错误的有( )。
　　A. 股份有限公司股东大会的职权与有限责任公司股东会的职权有所不同
　　B. 董事会成员中必须有公司职工代表
　　C. 监事会行使职权所必需的费用,由公司承担
　　D. 股份有限公司设经理,由股东大会决定聘任或者解聘
　　E. 公司的股东、董事对公司负有忠实义务和勤勉义务

979. 下列关于公司清算的说法,正确的有( )。
　　A. 清算组应当自成立之日起15日内通知债权人,并于60日内在报纸上公告
　　B. 债权人应当自接到通知书之日起30日内,向清算组申报其债权
　　C. 公司财产在支付所有费用后的剩余财产,有限责任公司按照股东的出资比例分配
　　D. 清算期间,公司存续,但不得开展与清算无关的经营活动
　　E. 公司清算结束后,清算组应当制作清算报告,报股东会、股东大会或者人民法院确认

刷进阶　　　　　　　　　　　　　　　　　　　　高频进阶
　　　　　　　　　　　　　　　　　　　　　　　　强化提升

980. 关于公司住所制度的说法,正确的有( )。

A. 公司必须有住所 B. 公司章程应当载明公司住所
C. 公司可以登记多个住所 D. 公司分支机构以其主要业务经营地为住所
E. 公司住所的变更以登记为要件

981. 根据《中华人民共和国公司法》，公司股东可以用（   ）出资入股。
A. 货币 B. 实物
C. 知识产权 D. 土地使用权
E. 个人劳务

982. 根据《中华人民共和国公司法》，公司解散的原因有（   ）。
A. 公司章程规定的营业期限届满 B. 股东会或者股东大会决议解散
C. 依法被吊销营业执照 D. 因公司合并需要解散
E. 公司经营管理发生严重困难，持有公司全部股东表决权5%以上的股东请求人民法院解散公司

刷通关

983. 在下列公司可以收购本公司股份的情形中，应当经股东大会决议的情形包括（   ）。
A. 将股份用于员工持股计划
B. 减少公司注册资本
C. 与持有本公司股份的其他公司合并
D. 将股份用于股权激励
E. 上市公司为维护公司价值及股东权益所必需

984. 下列关于股份有限公司股份转让的说法，正确的有（   ）。
A. 股东转让其股份，应当在依法设立的证券交易场所进行或者按照国务院规定的其他方式进行
B. 记名股票，由股东以背书方式或者法律、行政法规规定的其他方式转让
C. 发起人持有的本公司股份，自公司成立之日起一年内不得转让
D. 公司董事在其离职后半年内，可以转让其所持有的本公司股份
E. 无记名股票的转让，由股东将该股票交付给受让人后即发生转让的效力

985. 根据《中华人民共和国公司法》，公司可以收购本公司股份的情形包括（   ）。
A. 减少公司注册资本 B. 增加公司注册资本
C. 将股份用于员工持股计划 D. 与持有本公司股份的其他公司合并
E. 股东因对股东大会做出的公司合并、分立决议持异议，要求公司收购其股份的

第三十七章　其他法律制度

刷基础

986. 根据《中华人民共和国劳动合同法》，企业进行经济性裁员时，法定应当优先录用的劳动者有（   ）。
A. 与本单位订立较长期限的固定期限劳动合同的
B. 企业中工作表现优异的员工
C. 家庭无其他就业人员，有需要抚养的老人或者未成年人的

D. 与本单位订立无固定期限劳动合同的
E. 企业的高级管理人员

987. 根据《中华人民共和国消费者权益保护法》，关于消费者"依法求偿权"的说法，正确的是(　　)。
A. 只有商品的购买者、使用者或服务的接受者才可作为依法求偿权的主体
B. 消费者可以要求人身损害赔偿，包括生命健康和精神损害赔偿
C. 消费者可以要求财产损害赔偿，但只包括直接损失
D. 依法求偿权是弥补消费者损害的救济性权利
E. 非消费者的第三人在事故现场受到损害，不能享有依法求偿权

988. 下列智力成果中，不属于《中华人民共和国专利法》保护对象的有(　　)。
A. 动物和植物品种的生产方法　　B. 科学发现
C. 用原子核变换方法获得的物质　　D. 智力活动的规则和方法
E. 疾病的诊断和治疗方法

989. 根据《中华人民共和国消费者权益保护法》，经营者的法定义务有(　　)。
A. 质量担保义务　　B. 安全保障义务
C. 监督消费者义务　　D. 缺陷产品召回义务
E. 消费者信息保护义务

990. 下列选项中的行为，属于不正当竞争行为的有(　　)。
A. 虚假商业宣传行为　　B. 商业贿赂行为
C. 有奖销售行为　　D. 诋毁商誉行为
E. 降价促销行为

991. 劳动合同包括必要条款和选择性条款。下列劳动合同事项中，属于选择性条款的有(　　)。
A. 培训　　B. 劳动合同期限
C. 工作时间　　D. 试用期条款
E. 劳动报酬

992. 工业产权具有的特征包括(　　)。
A. 保密性　　B. 时间性
C. 专有性　　D. 地域性
E. 周期性

刷进阶　　　　　　　　　　　　　　　　　　　高频进阶　强化提升

993. 经营者采用网络、电视、电话、邮购等方式销售商品时，不适用七日无理由退货的情形有(　　)。
A. 消费者定做的商品
B. 鲜活易腐的商品
C. 交付的报纸、期刊
D. 在线下载或者消费者拆封的音像制品、计算机软件等数字化商品
E. 根据商品性质不宜退货，未经消费者在购买时确认的商品

994. 《中华人民共和国消费者权益保护法》赋予消费者自主选择权，这些权利包括(　　)。

A. 自主选择商品或服务方式的权利
B. 自主选择商品或服务时享有试用的权利
C. 自主选择商品或服务的经营者的权利
D. 自主决定购买或不购买任何一种商品、接受或不接受任何一项服务的权利
E. 自主选择商品或服务时享有的进行比较、鉴别和挑选的权利

995. 下列属于经营者滥用市场支配地位行为的有（　　）。
A. 以不公平的高价销售商品
B. 限制购买新技术
C. 没有正当理由以低于成本的价格销售商品
D. 没有正当理由搭售商品
E. 分割销售市场

996. 我国目前必须使用注册商标的商品有（　　）。
A. 白酒
B. 汽油
C. 烟草制品
D. 煤炭
E. 人用药品

997. 消费者权益争议的解决途径包括（　　）。
A. 与经营者协商和解
B. 提请消费者协会调解
C. 向有关行政部门申诉
D. 向税务机关举报
E. 向人民法院提起诉讼

刷通关

998. 反垄断执法机构依法调查涉嫌垄断行为时，可以采取的措施包括（　　）。
A. 查封、扣押相关证据
B. 查询经营者的银行账户
C. 查阅、复制被调查的经营者的会计账簿等资料
D. 进入被调查的经营者的营业场所进行检查
E. 直接扣押被调查的经营者或利害关系人

999. 根据《中华人民共和国反垄断法》，下列行为中，属于垄断行为的有（　　）。
A. 经营者达成垄断协议
B. 经营者滥用市场支配地位
C. 低价倾销行为
D. 经营者集中
E. 滥用行政权力排除、限制竞争

1000. 根据《中华人民共和国劳动合同法》，应签订无固定期限劳动合同的法定情形包括（　　）。
A. 劳动者在该用人单位连续工作满十年
B. 劳动者在该用人单位累计工作满十年
C. 用人单位初次实行劳动合同制度或者国有企业改制重新订立劳动合同时，劳动者在该用人单位连续工作满十年且距法定退休年龄不足十年的
D. 劳动者在该用人单位连续工作满十年，劳动者提出订立固定期限劳动合同
E. 连续订立两次固定期限劳动合同，而且单位对劳动者依法不能享有法定解除权，续订劳动合同的

参考答案及解析

刷 单项选择题

第一章 市场需求、供给与均衡价格

刷基础

1. D **解析** 本题考查影响需求的因素。某种产品自身的价格是影响需求的最重要的因素。
2. B **解析** 本题考查需求价格弹性。$E_d<1$,价格上升使销售收入增加;$E_d>1$,价格上升使销售收入减少;$E_d=1$,价格变动不引起销售收入变动。
3. D **解析** 本题考查需求曲线。消费者收入增加,会使需求增加,需求曲线向右上方移动。
4. D **解析** 本题考查需求交叉弹性。两种商品为互补品时,则$E_{ij}<0$,因为商品的需求量与互补品的价格呈反方向变化。
5. A **解析** 本题考查需求收入弹性。需求收入弹性=需求变动的百分比/收入变动的百分比=-15%/30%=-0.5。需求收入弹性小于0的商品称为低档品。
6. C **解析** 本题考查需求曲线的位移。由于消费者收入的增加扩大了需求,需求曲线向右移动。
7. D **解析** 本题考查需求的构成要素。需求的构成要素有两个:(1)购买欲望;(2)支付能力。
8. D **解析** 本题考查需求价格弹性。需求价格弹性系数=需求量的相对变动/价格的相对变动,需求量的相对变动=需求价格弹性系数×价格的相对变动=0.6×15%=9%,由于价格与需求量反方向变动,所以价格下降15%时,销售量增加9%。原来的销售量为1 200元,提高9%,则销售量=1 200×(1+9%)=1 308(台)。
9. C **解析** 本题考查最高限价分析。当某种或某些产品价格上涨幅度过大,有可能影响居民的基本生活需要或影响生产的正常进行时,政府可以采取最高限价政策进行干预。
10. D **解析** 本题考查最低限价分析。由于最低限价高于均衡价格,因此会刺激生产,限制消费,导致市场供给过剩。选项A、B、C属于最高限价导致的情况。

刷进阶

11. B **解析** 本题考查供给的变动。供给的变动是由于价格以外的其他因素如成本等发生变动而引起的，表现为供给曲线的位移。选项 A、C 影响需求曲线的位移。

12. B （解析）本题考查需求价格弹性。需求价格弹性的点弹性系数＝｜［(100－300)/300］÷［(4－2)/2］｜＝0.67。

13. C （解析）本题考查需求交叉弹性。需求交叉弹性大小是确定两种商品是否具有替代关系或互补关系的标准。

14. B （解析）本题考查需求收入弹性。E_y＝需求量的变动比例/消费者的收入变动比例＝15%/10%＝1.5，$E_y>1$，表明该商品是高档品。

15. A （解析）本题考查需求交叉价格弹性。需求交叉弹性系数为正数，$E_{xy}>0$，表示两种商品是替代品。

16. C （解析）本题考查保护价格。保护价格高于均衡价格，会刺激生产，限制消费，导致市场供给过剩。当市场出现供给过剩时，政府应及时入市收购过剩产品并予以储备，否则保护价格必然流于形式。

刷通关

举一反三
高效通关

17. D （解析）本题考查需求收入弹性。需求收入弹性＝需求变动的百分比/收入变动的百分比＝12%/15%＝0.8。需求收入弹性大于 0 小于 1，该商品为必需品。

18. C （解析）本题考查影响需求的因素。消费者偏好支配着消费者在使用价值相同或接近的替代品之间的消费选择。

19. D （解析）本题考查需求数量的变动。假定其他因素不变，价格的变化引起需求量的变化，表现为需求曲线上点的移动。

20. C （解析）本题考查最高限价分析。当某种或某些产品价格上涨幅度过大时，有可能影响居民的基本生活需要或影响生产的正常进行时，政府可以采取最高限价政策进行干预。

21. C （解析）本题考查需求收入弹性。就一般商品而言，收入弹性的大小可以作为划分"高档品"和"必需品"的标准。

22. A （解析）本题考查供给的变动。供给曲线的移动是由价格以外的其他因素引起的。假定价格不变，由于价格以外的其他因素，如成本等发生变动而引起供给的变动，表现为供给曲线的位移。

23. B （解析）本题考查供给价格弹性。当某种商品的供给价格弹性小于 1 时，则这种商品的供给弹性不充足。

第二章 消费者行为分析

刷基础

紧扣大纲
夯实基础

24. B （解析）本题考查效用理论。效用是人们的一种心理感觉，是消费者对商品或服务满足自己的欲望的能力的主观心理评价，因此效用没有客观标准，选项 A 错误。基数效用论是运用边际效用论分析的，而序数效用论是用无差异曲线和预算约束线来分析的，选项 C 错误。在一定时间内，随着消费某种商品数量的不断增加，消费者从中得到的总效用是在增加的，但是以递减的速度增加的，即边际效用是递减的，选项 D 错误。

25. A （解析）本题考查无差异曲线的特征。任意两条无差异曲线不能相交，这是根据偏好的可传递性假定来判定的。

26. B （解析）本题考查需求曲线。需求曲线是通过价格—消费曲线推导出来的。

27. D （解析）本题考查无差异曲线。无差异曲线具有以下特征：(1)离原点越远的无差异曲线，消费者的偏好程度越高；(2)任意两条无差异曲线都不能相交；(3)无差异曲线从左向右下倾斜，凸向原点。

28. B （解析）本题考查效用理论。基数效用论认为效用可以加总，而序数效用论认为效用只能排出偏好次序，不能加总。

29. D （解析）本题考查商品边际替代率。商品边际替代率是指在效用水平不变的条件下，消费者增加一单位某商品时必须放弃的另一种商品的数量。

30. B （解析）本题考查收入变动对预算线的影响。在相对价格不变的情况下，消费者的收入减少，会使预算线向左平移，收入增加会使预算线向右平移。

31. A （解析）本题考查边际效用论。在一定时间内，随着消费某种商品数量的不断增加，消费者从中得到的总效用是在增加的，但是以递减的速度增加的，即边际效用是递减的，选项 A 错误。

32. C （解析）本题考查无差异曲线。在同一个平面直角坐标系中，可以绘制出无数条无差异曲线，每一条都代表不同水平的偏好，离原点越远的无差异曲线，消费者的偏好程度越高。选项 C 错误。

33. A （解析）本题考查消费者均衡。消费者效用最大化的均衡条件是商品边际替代率等于商品的价格之比。

刷进阶 高频进阶 强化提升

34. C （解析）本题考查预算线的斜率。预算线的斜率取决于商品的价格，是两种商品价格的负比率或两种商品价格比率的负值。斜率的大小表明在不改变总支出数量的前提下，两种商品可以相互替代的比率。

35. D （解析）本题考查相对价格变动对预算线的影响。两种商品的价格同比例同方向变动，并不会改变预算线的斜率，只会导致预算线发生平移。如果价格同比例上升，表示消费者的全部收入用来购买其中任何一种商品的数量减少，预算线向左下方平行移动。同理，如果价格同比例下降，预算线向右上方平行移动。

36. D （解析）本题考查商品边际替代率。$dy/dx = -1/5$，意味着放弃 $1/5$ 单位的商品 y 可以获得 1 单位的商品 x。

37. A （解析）本题考查预算线。预算线的斜率是两种商品价格的负比率或两种商品价格比率的负值，所以预算线的斜率取决于商品的价格。

38. C （解析）本题考查消费者的需求曲线。对于低档品，替代效应与价格反方向变动，收入效应与价格同方向变动，而大多数情况下，收入效应的作用小于替代效应的作用。

39. B （解析）本题考查序数效用论。序数效用论运用无差异曲线和预算约束线来分析消费者行为。

刷通关 举一反三 高效通关

40. C （解析）本题考查基数效用论。基数效用论运用边际效用论分析消费者行为。

41. D （解析）本题考查无差异曲线。无差异曲线斜率为负、凸向原点是由商品边际替代率递减规律决定的。

42. B （解析）本题考查无差异曲线的特征。无差异曲线具有以下特征：（1）离原点越远的无差异曲线，代表消费者的偏好程度越高。离原点越近，代表消费者的偏好程度越低。（2）任意两条无差异曲线都不能相交。（3）无差异曲线从左向右下倾斜，凸向原点。

43. B （解析）本题考查预算线。在消费者收入不变的情况下，两种商品的价格同比例同方向变化，会使预算线平移，同比例下降使预算线右移，相反则左移。

第三章　生产和成本理论

刷基础

44. A （解析）本题考查生产者及其组织形式。在生产者行为的分析中，一般假设生产者或企业的目标是追求利润最大化。这一基本假定是"经济人假设"在生产和企业理论中的具体化。

45. B （解析）本题考查边际产量。边际产量是指在其他投入保持不变的条件下，由于新增一单位的投入而多生产出来的产量或产出。(39 000−38 000)/(5−4)=1 000(件)。

46. A （解析）本题考查成本的含义。隐成本是指企业本身所拥有的并且被用于该企业生产过程的那些生产要素的总价格。经济利润中不包括正常利润。

47. C （解析）本题考查短期成本曲线。平均固定成本曲线随着产量的增加而递减，逐渐向横轴接近。

48. C （解析）本题考查成本函数。固定成本主要包括厂房和设备的折旧，以及管理人员工资费用等。可变成本主要包括原材料、燃料和动力以及生产工人的工资费用等。

49. C （解析）本题考查成本曲线。总成本曲线和总可变成本曲线的变动规律是一致的。总固定成本曲线是平行于横轴的一条直线。平均总成本曲线和平均可变成本曲线的变动规律一致，都是随着产量增加先下降后上升的 U 形曲线。平均固定成本曲线是随着产量增加而逐渐减少，并无限接近于横轴的曲线。

50. A （解析）本题考查企业形成的相关理论。导致市场机制和企业这两种资源配置方式的交易费用不同的主要因素是信息的不完全性。

51. B （解析）本题考查短期成本曲线。平均固定成本曲线随着产量的增加而递减，逐渐向横轴接近，边际成本曲线先降低后增加，选项 A、D 错误。平均总成本曲线比边际成本曲线更晚到达最低点，选项 C 错误。

52. C （解析）本题考查显成本的概念。显成本是指企业购买或租用的生产要素所实际支付的货币支出。所以租赁设备的货币支出属于显成本。

刷进阶

53. C （解析）本题考查边际成本。边际成本是增加一个单位产量时总成本的增加额。边际成本=562.5×4−2 100=150(元)。

54. B （解析）本题考查边际产量与总产量的关系。当边际产量等于0时，总产量达到最大值。

55. B （解析）本题考查生产曲线。只要边际产量大于平均产量，平均产量就是递增的。

56. A （解析）本题考查平均可变成本。平均可变成本=总可变成本/产量=(2 100−1 200)/3=300(元)。

57. D （解析）本题考查企业形成的相关理论。科斯认为企业是为了节约市场交易费用或交易成本而产生的,企业的本质或者显著特征是作为市场机制或价格机制的替代物,选项A、B错误。所谓交易费用是指围绕交易契约所产生的成本或费用,交易费用包括两类,一类是产生于签订契约时交易双方面临的偶然因素所可能带来的损失,另一类是签订契约及监督和执行契约所花费的成本,选项C错误。

刷通关

58. C **解析** 本题考查短期成本曲线。边际成本曲线是先下降后上升的曲线,选项C错误。

59. A **解析** 本题考查边际产量和平均产量的计算。边际产量(MP)= $\triangle TP/\triangle L$ =(2 200-2 100)/(11-10)=100(个),平均产量(AP)= TP/L = 2 200/11 = 200(个)。

60. B **解析** 本题考查成本曲线。边际成本曲线的变化速度快于平均总成本曲线和平均可变成本曲线,在平均总成本曲线和平均可变成本曲线的上升阶段,边际成本曲线位于平均总成本曲线和平均可变成本曲线之上;在平均总成本曲线和平均可变成本曲线的下降阶段,边际成本曲线位于平均总成本曲线和平均可变成本曲线之下。

第四章 市场结构理论

刷基础

61. D **解析** 本题考查完全竞争市场中生产者的行为。在完全竞争市场上,整个行业的需求曲线和某个企业的需求曲线是不同的。整个行业的需求曲线是一条向右下方倾斜的曲线,某个企业的需求曲线是一条平行于横轴的水平线。

62. B **解析** 本题考查各种市场结构的特征。产品具有差别性,这是垄断竞争市场与完全竞争市场的主要判断依据。

63. B **解析** 本题考查完全垄断企业的平均收益与边际收益。完全垄断企业的边际收益曲线位于平均收益曲线的下方。

64. B **解析** 本题考查价格歧视。实行价格歧视的基本原则是不同市场上的边际收益相等并且等于边际成本。

65. A **解析** 本题考查完全竞争市场中生产者的行为。在完全竞争市场上,单个企业的产品价格、平均收益和边际收益都相等,单个企业的平均收益曲线、边际收益曲线、需求曲线是同一条线。

66. C **解析** 本题考查完全垄断市场。完全垄断企业的需求曲线就是行业的需求曲线,在完全竞争市场上,企业的需求曲线和行业的需求曲线是不同的。这是完全垄断企业和完全竞争市场中的企业的一个重要区别。在完全垄断市场上,不存在供给曲线。

刷进阶

67. A **解析** 本题考查实现利润最大化的决策原则。企业实现利润最大化的决策原则是:边际成本=边际收益。

68. D **解析** 本题考查价格歧视。实行价格歧视的基本条件:(1)必须有可能根据不同的需求价格弹性划分出两组或两组以上的不同购买者;(2)市场必须能够有效地隔离开,同一产品不能在不同市场之间流动。

69. C **解析** 本题考查完全垄断企业需求曲线。在完全垄断市场上,平均收益曲线与需求曲线是重合的；但边际收益曲线位于平均收益曲线的下方，而且比平均收益曲线陡峭。

70. B （解析）本题考查完全垄断企业的定价法则。需求价格弹性低，垄断者可以确定较高的价格；随着需求价格弹性增高，价格将逐渐接近于边际成本。

刷通关 举一反三 高效通关

71. C （解析）本题考查价格歧视的基本条件。实行价格歧视的一个基本条件是必须有可能根据不同的需求价格弹性划分出两组或两组以上的不同购买者。

72. A （解析）本题考查完全垄断企业的边际收益与平均收益。完全垄断企业的边际收益小于其平均收益，这是因为单位产品价格随着销售量的增加而下降。

73. A （解析）本题考查完全垄断企业需求曲线和收益曲线的关系。在完全垄断市场上，平均收益曲线与需求曲线是重合的；但边际收益曲线位于平均收益曲线的下方，而且比平均收益曲线陡峭。

第五章 生产要素市场理论

刷基础 紧扣大纲 夯实基础

74. C （解析）本题考查完全竞争生产者的要素需求曲线。完全竞争生产者在购买要素时是完全竞争的，即生产者完全是要素市场价格的接受者。所以，生产者面临的要素供给曲线是一条水平线。

75. B （解析）本题考查完全竞争生产者的要素需求曲线。在完全竞争要素市场上，由于要素价格为常数，所以有 $MFC=AFC=W_1$，即完全竞争生产者的边际要素成本曲线及平均要素成本曲线与要素供给曲线重合。

76. C （解析）本题考查土地的供给曲线。由于土地的数量一般不会变化，所以土地的供给曲线是一条垂直线。价格轴是纵轴，土地的供给曲线垂直于横轴，也就是平行于价格轴，所以选C。

77. D （解析）本题考查生产要素市场理论。完全竞争生产者的要素供给曲线是一条水平线，完全竞争生产者的要素需求曲线是向下倾斜的，选项D错误。

78. C （解析）本题考查劳动的供给原则。消费者的劳动要素供给的目标是实现效用最大化，为获得最大效用必须满足的条件是劳动的边际效用等于闲暇的边际效用。

刷进阶 高频进阶 强化提升

79. D （解析）本题考查生产者使用生产要素的原则。所谓生产者使用要素的原则，就是在一定时间内，在一定条件下，根据企业内部的生产状况和市场情况，确定要素的使用量，以实现利润最大化，即边际要素成本等于边际收益产品。

80. C （解析）本题考查劳动供给曲线。工资增加的替代效应表现为劳动供给增加，工资增加的收入效应表现为劳动供给减少，选项A、B错误。可以用收入效应和替代效应解释劳动供给曲线为何后弯，选项D错误。

81. A （解析）本题考查生产者使用生产要素的原则。边际物质产品（MPP）表示增加单位要素投入所带来的产量增量。

刷通关

82. C （解析）本题考查劳动的供给原则。消费者的要素供给的目标是实现效用最大化。为获得最大效用必须满足的条件是劳动的边际效用等于闲暇的边际效用。

83. C （解析）本题考查生产者使用生产要素的原则。VMP 表示每增加一单位的要素投入所增加的价值。边际产品价值(VMP)＝边际物质产品(MPP)×产品价格(P)。

第六章　市场失灵和政府的干预

刷基础

84. A （解析）本题考查资源最优配置的含义。当经济处于一般均衡状态时，资源便实现了最优配置。

85. B （解析）本题考查公共物品的分类。纯公共物品就是具有完全的非竞争性和完全的非排他性的物品。一般认为国防、治安等都是典型的纯公共物品。

86. B （解析）本题考查信息不对称与市场失灵。由于卖方和买方之间信息不对称，市场机制会导致某些商品或服务的需求曲线向左下方弯曲，最终结果是劣质商品或服务驱逐优质商品或服务，以致市场萎缩甚至消失，这就是逆向选择。

87. D （解析）本题考查消除外部性的传统方法。对于那些具有外部经济的企业，政府应给予财政补贴，使其私人收益等于社会收益。

88. A （解析）本题考查外部性与市场失灵。对于产生外部经济的生产者来说，私人收益小于社会收益，边际私人成本高于边际社会成本，因此缺乏生产积极性，产出水平低于社会最优产出水平。

89. D （解析）本题考查垄断与市场失灵。垄断导致资源无法达到最优配置，是因为垄断者把价格定在高于市场均衡价格上，使得一部分消费者需求不能得到满足，市场机制难以充分有效地发挥。

90. D （解析）本题考查外部性与市场失灵。对于产生外部经济的生产者来说，由于其私人收益小于社会收益（因为社会收益等于私人收益与外部收益之和，而外部收益却不能为生产者通过市场价格获得），因而缺乏生产积极性，其产出水平就会低于社会最优产出水平。

91. A （解析）本题考查资源最优配置的标准。帕累托最优状态是不存在帕累托改进的资源配置状态。

92. D （解析）本题考查公共物品。公共物品具有非竞争性，增加一个人对该物品的消费并不影响其他人对该物品的消费。选项 A、B、C 属于私人物品的特征。

刷进阶

93. C （解析）本题考查资源配置达到帕累托最优状态的条件。在经济社会中，整个经济实现一般均衡，资源配置达到帕累托最优状态的条件包括：经济主体是完全理性的、信息是完全的、市场是完全竞争的、经济主体的行为不存在外部影响。

94. D （解析）本题考查政府对市场的干预。关于科斯定理，通常的说法是：只要财产权是明确的，并且交易成本为零或很小，那么，无论在开始时将财产权赋予谁，市场均衡的最终结果都是有效率的，实现资源配置的帕累托最优。

95. B （解析）本题考查外部性。即使在完全竞争条件下，外部性的存在也使得资源配置难以达到帕累托最优状态，选项 A 错误。外部性包括外部经济和外部不经济，选项 C 错误。外部性可以发生在生产领域，也可以发生在消费领域，选项 D 错误。

96. B （解析）本题考查信息不对称与市场失灵。逆向选择就是买卖双方在信息不对称的情况下，质量差的商品将质量好的商品驱逐出市场的现象。

97. C （解析）本题考查帕累托改进的概念。帕累托改进是指如果既定的配置状态能够在其他人福利水平不下降的情况下，通过重新配置资源，使得至少有一个人的福利水平有所提高。

刷通关

98. C （解析）本题考查道德风险。由于信息不对称，市场的一方不能观察到另一方的行动，则另一方就可能采取不利于对方的行动，这就是道德风险问题。

99. B （解析）本题考查政府对市场的干预。对于可能产生负外部性的行为，政府应征收适度的赋税。而对于产生正外部性的行为，政府应给予财政补贴。

100. A （解析）本题考查科斯定理。科斯定理：只要财产权是明确的，并且交易成本是零或者很小，那么无论开始时将财产权赋予谁，市场均衡的最终结果都是有效率的，实现资源配置的帕累托最优。

第七章 国民收入核算和简单的宏观经济模型

刷基础

101. A （解析）本题考查国内生产总值的计算方法。运用支出法核算的国内生产总值，可以计算资本形成率和最终消费率。

102. C （解析）本题考查国内生产总值的计算方法。在国内生产总值的计算方法中，收入法是从生产过程中创造原始收入的角度来计算国内生产总值。

103. D （解析）本题考查消费理论。美国经济学家莫迪利安尼提出的生命周期消费理论强调了消费与个人生命周期阶段之间的关系，各个家庭的消费要取决于他们在整个生命周期内所获得的收入与财产，也就是说消费取决于家庭所处的生命周期阶段。

104. A （解析）本题考查消费函数和储蓄函数的关系。消费函数和储蓄函数互为补数，二者之和总是等于收入。

105. B （解析）本题考查总供给的影响因素。从长期来看，总供给变动与价格总水平无关，不论价格总水平如何变化，总产出不变。长期总供给只取决于劳动、资本与技术，以及经济体制等因素。

106. B （解析）本题考查生命周期消费理论。提出生命周期消费理论的是莫迪利安尼。

107. C （解析）本题考查国内生产总值的含义。选项 A 错误，国内生产总值有三种形态，即价值形态、收入形态和产品形态，其中，从产品形态看，国内生产总值是所有常住单位在一定时期内最终使用的货物和服务价值减去货物和服务进口价值。选项 B、D 错误，国民生产总值与国内生产总值是不同的概念，国民生产总值又称国民总收入，是一个国家（或地区）所有常住单位在一定时期内收入初次分配的最终结果。国民收入是一个收入概念，而国内生产总值是一个生产概念。

108. D （解析）本题考查凯恩斯的消费理论。边际消费倾向大于 0 小于 1。平均消费倾向可能大于、等于或小于 1。边际消费倾向总是小于平均消费倾向，选项 D 正确。

刷进阶 高频进阶 强化提升

109. B （解析）本题考查凯恩斯的消费理论。凯恩斯的消费理论建立在三个假设或前提之上：一是边际消费倾向递减规律，二是认为收入是决定消费的最重要的因素，三是认为平均消费倾向会随着收入的增加而减少。

110. A （解析）本题考查总需求和总供给。价格总水平的变动与总产出的变化呈反方向变动，选项 B 错误。价格总水平的变动与货币供给量呈同方向变动，选项 C 错误。如果总需求增长慢于总供给的增长，价格总水平就有可能下降，选项 D 错误。

111. D （解析）本题考查国内生产总值的核算。用支出法计算 GDP 的公式为：GDP = $C+I+G+(X-M)$。

112. B （解析）本题考查投资乘数。投资乘数是边际储蓄倾向的倒数。

113. A （解析）本题考查国内生产总值的计算方法。收入法下，所有单位增加值之和就是国内生产总值，公式：收入法增加值 = 劳动者报酬 + 固定资产折旧 + 生产税净额 + 营业盈余。

刷通关 举一反三 高效通关

114. C （解析）本题考查总供求模型。由于总需求增长，使得总需求曲线向右平移，而总供给曲线不变，因此总供给曲线和总需求曲线的交点向右上方移动，价格总水平上涨。这是需求拉动型通货膨胀的基本模型。

115. B （解析）本题考查凯恩斯的消费理论。凯恩斯的消费函数为 $C=\alpha+\beta Y$，其中 β 为边际消费倾向，也是消费函数的斜率。

116. D （解析）本题考查投资乘数。投资乘数为边际储蓄倾向的倒数，所以 $k=1/0.2=5$。

第八章 经济增长和经济发展理论

刷基础 紧扣大纲 夯实基础

117. D （解析）本题考查经济增长。由于 GDP 的计算中包含了产品或服务的价格因素，所以在计算 GDP 时，就可以分为用现价计算的 GDP 和用不变价格计算的 GDP。用现行价格计算的 GDP，可以反映一个国家或地区的经济发展规模，用不变价格计算的 GDP 可以用来计算经济增长速度。

118. C （解析）本题考查"十三五"时期经济社会发展的基本理念。"十三五"时期经济社会发展的基本理念是：创新、协调、绿色、开放、共享。

119. A （解析）本题考查全要素生产率的计算。全要素生产率 $G_A=G_Y-\alpha G_L-\beta G_K=7.5\%-50\%\times 5\%-50\%\times 2\%=4\%$。

120. C （解析）本题考查建设现代化经济体系的主要内容。党的十九大报告指出，建设现代化经济体系，必须把发展经济的着力点放在实体经济上，把提高供给体系质量作为主攻方向，显著增强我国经济质量优势。

121. A （解析）本题考查经济发展的基本理论。可持续发展是"既满足当代人的需要，又不对后代人满足其需要的能力构成危害的发展"。

122. A （解析）本题考查分析和预测经济波动的指标体系。先行指标也称领先指标，通过这些指标可以预测总体经济运行的轨迹，例如制造业订货单、股票价格指数、广义货币M_2。

123. C （解析）本题考查经济发展。经济发展的核心是人民生活水平的持续提高。

124. A （解析）本题考查分析和预测经济波动的指标体系。领先指标有制造业订货单、股票价格指数、广义货币M_2。选项B、D属于一致指标。选项C属于滞后指标。

刷进阶 ———————————————— 高频进阶 强化提升

125. D （解析）本题考查"十三五"时期经济社会发展的基本理念。共享是中国特色社会主义的本质要求。

126. C （解析）本题考查经济增长。$G_A = G_Y - \alpha G_L - \beta G_K = 8\% - 2\% \times 0.75 - 4\% \times 0.25 = 5.5\%$。

127. A （解析）本题考查经济周期。增长型周期：处于低谷时的经济增长率为正值，即经济总量GDP只是相对减少，而非绝对减少。

128. B （解析）本题考查领先指标。先行指标也称领先指标，通过这些指标可以预测总体经济运行的轨迹。

129. B （解析）本题考查经济周期的类型。按照经济总量绝对下降或相对下降的不同情况，经济周期可分为古典型周期和增长型周期。如果经济运行处在低谷时的经济增长为负增长，即经济总量GDP绝对减少，通常将其称为古典型周期。

刷通关 ———————————————— 举一反三 高效通关

130. D （解析）本题考查经济周期的阶段划分和阶段特征。一般可以把经济周期划分为扩张阶段和收缩或衰退阶段，衰退期间的实际经济增长率为负数，扩张期间的实际经济增长率为正数。

131. D （解析）本题考查分析和预测经济波动的指标体系。在我国，一般把工业总产值、固定资产投资额和社会消费品零售总额等视为一致指标。选项B属于领先指标，选项A、C属于滞后指标。

132. A （解析）本题考查全要素生产率的概念。所谓全要素生产率（技术对经济增长的贡献率），即经济增长中扣除劳动、资本等要素投入数量等因素对经济增长率的贡献后的余值。

第九章 价格总水平和就业、失业

刷基础 ———————————————— 紧扣大纲 夯实基础

133. C （解析）本题考查就业与失业水平的统计。失业率是反映一个国家或地区劳动力资源利用状况的最重要的指标，是失业总人数与民用劳动力总人数的比率。

134. A （解析）本题考查就业弹性系数。就业弹性是一个国家或一个地区一定时期内的劳动就业增长率与经济增长率的比值，即经济增长每变化一个百分点所对应的就业数量变化的百分比。

135. D （解析）本题考查菲利普斯曲线。简单的菲利普斯曲线表示通货膨胀率与失业率之间的相互关系。

136. D （解析）本题考查奥肯定律。奥肯定律提出了经济增长和失业之间的具体数量相关关系。

刷进阶

137. B （解析）本题考查失业的类型。摩擦性失业是因为劳动者找到最适合自己的偏好和技能的工作需要一定的时间而引起的失业，也就是由于劳动者从一个工作转换到另一个工作的过程中出现的失业。

138. A （解析）本题考查价格总水平。价格总水平与货币供给量、货币流通速度的变化呈正方向变动，与总产出的变化呈反方向变动。

139. A （解析）本题考查价格总水平。用微分方法推导出的价格总水平决定方程为 $\pi=m+v-y$。

刷通关

140. B （解析）本题考查就业弹性系数。就业弹性系数＝就业增长速度/经济增长速度＝$3.2\%/8.2\%≈0.39$。

141. B （解析）本题考查奥肯定律。根据奥肯定律，政府应当把促进经济增长作为增加就业或降低失业的主要途径。

第十章 国际贸易理论和政策

刷基础

142. A （解析）本题考查国际贸易理论的演变。绝对优势理论是英国经济学家亚当·斯密在18世纪提出的。

143. B （解析）本题考查国际贸易理论。美国经济学家克鲁格曼提出了规模经济贸易理论，解释相似资源储备国家之间和同类工业品之间的双向贸易现象。

144. C （解析）本题考查比较优势理论。大卫·李嘉图认为决定国际贸易的因素是两个国家产品的相对生产成本，而不是生产这些产品的绝对生产成本。

145. D （解析）本题考查政府对国际贸易干预的目的。政府干预出口贸易以刺激出口增加的主要措施是出口补贴。

146. A （解析）本题考查国际贸易政策。政府对进口贸易的干预主要采取关税限制和非关税限制两种方式。选项A属于非关税限制。选项B、C、D属于对出口贸易进行的干预。

刷进阶

147. C （解析）本题考查国际贸易理论。根据赫克歇尔—俄林的要素禀赋理论，各国应该集中生产并出口那些能够充分利用本国充裕要素的产品，进口那些需要密集使用本国稀缺要素的产品。

148. C （解析）本题考查隐蔽性倾销的概念。隐蔽性倾销是指出口企业按国际市场的正常价格出售产品给进口商，但进口商以倾销性的低价在进口国市场上抛售，亏损部分由出口企业予以补偿。

149. B （解析）本题考查政府对进出口贸易的干预措施。间接补贴是对出口企业在出口商品时给予财政上的优惠待遇，包括出口退税、出口信贷等。

150. D **解析** 本题考查政府对国际贸易干预的目的。非关税壁垒是指采用关税以外的手段对外国商品进口设置障碍的各种措施，如进口配额制、自愿出口限制、歧视性公共采购、技术标准和卫生检疫标准等。

151. D **解析** 本题考查掠夺性倾销的概念。掠夺性倾销是指出口企业为在国外市场上达到排除竞争对手、获取超额垄断利润的目的，在短期内以不合理的低价向该市场销售产品，一旦竞争对手被排除，再重新提高产品销售价格的行为。

第十一章　公共物品与财政职能

152. B **解析** 本题考查公共选择。政治场景中的个人与市场环境中的个人一样，都是自利、理性和效用最大化者。

153. D **解析** 本题考查政府失灵及其表现形式。理性的个人投票与否，取决于参加投票的期望净收益，这就是唐斯的"理性投票人假说"。

154. C **解析** 本题考查公共选择。公共选择理论产生于20世纪40—50年代的美国。公共选择理论是关于"政府失灵"的理论。它从与经济学同样的个人主义方法论和"经济人"假设出发，对个人在政治环境中的行为，做出科学的分析与判断。

155. C **解析** 本题考查公共物品供给的制度结构。公共物品供给制度结构的核心是决策制度。

156. C **解析** 本题考查财政资源配置职能。财政配置社会资源的机制和手段主要有：(1)根据政府职能的动态变化确定社会公共需要的基本范围，确定财政收支占国内生产总值的合理比例，从总量上实现高效的社会资源配置原则；(2)优化财政支出结构；(3)为公共工程提供必要的资金保障；(4)通过政府直接投资、财政贴息、税收优惠等方式，引导和调节社会投资方向，提高社会整体投资效率；(5)通过实行部门预算制度、建立国库集中收付制度和绩效评价制度等体制、机制改革，提高财政自身管理和运营效率。

157. C **解析** 本题考查财政的基本职能。财政资源配置的范围应当是市场失灵而社会又需要的公共物品和服务领域，主要有：(1)满足政府执行职能的需要；(2)市场不能有效提供而社会又需要的准公共物品和服务的支出；(3)对社会资源配置的引导性支出。

158. D **解析** 本题考查公共物品的需求显示。在商品和服务市场上，人们用出价多少表示对私人物品的需求强度和需求数量，但同样的机制对公共物品并不完全有效。私人物品的需求显示是通过自愿的市场交易实现的。公共物品的需求显示是通过具有强制性的政治交易实现的。选项A、B、C错误。

159. C **解析** 本题考查公共物品供给的制度结构。公共物品供给的制度包括：(1)公共物品供给的决策制度；(2)公共物品供给的融资制度；(3)公共物品供给的生产制度；(4)公共物品的受益分配制度。

160. D **解析** 本题考查公共物品的生产。政府生产和合同外包是公共物品的两种典型的生产方式。

刷进阶

161. D **解析** 本题考查财政的基本职能。财政实现收入分配职能的机制和手段之一是发挥财政转移支付作用。通过财政转移支付对收入进行再分配，是将资金直接补贴给地区和个人，有明确的受益对象、受益范围和政策选择性，对改变社会分配不公的程度具有重要作用。

162. B **解析** 本题考查政府失灵。理性的非理性是指正是由于手中的一票对于选举结果无足轻重，即使拥有必要的信息，选民也不愿意投入精力和时间，他们不会好好利用这些信息。

163. B **解析** 本题考查公共物品的融资与生产。政府融资的缺点是难以满足社会成员对公共物品的多样化需求。

164. A **解析** 本题考查政府经济活动范围。政府经济活动范围应主要集中于以下几个方面：提供公共物品或服务；矫正外部性；维持有效竞争；调节收入分配；稳定经济。

165. C **解析** 本题考查纯公共物品的特征。公共物品是指增加一个人对该物品的消费，并不同时减少其他人对该物品消费的那类物品。即在其总供给量保持不变的情况下，如果增加一个人对它的消费量，则其他人可消费数量保持不变。

刷通关

166. B **解析** 本题考查财政的基本职能。财政的基本职能包括资源配置职能、收入分配职能、经济稳定和发展职能。

167. B **解析** 本题考查公共物品的生产。政府生产和合同外包是两种典型的公共物品生产方式。

168. A **解析** 本题考查财政的收入分配职能。财政实现收入分配职能的机制和手段之一是加强税收调节，例如通过资源税调节自然资源形成的级差收入。

169. A **解析** 本题考查政府失灵的表现形式。尼斯坎南模型在公共物品的政府生产上，具有的政策含义：(1)应当增强官僚部门内部的竞争性；(2)通过改变对官僚的激励，引导其最小化既定产出的成本；(3)通过公共物品和服务的生产外包，让更多的私人营利性企业加入公共物品和服务的生产过程中来，以期提高效率。

第十二章 财政支出

刷基础

170. A **解析** 本题考查中国的政府支出分类改革。在我国政府支出分类改革中，支出功能分类科目设类、款、项三级。

171. C **解析** 本题考查梯度渐进增长理论。20世纪60年代，英国经济学家皮考克和魏斯曼在对英国1890—1955年公共支出的历史数据进行研究的基础上，提出了"梯度渐进增长理论"。

172. D **解析** 本题考查绩效评价的含义。绩效评价的对象是使用财政资金的部门或机构。

173. C **解析** 本题考查购买性支出的概念。购买性支出是指政府为了履行其职能，从私人部门取得物品与劳务并支付相应资金而发生的费用。

174. C **解析** 本题考查财政支出规模增长的理论解释。财政幻觉，即民众通常更关心扩大公共支出能给自己带来的好处，却忽视了税收负担也有可能同时增长。

175. D 【解析】本题考查财政支出规模增长的理论解释。皮考克和魏斯曼的"梯度渐进增长理论"认为，公众可以容忍的税收负担是财政支出的最高限度。

176. D 【解析】本题考查财政支出绩效评价。西方国家财政的理论与实践表明，在财政体制逐步形成以后，建立相应的财政支出绩效评价制度是确保财政体制有效运行的重要管理措施，是财政政策的实现途径和手段，是财政支出管理的重要组成内容。

177. A 【解析】本题考查转移性支出。在实施转移性支出过程中，政府仅扮演中介者的角色，依法向受益对象拨付财政资金但并不要求获得相应的物品与劳务。虽然政府转移性支出过程不涉及与私人部门的等价交换，但却可以造成购买力和社会财富在其他社会主体中的重新分配。

178. A 【解析】本题考查财政支出规模变化的指标。财政支出增长率表示当年财政支出比上年同期财政支出增长的百分比。

☑ **刷进阶** .... 高频进阶 强化提升

179. A 【解析】本题考查财政支出规模增长理论。马斯格雷夫提出的经济发展阶段增长理论认为，财政支出数量的变化，是随着不同时期财政支出作用的变化而变化。

180. B 【解析】本题考查财政支出规模变化的指标。财政支出增长的边际倾向表明财政支出增长额与国内生产总值增长额之间的关系。

181. C 【解析】本题考查财政支出的分类。财政支出根据交易的经济性质进行分类，可以从宏观上考察一国政府在多大程度上作为经济主体直接参与经济过程，其职能是偏好于资源配置，还是收入分配。

182. B 【解析】本题考查财政支出增长率的计算。财政支出增长率表示当年财政支出比上年同期财政支出增长的百分比。财政支出增长率=（187 841−175 768）/175 768=6.87%。

183. A 【解析】本题考查我国的财政支出结构。随着市场在资源配置中基础性作用的增强，政府对经济的管理逐步从直接和微观管理向间接和宏观管理转变。与此相适应，我国财政支出重点应逐步从经济建设向提供公共物品和服务转变。

☑ **刷通关** .... 举一反三 高效通关

184. C 【解析】本题考查我国财政支出结构存在的主要问题。长期以来，我国财政制度饱受诟病的一个方面就是政府承担的资源配置职能范围过广、比例过大，干扰了市场的运行，而政府应当承担的再分配功能则相应地受到了挤压。体现在财政支出结构上，表现为：购买性支出占财政支出的比重长期偏大，转移性支出的比重处于较低的水平；相对于消费性支出而言，投资性支出占财政支出的比重仍在较高的水平上；社会性支出的比重近年来虽有上升，但仍有待进一步增加数量和改善质量。

185. A 【解析】本题考查财政支出绩效评价。财政支出绩效评价的主体是政府及其财政部门，绩效评价的对象是使用财政资金的部门或机构，选项 B 错误。财政支出绩效评价的关键是确定合理的绩效评价指标，选项 C 错误。财政支出绩效评价采取定性和定量相结合的方式，选项 D 错误。

186. A 【解析】本题考查衡量财政支出规模的指标。中央财政支出占全国财政支出的比重是相对稳定的，取决于国家的制度安排。

187. C 【解析】本题考查财政支出规模增长的理论解释。选项 A 是瓦格纳法则的结论；选项 B 属于非均衡增长理论的观点；选项 D 是梯度渐进增长理论的观点。

第十三章　财政收入

✓ 刷基础

188. D 【解析】本题考查拉弗曲线。在较低的税率区间内，税收收入将随税率的增加而增加，但由于税收毕竟会对纳税人投资和工作的积极性产生影响，继续提高边际税率超过一定的限度，将对劳动供给与投资产生负激励，进而抑制经济增长，使税基减小，税收收入下降。

189. C 【解析】本题考查税负转嫁的方式。税收资本化也称资本还原，是指生产要素购买者将所购买的生产要素未来应当缴纳的税款，通过从购入价格中预先扣除（压低生产要素购买价格）的方法，向后转嫁给生产要素的出售者。

190. C 【解析】本题考查课税商品的性质。对非生活必需品课税，因其消费不是必不可少的，需求弹性大，消费基础较窄，因而税负不易转嫁。高尔夫球及球具就属于非生活必需品。

191. D 【解析】本题考查财政集中度与宏观税负。根据财政收入的不同口径，衡量宏观税负也有不同的口径，从小到大分别是：(1)税收收入占 GDP 的比重；(2)财政收入（一般预算收入）占 GDP 的比重；(3)财政收入（一般预算收入）加政府性基金收入、国有资本经营预算收入、社会保障基金收入后的合计占 GDP 的比重。

192. A 【解析】本题考查国债的制度。"随买"发行方式是政府债务管理者用来向小投资人发行不可上市国债的一种方式。

193. D 【解析】本题考查拉弗曲线。拉弗曲线形象描述了税率与税收收入或经济增长之间的关系。

194. D 【解析】本题考查税负转嫁的方式。"后转"是指在纳税人前转税负存在困难时，纳税人通过压低购入商品或者生产要素进价的方式，将其缴纳的税款转给商品或者生产要素供给者的一种税负转嫁方式。

✓ 刷进阶

195. B 【解析】本题考查税负转嫁的方式。前转是税收转嫁最典型和最普遍的形式，多发生在流转税上，选项 A 错误。消转是纳税人用降低征税物品成本的办法使税款从新增利润中得到抵补，选项 C 错误。旁转也称"侧转"，是指纳税人将应负担的税款转嫁给购买者或者供应者以外的其他人负担。混转实际上是前转和后转的混合方式，在实践中比较常见，选项 D 错误。

196. B 【解析】本题考查财政集中度与宏观税负。所谓财政集中度，也称为宏观税负，是指国家通过各种形式，从国民经济收支环流中截取并运用的资金占国民经济总量的比重。

197. A 【解析】本题考查财政收入的含义。财政收入是衡量一国政府财力的重要指标，政府在社会经济活动中提供公共物品和服务的范围与数量，在很大程度上取决于财政收入的充裕状况。

198. C 【解析】本题考查国债负担率。国债负担率是指国债累计余额占国内生产总值的比重。该国国债负担率 = 5/42×100% ≈ 11.9%。

199. C （解析）本题考查拉弗曲线。拉弗曲线形象描述了税率与税收收入或经济增长之间的关系。

刷通关

200. D （解析）本题考查加强政府性债务管理。中央政府债务实行余额管理，地方政府债务实行限额管理，选项A、B错误。地方政府举债只能用于公益性资本支出和适度归还存量债务，不得用于经常性支出，选项C错误。

201. B （解析）本题考查国债的政策功能。认购国债的资金基本上是社会资金运动中游离出来的闲置资金，一般不会导致通货膨胀，还可迅速、灵活、有效地弥补财政赤字，故通过举借公债以弥补财政赤字是当今世界各国的普遍做法。

202. B （解析）本题考查债务依存度。债务依存度=债务收入/财政支出=600/3 000×100%=20%。

第十四章 税收制度

刷基础

203. D （解析）本题考查税制要素。扣缴义务人是指法律、行政法规规定负有代扣代缴、代收代缴税款义务的单位和个人。

204. C （解析）本题考查税收分类。按税负能否转嫁划分为直接税和间接税。

205. A （解析）本题考查增值税。对小规模纳税人不实行扣税法，其应纳税额计算公式：应纳税额=销售额×征收率。

206. A （解析）本题考查减税和免税。选项A错误，所谓免税，是指对应纳税额全部免征。

207. D （解析）本题考查企业所得税。应纳税所得额的计算：企业每一纳税年度的收入总额，减除不征税收入、免税收入、各项扣除以及允许弥补的以前年度亏损后的余额，为应纳税所得额。

208. C （解析）本题考查税制要素。选项C错误，税源是以收入的形式存在的，税目反映具体的征税范围，代表征税的广度。

209. C （解析）本题考查增值税纳税人。凡在中华人民共和国境内销售货物或者提供加工、修理修配劳务，销售服务、无形资产或者不动产，以及进口货物的单位和个人，为增值税的纳税人。

刷进阶

210. C （解析）本题考查税收的分类。资源税类包括资源税、土地使用税等。城市维护建设税是行为税，增值税是流转税，房产税是财产税。

211. D （解析）本题考查税制要素。课税对象也称征税客体，即税法规定的征税目的物，它是不同税种相互区别的主要标志。

212. C （解析）本题考查企业所得税。目前我国的企业所得税税率为25%，选项A错误。个人独资企业、合伙企业不适用企业所得税法，选项B错误。非居民企业在中国境内未设立机构、场所的，或者虽设立机构、场所，但取得的所得与其所设机构、场所没有实际联系的，应当就其来源于中国境内的所得按20%的税率缴纳企业所得税，选项D错误。

213. B 【解析】本题考查税收的分类。财产税是指以各种财产为征税对象的税收,我国目前开征的财产税有房产税、车船税等。

214. C 【解析】本题考查流转税的主要特点。与其他税类相比,流转税具有以下特点:(1)课征普遍;(2)以商品和劳务的流转额或交易额为计税依据;(3)除少数税种或税目实行定额税率外,流转税普遍实行比例税率,计算简便,便于征收管理。流转税税额与成本和费用水平无关,选项C错误。

☑ 刷通关　　　　　　　　　　　　　　　　　　　　　举一反三
　　　　　　　　　　　　　　　　　　　　　　　　　高效通关

215. B 【解析】本题考查税收分类。我国消费税中的啤酒、汽油、柴油等课税项目采用的是从量税的形式。

216. C 【解析】本题考查增值税。纳税人销售或者进口包括粮食在内的农产品、自来水、暖气、石油液化气、天然气、食用植物油、冷气、热水、煤气、居民用煤炭制品、食用盐、农机、饲料、农药、农膜、化肥、沼气、二甲醚、图书、报纸、杂志、音像制品、电子出版物,税率为9%;提供交通运输、邮政、基础电信、建筑、不动产租赁服务,销售不动产,转让土地使用权,税率也为9%。选项A、D适用6%的税率。选项B税率为0。

217. D 【解析】本题考查税收分类。按课税对象的不同,税收分为流转税、所得税和财产税。

第十五章　政府预算

☑ 刷基础　　　　　　　　　　　　　　　　　　　　　紧扣大纲
　　　　　　　　　　　　　　　　　　　　　　　　　夯实基础

218. D 【解析】本题考查政府预算的含义。1832年,英国国会通过法律规定财政大臣每年必须向国会提出全部"财政收支计划书",并由国会批准。至此,具有现代意义的政府预算制度真正建立起来了。

219. B 【解析】本题考查政府资产报告。政府资产报告通常包括政府资产报表和政府资产分析报告两部分,建立政府资产报告制度,对全面掌握政府家底、夯实政府资产管理基础、反映政府资产管理绩效、推进政府资产管理与预算管理相结合、加强地方政府性债务管理具有重要意义。

220. C 【解析】本题考查政府预算制度。政府预算制度是财政制度的核心,是财政赖以存在的基础,是国家政治体制的重要组成部分。

221. A 【解析】本题考查政府预算的基本含义。政府预算是指具有法律规定和制度保证的、经法定程序审核批准的政府年度财政收支计划。

222. D 【解析】本题考查政府预算的原则。合法性原则是指政府预算活动的每个环节都必须按照法定程序进行,政府预算的成立、预算执行中的调整和预算执行结果都必须经过立法机关审查批准。

223. A 【解析】本题考查政府预算的分类。资本预算主要是以国债为收入来源,以经济建设项目为支出对象。

224. B 【解析】本题考查一般公共预算。一般公共预算是指政府凭借国家政治权力,以社会管理者身份筹集以税收为主体的财政收入，用于保障和改善民生、维持国家行政职能正常运转、保障国家安全等方面的收支预算。

225. C **[解析]** 本题考查政府预算。经常预算主要以税收收入为来源，以行政事业项目为支出对象；资本预算主要以国债为收入来源，以经济建设项目为支出对象。

刷进阶 高频进阶 强化提升

226. D **[解析]** 本题考查一般公共预算。目前我国每年统计公报公布的财政收入、财政支出、财政赤字的数字，是就一般公共预算而言的。

227. C **[解析]** 本题考查实施全面规范、公开透明预算制度的主要内容。除涉密信息外，政府预算、决算支出全部细化公开到功能分类的"项"级科目，专项转移支付预算、决算按项目、按地区公开。

228. B **[解析]** 本题考查我国政府预算体系。我国完整的政府预算体系包括一般公共预算、政府性基金预算、国有资本经营预算和社会保险基金预算，其中一般公共预算是政府预算体系的基础。

229. D **[解析]** 本题考查政府预算的分类。多年预算是指对连续多个年度（一般为3~5年）的财政收支进行预测、规划或规定的一种财政计划形式。编制多年预算一般都是采取逐年递推或滚动的形式，即多年预算每年编制一次，每次向前滚动一年。多年预算一般不具有法律效力，要提交国家权力机关作为审议年度预算时的参照，但不需要经过国家权力机关批准。

230. A **[解析]** 本题考查国有资本经营预算。从2010年开始，中央国有资本经营预算提交全国人大审查批准，选项A错误。

刷通关 举一反三 高效通关

231. C **[解析]** 本题考查部门预算制度。部门预算制度是市场经济国家财政预算管理的基本制度。

232. C **[解析]** 本题考查政府预算的分类。多年预算也称中期预算，一般不具有法律效力，也不需要经过国家权力机关批准。

233. C **[解析]** 本题考查我国的预算执行制度。国库集中收付制度以国库单一账户体系为基础，资金缴拨以国库集中收付为主要形式，选项C错误。

第十六章　财政管理体制

刷基础 紧扣大纲 夯实基础

234. A **[解析]** 本题考查财政转移支付及其特点。最早提出转移支付概念的是著名经济学家庇古，他在1928年出版的《财政学研究》中第一次使用这一概念。

235. C **[解析]** 本题考查财政管理体制的类型。在财政联邦制模式下，中央财政与地方财政之间、地方上级财政与下级财政之间没有整体关系，政府间的财政联系主要依靠分税制和转移支付制度来实现。选项A错误，法国、英国实行财政单一制模式。选项B、D为财政单一制模式的特点。

236. B **[解析]** 本题考查财政管理体制的内容。税种属性是决定政府间财政收入划分的主要标准，选项B错误。

参考答案及解析

237. B （解析）本题考查分税制财政管理体制的主要内容。将维护国家权益、实施宏观调控所必需的税种划分为中央税；将同经济发展直接相关的主要税种划分为中央与地方共享税；将适合地方征管的税种划分为地方税。

238. D （解析）本题考查分税制财政管理体制的主要内容。分税制财政管理体制中，将维护国家权益、实施宏观调控所必需的税种划分为中央税，将同经济发展直接相关的主要税种划分为中央与地方共享税，将适合地方征管的税种划分为地方税。

239. B （解析）本题考查财政管理体制的概念。财政管理体制是国家管理和规范中央与地方政府之间以及地方各级政府之间划分财政收支范围和财政管理职责与权限的一项根本制度。

240. D （解析）本题考查分税制财政管理体制。根据中央政府与地方政府事权的划分，中央财政主要承担国家安全、外交和中央国家机关运转所需经费，调整国民经济结构、协调地区发展、实施宏观调控所必需的支出以及由中央直接管理的事业发展支出，地方财政承担本地区政权机关运转所需支出以及本地区经济、社会发展所需支出。

刷进阶 高频进阶 强化提升

241. D （解析）本题考查政府间财政收入的划分。根据政府间财政收入划分的集权原则，将收入份额较大的主体税种划归中央政府；根据效率原则，将流动性强的收入作为中央政府收入；根据恰当原则，将调控能力较强的税种作为中央政府收入；根据收益与负担对等原则，将收益与负担能够直接对应的收入（如使用费等），一般作为地方政府收入。

242. B （解析）本题考查政府间财政收入划分的原则。政府间财政收入划分的恰当原则表现在：为了有效实施宏观调控，将一些调控功能较强的税种，作为中央政府收入；对于体现国家主权的收入（如关税），作为中央政府收入。

243. B （解析）本题考查财政转移支付的特点。对称性：上级政府对下级政府转移支付的财力，与能够满足该级政府承担、履行的事权职责需求相对应。

244. B （解析）本题考查中央与地方共享税。增值税中央分享50%，地方分享50%。

245. B （解析）本题考查政府间财政收入的划分原则。政府间财政收入划分的集权原则：无论是单一制国家，还是联邦制国家，为了保持政策的一致性，保持社会稳定，维护中央政府权威，一般都是在政府间初次分配中集中较多的财力，将收入份额较大的主体税种划归中央政府。选项A符合效率原则，选项C符合恰当原则，选项D符合收益与负担对等原则。

刷通关 举一反三 高效通关

246. B （解析）本题考查我国现行的财政转移支付制度。一般性转移支付包括均衡性转移支付、民族地区转移支付、县级基本财力保障机制奖补资金、调整工资转移支付、农村税费改革转移支付、资源枯竭城市转移支付等具体项目。专项转移支付重点用于教育、医疗卫生、社会保障、支农等公共服务领域。

247. C （解析）本题考查分税制财政管理体制。中央固定收入包括：关税，海关代征的增值税和消费税，消费税，各银行总行、各保险公司总公司等集中交纳的收入（包括利润和城市维护建设税），证券交易印花税，车辆购置税，出口退税，船舶吨税，未纳入共享范围的中央企业所得税，中央企业上缴的利润等。选项B为地方固定收入，选项 A、D 为中央与地方共享收入。

248. A 【解析】本题考查财政管理体制。根据国际经验，政府间财政收支划分呈现的基本特征是收入结构与支出结构的非对称性安排。收入结构划分以中央政府为主，支出结构划分以地方政府为主。

第十七章 财政政策

刷基础 紧扣大纲 夯实基础

249. C 【解析】本题考查财政政策乘数。平衡预算乘数=国民收入变动率/政府购买支出变动率（或者税收变动率）=$(1-b)/(1-b)=1$。

250. C 【解析】本题考查政府购买支出乘数。政府购买支出乘数=$1/(1-b)=1/(1-0.6)=2.5$。

251. D 【解析】本题考查政府投资政策。当经济处于过热时期，政府可通过降低投资支出水平，抑制社会总需求，使经济降温、平稳回落。当经济处于萧条时期，政府可通过提高投资支出水平，扩大社会总需求，缓解或逐步消除经济衰退；当社会总供求基本平衡，但总供求结构存在问题时，政府投资可以通过采取有保有压的政策，减少对过热行业的投资，增加对薄弱环节的投资，使社会总供求在结构上保持协调。

252. D 【解析】本题考查税收乘数。税收乘数是指国民收入变动与引起这种变动的税收变动的比率。税收乘数为负值，说明税收增减与国民收入增减呈反方向变动。

253. A 【解析】本题考查财政政策的类型。选项 B 是"双松"搭配类型的政策效果。选项 C 是紧的财政政策和松的货币政策的政策效果。选项 D 是松的财政政策和紧的货币政策的政策效果。

254. C 【解析】本题考查财政政策。当经济繁荣、失业减少时，政府应采取紧缩性的财政政策，选项 A、B、D 都是经济萧条时，拉动需求的措施。

刷进阶 高频进阶 强化提升

255. D 【解析】本题考查政府购买支出乘数。政府购买支出乘数为正数，说明购买支出增减与国民收入增减呈同方向变动，选项 D 错误。

256. B 【解析】本题考查税收乘数。税收乘数=－边际消费倾向/(1－边际消费倾向)＝－0.6/(1－0.6)＝－1.5。

257. C 【解析】本题考查财政政策的工具。当社会总供给大于总需求时，政府预算一般采取扩大支出规模、保持一定赤字规模的做法扩大社会总需求；当社会总供给小于总需求时，政府预算一般采取缩小支出规模、保持预算盈余的做法来抑制社会总需求；当社会总供给与总需求基本平衡即经济稳定发展时，政府一般实行中性的预算平衡政策，保持预算收支规模的基本平衡。

258. C 【解析】本题考查财政政策的类型。根据财政政策调节经济周期的作用划分，将财政政策分为自动稳定的财政政策和相机抉择的财政政策。自动稳定的财政政策有累进所得税制度和政府福利支出。相机抉择的财政政策具体包括汲水政策和补偿政策。

刷通关 举一反三 高效通关

259. B 【解析】本题考查财政政策乘数。财政政策乘数主要用来研究财政收支变化对国民收入的影响。

260. C （解析）本题考查财政政策的功能。财政政策的导向功能体现在，通过财政分配和管理活动，调整人们的物质利益，进而调节企业和个人的经济行为，引导国民经济运行。例如，政府为扩大社会投资规模，要通过加速折旧、补贴、贴息、税收优惠等方式，激励私人投资。

第十八章 货币供求与货币均衡

刷基础　　　　　　　　　　　　　　　　　紧扣大纲　夯实基础

261. A （解析）本题考查弗里德曼的货币需求函数。弗里德曼认为，恒久性收入越高，所需货币越多。

262. C （解析）本题考查货币需求函数。凯恩斯的货币需求函数为 $L=L_1(Y)+L_2(i)$。

263. D （解析）本题考查货币供给层次的划分。M_0=流通中货币；$M_1=M_0$+单位活期存款；$M_2=M_1$+单位定期存款+个人存款+其他存款（财政存款除外）。

264. B （解析）本题考查凯恩斯的货币需求理论。凯恩斯深入细致地分析了对货币需求的各种动机，认为经济主体之所以需要货币，是因为存在"流动性偏好"这一普遍心理倾向，即愿意持有具有完全流动性的货币而不是其他缺乏流动性的资产，以应付日常的、临时的或投机的需要，从而产生货币需求。

265. A （解析）本题考查弗里德曼的现代货币数量说。弗里德曼方程式为 $M/P=f(Y_p, W; r_m, r_b, r_e, \frac{1}{P} \cdot \frac{dP}{dt}; \mu)$。

266. A （解析）本题考查传统货币数量说。费雪认为货币量是最活跃的因素，会经常主动地变动，而物价则是主要的被动因素。只要货币量发生变化，马上就会反映到物价上来，引起物价变动。因此，交易方程式所反映的是货币量决定物价水平的理论。

267. B （解析）本题考查通货膨胀的原因。在现代经济生活中，形成通货膨胀的直接原因不仅在于过度的现金发行，更在于过度的信用供给。而且，无论是现金通货，还是存款货币，都是通过信贷供给的。因此，过度的信贷供给是造成通货膨胀的直接原因。

268. D （解析）本题考查费雪方程式。费雪方程式：$MV=PT$，式中，P代表物价水平，T代表商品和劳务的交易量，V代表货币流通速度，M代表货币量。选项B是剑桥方程式。选项C是凯恩斯的货币需求函数。

269. C （解析）本题考查社会融资规模。社会融资规模是一个全面反映金融与经济关系，以及金融对实体经济资金支持的总量指标。

270. B （解析）本题考查货币乘数。货币乘数等于存款准备金率与货币结构比率之和的倒数。

271. C （解析）本题考查货币均衡。结构性货币失衡必须通过经济结构的调整加以解决。

272. A （解析）本题考查剑桥学派的现金余额数量说。庇古认为，货币的价值由货币供求的数量关系决定，假定其他条件不变，物价水平与货币量成正比，货币价值与货币量成反比。选项B属于凯恩斯的货币需求理论的观点，选项C是弗里德曼的观点，选项D是费雪现金交易数量说的观点。

刷进阶

273. D （解析）本题考查弗里德曼的现代货币数量说。弗里德曼认为，货币数量说不是产出、货币收入或物价水平的理论，而是货币需求理论。

274. C （解析）本题考查通货膨胀的含义。无论是西方经济学还是马克思主义货币理论，都把通货膨胀和物价上涨联系在一起，将物价上涨作为通货膨胀的基本标志。

275. D （解析）本题考查货币供给层次的划分。目前一般依据资产的流动性，即各种货币资产转化为通货或现实购买力的能力来划分不同的货币层次。

276. C （解析）本题考查剑桥学派的现金余额数量说。剑桥学派认为，假定其他因素不变，物价水平与货币量成正比，货币价值与货币量成反比。

277. B （解析）本题考查货币失衡的类型。结构性货币失衡往往表现为短缺与滞留并存，经济运行中的部分商品、生产要素供过于求，另一部分又求过于供。

278. B （解析）本题考查货币供给机制。信用创造货币是当代不兑现信用货币制度下货币供给机制的重要内容，而且信用创造货币的功能为中央银行所掌握。商业银行不具备信用创造货币的功能，却具备在中央银行发行货币的基础上扩张信用、创造派生存款的能力。

279. A （解析）本题考查弗里德曼的货币需求函数。恒久性收入越高，所需货币越多，所以恒久性收入与货币需求成正比。而股票、债券、定期存单等的收益率与货币需求的数量成反比。

280. B （解析）本题考查货币均衡。若考虑物价自然上升的因素，流通领域中货币数量的增长应略高于国内生产总值的增长。

刷通关

281. D （解析）本题考查通货膨胀的治理。治理通货膨胀需要采取紧缩的货币政策，抑制社会需求。选项A、C属于扩张的货币政策，选项B属于紧缩的财政政策。

282. A （解析）本题考查抑制型通货膨胀。抑制型通货膨胀是指一国实行物价管制的情况下，商品供给短缺不能由物价上涨来反映，只表现为人们普遍持币待购而使货币流通速度减慢。

283. B （解析）本题考查货币需求。货币需求是有效需求、客观需求，也是一种派生需求（即派生于人们对商品的需求）。

284. B （解析）本题考查货币供给机制。商业银行具有扩张信用、创造派生存款的功能，而中央银行具有的是信用创造货币机制。

第十九章 中央银行与货币政策

刷基础

285. A （解析）本题考查中央银行资产负债表。在国际上，中央银行承担稳定本国币值的重要职责，代表国家管理外汇和货币黄金，外汇、货币黄金及其他国外资产列入资产方的国外资产项目。

286. B （解析）本题考查货币政策工具。货币政策工具包括一般性政策工具、选择性货币政策工具、直接信用控制、间接信用指导。公开市场操作属于一般性政策工具，所以选项 A 错误；道义劝告和窗口指导属于间接信用指导，所以选项 C、D 错误。作为货币政策的工具，必须是与货币运行机制相联系的，并且具有可操作性。

287. B 【解析】本题考查货币政策的中介目标。基础货币是构成货币供应量倍数伸缩的基础，它可以满足可测性与可控性的要求，数字一目了然，数量也易于调控，不少国家把它视为较理想的中介目标。

288. D 【解析】本题考查中央银行的主要业务。中央银行对政府的业务体现在五个方面：代理国库、代理发行国家债券、对国家提供信贷支持、保管外汇和黄金储备、制定并监督执行有关金融管理法规。中央银行代理国库，既为政府提供了财务收支服务，又增强了自身资金实力。

289. C 【解析】本题考查中央银行的业务活动特征。中央银行不经营一般性银行业务或非银行金融业务，不对任何个人、企事业单位、社会团体提供担保或直接发放贷款，其业务服务对象是政府部门、商业银行及其他金融机构。

290. C 【解析】本题考查中央银行的资产负债表。货币当局资产负债表的负债方项目：储备货币、不计入储备货币的金融性公司存款、发行债券、国外负债、政府存款、自有资金、其他负债。

291. A 【解析】本题考查货币政策工具。公开市场操作政策是中央银行在公开市场开展证券交易活动，主动权完全掌握在中央银行手中。

292. D 【解析】本题考查中央银行的主要业务。中央银行对政府的业务包括代理国库、代理发行国家债券、对国家提供信贷支持、保管外汇和黄金储备、制定并监督执行有关金融管理法规。选项 A 属于货币发行业务。选项 B、C 属于对银行的业务。

293. C 【解析】本题考查再贴现的含义。再贴现是指中央银行向持有商业票据等支付工具的商业银行进行贴现的行为。

刷进阶

294. B 【解析】本题考查中央银行的资产负债表。中央银行资产负债表中的资产方包括国外资产、对政府债权、对其他存款性公司债权、对其他金融性公司债权、对非金融性部门债权和其他资产。

295. C 【解析】本题考查中央银行对银行的业务。最后贷款人：当商业银行及其他金融机构资金不足时，可获得中央银行的信用支持。

296. C 【解析】本题考查货币政策的中间目标。可以作为货币政策中间目标的变量指标有：利率、货币供应量、超额准备金或基础货币、通货膨胀率。

297. A 【解析】本题考查消费者信用控制。消费者信用控制的主要内容包括：规定分期付款购买耐用消费品的首付最低金额、还款最长期限、适用的耐用消费品种类等。

298. B 【解析】本题考查货币政策工具。消费者信用控制是指中央银行对不动产以外的各种耐用消费品的销售融资予以控制。

刷通关

299. C 【解析】本题考查中央银行的主要业务。中国人民银行是我国法定的唯一的货币发行机构。

300. A （解析）本题考查中央银行的主要业务。全国清算业务是中央银行主要的中间业务，并由此使中央银行成为全国金融业的清算中心。

301. D （解析）本题考查货币政策目标。货币政策中介目标是介于中央银行的操作目标与最终目标之间的变量指标。

第二十章 商业银行与金融市场

刷基础

302. A （解析）本题考查有效市场理论。半强型效率是证券市场效率的中等程度。如果有关证券公开发表的资料（如公司对外公布的盈利报告等）对证券的价格变动没有任何影响，则证券市场达到半强型效率。

303. B （解析）本题考查商业银行的主要业务。资产业务主要包括票据贴现、贷款业务和投资业务。选项A属于负债业务。选项C、D属于中间业务。

304. B （解析）本题考查商业银行的业务。票据贴现是商业银行应客户的要求，买进未到付款日期的票据。

305. A （解析）本题考查有效市场理论。如果有关证券的历史资料对证券的价格变动没有任何影响，则证券市场达到弱型效率，选项B错误。如果有关证券公开发表的资料对证券的价格变动没有任何影响，则证券市场达到半强型效率，选项C错误。如果有关证券的所有相关信息对证券的价格变动没有任何影响，则证券市场达到强型效率，选项D错误。

306. B （解析）本题考查商业银行经营管理的原则。安全性原则：商业银行在放款和投资等业务经营过程中，要能够按期收回本息，特别要避免本金受损。盈利性原则：商业银行在经营资产业务中，必须获得尽可能高的收益。流动性原则：一是商业银行必须保有一定比例的现金或其他容易变现的资产，二是商业银行取得现款的能力。

307. C （解析）本题考查商业银行的性质。商业银行是唯一能够面向公众吸收活期存款的金融机构。中央银行不以营利为目的，不经营一般性银行业务，不会对工商企业发放贷款，选项A、B错误。中央银行承担货币发行任务，选项D错误。

308. A （解析）本题考查商业银行的负债业务。商业银行外来资金的形成渠道主要是吸收存款、向中央银行借款、从同业拆借市场拆借、发行金融债券、从国际货币市场借款等，其中又以吸收存款为主。

309. B （解析）本题考查商业银行的信用中介职能。信用中介职能：商业银行吸收存款，集中社会上闲置的资金，又通过发放贷款，将集中起来的资金贷放给资金短缺部门，发挥着化货币为资本的作用。

310. C （解析）本题考查债券市场。债券市场既具有货币市场属性，又具有资本市场属性。

刷进阶

311. D （解析）本题考查商业银行的组织形式。美国是单一银行制模式的典型代表。

312. B （解析）本题考查债券市场。短期政府债券市场的流动性在货币市场中是最高的，几乎所有金融机构都参与短期政府债券市场的交易。

313. C （解析）本题考查商业银行的业务。负债业务是形成商业银行资金来源的业务，其全部资金来源包括自有资金和吸收的外来资金两部分。

314. B （解析）本题考查商业票据。商业票据是一种短期无担保证券，是由发行人为了筹措短期资金或弥补短期资金缺口，在货币市场上向投资者发行并承诺在将来一定时期偿付票据本息的凭证。题干中"在货币市场上发行1千万元短期无担保债券"，这种短期无担保债券就属于商业票据。

315. D （解析）本题考查存款保险制度。根据我国的《存款保险条例》，凡是吸收存款的银行业金融机构，包括商业银行（含外商独资银行和中外合资银行）、农村合作银行、农村信用合作社等，都应当投保存款保险。同时，参照国际惯例，外国银行在中国的分支机构以及中资银行海外分支机构的存款原则上不纳入存款保险范围。

316. C （解析）本题考查存款保险制度。存款保险实行限额偿付，最高偿付限额为人民币50万。也就是说，同一存款人在同一家投保机构所有存款账户的本金和利息加起来在50万元以内的，全额赔付；超过50万元的部分，从该投保机构清算财产中受偿。

☑ **刷通关** 　　　　　　　　　　　　举一反三 高效通关

317. D （解析）本题考查同业拆借市场。在国际货币市场上比较典型、有代表性的同业拆借利率是伦敦银行间同业拆借利率。

318. B （解析）本题考查商业银行的职能。商业银行的信用中介职能：商业银行吸收存款，集中社会上闲置的资金，又通过发放贷款，将集中起来的资金贷放给资金短缺部门，发挥着化货币为资本的作用。

319. C （解析）本题考查存款保险制度。根据我国的《存款保险条例》，凡是吸收存款的银行业金融机构，包括商业银行（含外商独资银行和中外合资银行）、农村合作银行、农村信用合作社等，都应当投保存款保险。同时，参照国际惯例，外国银行在中国的分支机构以及中资银行海外分支机构的存款原则上不纳入存款保险范围。

320. C （解析）本题考查债券市场。短期政府债券因其具有违约风险小、流动性强、面额小、收入免税等特点，其流动性在货币市场中是最高的，几乎所有的金融机构都参与短期政府债券市场的交易。

第二十一章　金融风险与金融监管

☑ **刷·基础** 　　　　　　　　　　　　紧扣大纲 夯实基础

321. A （解析）本题考查金融风险。由于金融机构交易系统不完善、管理失误或其他一些人为错误导致的金融风险属于操作风险。

322. B （解析）本题考查金融危机的含义。金融危机会使一国实体经济受到影响，经济增长放缓甚至衰退，严重时还会令金融市场完全崩溃，甚至导致国家破产。

323. C （解析）本题考查次贷危机。次贷危机是一场发生在美国，因次级抵押贷款机构破产、投资基金被迫关闭、股市剧烈震荡引起的金融风暴。

324. B （解析）本题考查我国的金融监管体制。2018年3月21日，中共中央印发《深化党和国家机构改革方案》，决定组建中国银行保险监督管理委员会。

325. A （解析）本题考查2010年巴塞尔协议Ⅲ的主要内容。为增强单家银行以及银行体系维护流动性的能力，2010年巴塞尔协议Ⅲ引入两个流动性风险监管的量化指标，即流动性覆盖率和净稳定融资比率。选项 A 描述的是流动性覆盖率。

326. D 【解析】本题考查金融风险控制论。金融风险控制论认为：银行的利润最大化目标促使其系统内增加有风险的活动，导致系统内的不稳定性。

327. A 【解析】本题考查 1988 年巴塞尔报告。核心资本又称为一级资本，包括实收股本（普通股）和公开储备，这部分至少占全部资本的 50%。

328. C 【解析】本题考查流动性危机。流动性危机是由流动性不足引起的。如果金融机构资产负债不匹配，即"借短放长"则会导致流动性不足以偿还短期债务，因此导致的危机就是流动性危机。

329. D 【解析】本题考查公共利益论的内容。公共利益论认为，监管是政府对公众要求纠正某些社会个体和社会组织的不公平、不公正和无效率或低效率的一种回应。

330. B 【解析】本题考查 2010 年巴塞尔协议Ⅲ的内容。2010 年巴塞尔协议Ⅲ的内容包括：(1)强化资本充足率监管标准；(2)引入杠杆率监管标准；(3)建立流动性风险量化监管标准；(4)确定新监管标准的实施过渡期。选项 B 属于 2003 年新巴塞尔资本协议的内容。

331. A 【解析】本题考查信用风险。由于借款人或市场交易对手的违约(无法偿付或者无法按期偿付)而导致损失的风险属于信用风险。

332. D 【解析】本题考查金融风险。由于市场因素(如利率、汇率、股价以及商品价格等)的波动而导致的金融参与者的资产价值变化的风险是市场风险。

刷进阶　　　　高频进阶　强化提升

333. B 【解析】本题考查 2010 年巴塞尔协议Ⅲ。净稳定融资比率用于度量中长期内银行解决资金错配的能力，它覆盖整个资产负债表，目的是激励银行尽量使用稳定的资金来源。

334. A 【解析】本题考查金融风险的特征。金融风险的不确定性体现在：影响金融风险的因素非常复杂，各种因素相互交织，难以事前完全把握。

335. B 【解析】本题考查金融危机的类型。从国际债务危机、欧洲货币危机到亚洲金融危机，危机主体的一个共同特点在于其钉住汇率制度。

336. B 【解析】本题考查我国金融监管体制的演变。自 20 世纪 80 年代以来，我国的金融监管体制逐渐由单一全能型体制转向独立于中央银行的分业监管体制。

337. B 【解析】本题考查 1988 年巴塞尔报告。1988 年巴塞尔报告的主要内容是确认了监督银行资本的可行的统一标准。

338. D 【解析】本题考查金融危机。从 2007 年春季开始显现的美国次贷危机可以分为三个阶段：第一阶段是债务危机阶段；第二个阶段是流动性危机；第三个阶段是信用危机。

339. D 【解析】本题考查金融监管体制。美国实行以中央银行为重心，其他机构参与分工的监管体制。

340. D 【解析】本题考查 2010 年巴塞尔协议Ⅲ。新标准实施后，商业银行总资本充足率应达到 10.5%。

341. B 【解析】本题考查布雷顿森林体系。布雷顿森林体系实行可调整的固定汇率制度。

刷通关

342. **D** 〖解析〗本题考查市场风险。市场风险是指由于市场因素（如利率、汇率、股价及商品价格等）的波动而导致的金融参与者的资产价值变化。

343. **D** 〖解析〗本题考查我国金融监管体制的演变。根据《中国人民银行法》的规定，由国务院建立监管协调机制，选项 D 错误。

344. **C** 〖解析〗本题考查 1988 年巴塞尔报告。依据 1988 年巴塞尔报告的规定，银行资本充足率，即资本与风险加权资产的比率，不得低于 8%，选项 C 错误。

345. **C** 〖解析〗本题考查巴塞尔协议产生的背景和发展。为了维护成员方的共同利益，加强监管合作，统一监管原则和标准，1975 年 2 月，由国际清算银行发起，西方十国集团以及瑞士和卢森堡 12 国的中央银行成立了巴塞尔银行监管委员会（简称巴塞尔委员会）。

第二十二章 对外金融关系与政策

刷基础

346. **C** 〖解析〗本题考查国际储备的含义和构成。国际储备一般可分为四种类型：货币性黄金、外汇储备、在 IMF 的储备头寸和特别提款权。

347. **B** 〖解析〗本题考查外汇储备。外汇储备是国际储备最主要的组成部分，在非黄金储备中的占比高达 95%以上，选项 A 错误。过多的外汇储备会增加持有储备的机会成本，占用较多的基础货币，导致流动性过剩，给一国带来负面影响，所以并非越多越好，选项 C 错误。外汇储备还可以干预外汇市场，从而稳定本国货币汇率，选项 D 说法错误。

348. **B** 〖解析〗本题考查跨境人民币业务的类型。商业银行在办理境外直接投资人民币结算业务时应履行下列义务：（1）严格进行交易真实性和合规性审查；（2）按照规定报送信息；（3）履行反洗钱和反恐融资义务。

349. **D** 〖解析〗本题考查国际货币体系变迁。1880—1914 年是国际金本位制的黄金时期，铸币平价是各国汇率的决定基础，黄金输送点是汇率变动的上下限。

350. **D** 〖解析〗本题考查汇率制度。在"二战"后布雷顿森林体系下，实行的以美元为中心的固定汇率制度是一种人为的可调整的固定汇率制度。

351. **D** 〖解析〗本题考查国际储备。国际货币基金组织（IMF）的储备头寸是指在国际货币基金组织的普通账户中会员国可以自由提取使用的资产，包括会员国向基金组织缴纳份额中的 25%可自由兑换货币（储备档头寸）和基金组织用去的本币两部分（超储备档头寸）。

352. **D** 〖解析〗本题考查国际货币基金组织。国际货币基金组织贷款的特点有：贷款主要是帮助其成员方解决国际收支问题；贷款是有政策条件的；贷款是临时性的。其常用的贷款种类有备用安排、中期贷款、减贫与增长贷款，其中备用安排是国际货币基金组织最基本、设立最早的一种贷款。选项 A、B、C 错误。

353. **D** 〖解析〗本题考查国际货币基金组织。国际货币基金组织的资金来源包括成员方缴纳的份额和借款。

354. **D** 〖解析〗本题考查汇率制度。金本位制度下的固定汇率是自发的固定汇率制度。

刷进阶

355. D （解析）本题考查国际货币基金组织。选项 A 错误，成员方缴纳的份额是国际货币基金组织主要的资金来源。选项 B 错误，份额的 25% 以特别提款权或主要国际货币缴纳，其余 75% 的份额以本币缴纳。选项 C 错误，国际货币基金组织的借款包括两个借款安排：一般借款总安排和新借款安排。

356. D （解析）本题考查国际储备的构成。国际储备分为四种类型：货币性黄金、外汇储备、IMF 的储备头寸和特别提款权。其中外汇储备是国际储备最主要的组成部分，在非黄金储备中的占比高达 95% 以上。

357. C （解析）本题考查国际货币基金组织。国际货币基金组织是国际货币体系的核心机构，促进国际货币领域的合作是其宗旨之一。

358. C （解析）本题考查国际货币基金组织。减贫与增长贷款是一种低息贷款，用于帮助面临长期国际收支问题的最贫困成员方而设立的。

359. D （解析）本题考查国际货币体系的变迁。世界上第一次出现的国际货币体系是国际金本位制。

360. C （解析）本题考查跨境人民币业务。中央银行间开展货币互换的目标主要有三类：（1）作为应对金融危机的临时措施，在危机期间采用，互相提供流动性支持，增强市场信心，维持市场稳定；（2）作为金融危机的常设预防机制，通过中央银行间建立货币互换的安排构建预防危机的安全网；（3）作为深化双方经济金融合作的措施，促进双边经贸和投资往来。

刷通关

361. B （解析）本题考查国际储备的管理。国际储备的管理实质上是外汇储备的管理。

362. D （解析）本题考查国际储备的组成。国际储备分为四种类型：货币性黄金、外汇储备、IMF 的储备头寸和特别提款权。其中外汇储备是国际储备最主要的组成部分。

363. C （解析）本题考查国际货币基金组织。中期贷款是为解决成员方结构性缺陷导致的严重国际收支问题。选项 A 属于普通贷款的内容，选项 B、D 属于减贫与增长贷款的内容。

364. D （解析）本题考查国际储备的构成。特别提款权是国际货币基金组织根据会员国缴纳的份额无偿分配的，可供会员国用于归还基金组织贷款和会员国政府之间偿付国际收支逆差的一种账面资产。

第二十三章 统计与数据科学

刷基础

365. C （解析）本题考查描述统计。描述统计是研究数据收集、整理和描述的统计学方法。其内容包括如何取得所需要的数据，如何用图表或数学方法对数据进行整理和展示，如何描述数据的一般性特征。

366. A （解析）本题考查变量与数据。定量变量也就是数量变量，变量的取值是数量。选项 B 属于顺序变量。选项 C、D 属于分类变量。

367. A （解析）本题考查变量。当变量的取值表现为类别时被称为分类变量，比如企业所属行业。当变量的取值表现为类别且具有一定顺序时被称为顺序变量，比如员工受教育水平。分类变量和顺序变量统称为定性变量。

368. D （解析）本题考查数据的来源。从使用者的角度看，数据的来源主要有两种：一是直接的调查和科学实验，对使用者来说，这是数据的直接来源，称为直接数据或一手数据；二是别人的调查或实验的数据，对使用者来说，这是数据的间接来源，称为间接数据或二手数据。

369. B （解析）本题考查数据科学。数据科学涉及的范围非常广泛，例如统计学、机器学习、计算机科学、可视化、人工智能、领域知识等。

370. C （解析）本题考查顺序变量。当变量的取值表现为类别且具有一定顺序时被称为顺序变量，比如员工受教育水平。选项A、B、D属于定量变量或数量变量。

371. A （解析）本题考查重点调查。重点调查是一种非全面调查，它是在所要调查的总体中选择一部分重点单位进行的调查。所选择的重点单位虽然只是全部单位中的一部分，但就调查的标志值来说在总体中占绝大比重，调查这一部分单位的情况，能够大致反映被调查对象的基本情况。

372. B （解析）本题考查统计学的两个分支。选项B错误，描述统计和推断统计可以一起发挥作用，具体使用哪种方法取决于要解决的问题。

373. D （解析）本题考查典型调查。典型调查是一种非全面调查，它是有意识地选择若干具有典型意义的或有代表性的单位进行的调查。

☑ 刷进阶　　高频进阶 强化提升

374. A （解析）本题考查变量与数据。销售额为数值型数据，数值型数据可以进行数学运算。

375. A （解析）本题考查统计报表。统计报表是按照国家有关法规的规定，自上而下地统一布置、自下而上地逐级提供基本统计数据的一种调查方式。统计报表要以一定的原始数据为基础，按照统一的表式、统一的指标、统一的报送时间和报送程序进行填报。

376. B （解析）本题考查大数据。大数据的特性包括：数据量大、数据多样性、价值密度低、数据的产生和处理速度快。

377. B （解析）本题考查重点调查。在重点调查中，所选择的重点单位虽然只是全部单位中的一部分，但就调查的标志值来说在总体中占绝大比重。

378. A （解析）本题考查推断统计。假设检验是利用样本信息判断对总体的假设是否成立。

☑ 刷通关　　举一反三 高效通关

379. C （解析）本题考查变量的类型。产品等级是一个顺序变量，变量值表现为一等品、二等品、三等品等。

380. A （解析）本题考查统计调查的方式。抽样调查是从调查对象的总体中抽取一部分单位作为样本进行调查，并根据样本调查结果来推断总体数量特征的一种非全面调查。

381. C （解析）本题考查顺序数据。顺序数据是对顺序变量的观测结果，也表现为类别，一般用文字表述，也可用数值代码表述。如用1表示"硕士及以上"，2表示"本科"，3表示"大专及以下"。

第二十四章　描述统计

刷基础

382. B　**解析**　本题考查分布形态的测度。标准分数可以给出数值距离均值的相对位置,用于比较不同分布的变量值。标准分数=(数值-均值)÷标准差。

383. D　**解析**　本题考查标准分数。对于服从对称的钟形分布的标准分数,约有68%的标准分数在[-1,+1]范围之内,约有95%的标准分数在[-2,+2]范围之内,约有99%的标准分数在[-3,+3]范围之内。

384. B　**解析**　本题考查变量间的相关关系。当一个变量的取值变化完全由另一个变量的取值变化所确定时,称这两个变量间的关系为完全相关。

385. A　**解析**　本题考查众数。众数适用于描述分类数据和顺序数据的集中趋势。

386. B　**解析**　本题考查相关系数。相关系数是度量两个变量间相关关系的统计量。

387. C　**解析**　本题考查分布形态的测度。标准分数可以给出数值距离均值的相对位置,计算方法是用数值减去均值所得的差除以标准差,标准分数=(85-80)/5=1。

388. C　**解析**　本题考查离散系数。离散系数也称为变异系数或标准差系数,即标准差与均值的比值,主要用于不同类别数据离散程度的比较。

389. A　**解析**　本题考查相关系数。Pearson相关系数只适用于线性相关关系的判断,因此$r=0$只表示两个变量之间不存在线性相关关系,并不说明变量之间没有任何关系,比如它们之间可能存在非线性相关关系。

390. C　**解析**　本题考查集中趋势的测度。选项A、D用于测度数据的离散程度。选项B不受极端值影响。

391. A　**解析**　本题考查中位数。中位数是把一组数据按从小到大或从大到小的顺序进行排列,位置居中的数值。将数据从小到大排序:0、1、2、3、5、7、10,位于中间的是3,所以中位数为3。

刷进阶

392. B　**解析**　本题考查偏态系数。偏态系数为0,说明数据的分布是对称的。偏态系数为正,说明分布是右偏的:取值在0~0.5,说明轻度右偏;取值在0.5~1,说明中度右偏;取值大于1说明严重右偏。偏态系数为负,说明分布为左偏:取值在-0.5~0,说明轻度左偏;取值在-0.5~-1,说明中度左偏;取值小于-1,说明严重左偏。本题中,偏态系数为0.2,说明轻度右偏。

393. B　**解析**　本题考查数据离散程度的测度。数据的离散程度越大,集中趋势的测度值对该组数据的代表性就越差。

394. B　**解析**　本题考查集中趋势的测度。众数适于描述分类数据和顺序数据的集中趋势,不适用于定量数据。

395. A　**解析**　本题考查集中趋势的测度。中位数的优点是不受极端值的影响,抗干扰性强,尤其适用于收入这类偏斜分布的数值型数据。

396. A　**解析**　本题考查相关系数。当相关系数$r=-1$时,变量x和y完全负相关。

刷通关

397. B （解析）本题考查集中趋势的测度。先把上述数据按顺序排列，由于有9个数据，是奇数，中位数的位置为(9+1)/2=5，中位数是 1 080 元。均值=(750+780+850+960+1 080+1 250+1 500+1 650+2 000)/9=1 202.2(元)。

398. B （解析）本题考查均值。均值=(57+58+58+60+63+70)/6=61(人)。

399. C （解析）本题考查集中趋势的测度。众数的优点是不受极端值的影响，尤其是分布明显呈偏态时，众数的代表性更好。缺点是没有充分利用数据的全部信息，缺乏稳定性，而且可能不唯一。

400. A （解析）本题考查标准分数。在实际应用中，当数据服从对称的钟形分布时，经验法则表明，约有68%的数据与平均数的距离在1个标准差之内。

第二十五章　抽样调查

刷基础

401. D （解析）本题考查抽样调查基本概念。抽样框是供抽样所用的所有抽样单元的名单，是抽样总体的具体表现。在抽样框中，可以对每个单位编上一个号码，由此可以按一定随机化程序进行抽样。

402. D （解析）本题考查计量误差。计量误差是指由于调查所获得的数据与其真值之间不一致造成的误差。

403. A （解析）本题考查系统抽样。系统抽样指先将总体中的所有单元按一定顺序排列，在规定范围内随机抽取一个初始单元，然后按事先规定的规则抽取其他样本单元。

404. B （解析）本题考查概率抽样与非概率抽样。方便抽样指在抽取样本时，依据方便原则，以达到最大限度降低调查成本的目的。比如"拦截式"调查，在街边或居民小区拦住行人进行调查。

405. A （解析）本题考查抽样框。抽样框是供抽样所用的所有抽样单元的名单，是抽样总体的具体表现。

406. A （解析）本题考查估计量的性质。对于不放回简单随机抽样，所有可能的样本均值取值的平均值总是等于总体均值，这就是样本均值估计量的无偏性。

407. D （解析）本题考查抽样误差。计量误差是由调查人员、问卷设计、受访者等原因造成的。如调查员在调查中有意无意地诱导被调查者；调查中的提问错误或记录答案错误；调查人员有意作弊；由于问卷的原因受访者对调查问题的理解上有偏误；受访者记忆不清；受访者提供虚假数字等。

408. D （解析）本题考查整群抽样。整群抽样是将总体中所有的基本单位按照一定规则划分为互不重叠的群，抽样时直接抽取群，对抽中的群调查其全部的基本单位，对没有抽中的群则不进行调查。

409. C （解析）本题考查抽样方法的分类。抽样方法分为概率抽样和非概率抽样。非概率抽样主要有：判断抽样、方便抽样、自愿抽样、配额抽样。

刷进阶

410. A （解析）本题考查平均发展水平。可以计算算术平均数的一般都是绝对数时间序列。

· 155 ·

411. D （解析）本题考查总体参数。总体参数是根据总体中所有单位的数值计算的。

412. D （解析）本题考查抽样调查基本概念。总体参数是根据总体中所有单位的数值计算的。

413. D （解析）本题考查抽样误差的估计。总体单位值之间差异越大，即总体方差越大，抽样误差越大，选项 A 错误。其他条件相同，样本量越大，抽样误差越小，选项 B 错误。抽样误差与抽样方式和估计量的选择有关系，选项 C 错误。

414. B （解析）本题考查等距抽样。等距抽样是最简单的系统抽样，即将总体 N 个单位按直线排列，根据样本量 n 确定抽样间隔，即抽样间隔$= N/n \approx k$，k 为最接近 N/n 的一个整数。在 $1 \sim k$ 范围内随机抽取一个整数 i，令位于 i 位置上的单位为起始单位，往后每间隔 k 抽取一个单位，直至抽满 n。

415. D （解析）本题考查多阶段抽样。多阶段抽样需要经过两个及两个以上抽样阶段，先从总体中采用随机方法抽取若干个小总体，称为初级单元；再在选中的初级单元中随机抽取若干个单位。

刷通关

416. A （解析）本题考查抽样误差的估计。$\hat{V}(\bar{y}) = \left(1 - \dfrac{n}{N}\right)\dfrac{s^2}{n} = \left(1 - \dfrac{100}{1\,000}\right) \times \dfrac{200}{100} = 1.8$。

417. A （解析）本题考查分层抽样。分层抽样指先按照某种规则把总体分为不同的层，然后在不同的层内独立、随机地抽取样本。

418. C （解析）本题考查样本。从总体中抽取的部分个体称为样本，本题中的样本为抽取的 5 000 个金融行业从业人员。

419. D （解析）本题考查概率抽样。概率抽样的特点：(1)按一定的概率以随机原则抽取样本；(2)总体中每个单元被抽中的概率是已知的，或者是可以计算出来的；(3)当采用样本对总体参数进行估计时，要考虑到每个样本单元被抽中的概率。非概率抽样是调查者根据自己的方便或主观判断抽取样本。

第二十六章　回归分析

刷基础

420. B （解析）本题考查最小二乘法。最小二乘法就是使得因变量的观测值与估计值之间的离差平方和最小来估计参数 β_0 和 β_1 的方法。

421. D （解析）本题考查相关分析与回归分析的区别。选项 A 错误，回归分析中先要明确自变量和因变量。选项 B、C 错误，相关分析研究变量之间相关的方向和相关的程度，回归分析研究变量之间相互关系的具体形式。

422. D （解析）本题考查一元线性回归模型。模型中，β_0 和 β_1 为模型的参数；$\beta_0 + \beta_1 X$ 反映了由于自变量 X 的变化而引起的因变量 Y 的线性变化；误差项 ε 是个随机变量，表示除 X 和 Y 的线性关系之外的随机因素对 Y 的影响，是不能由 X 和 Y 的线性关系所解释的 Y 的变异性。

423. B （解析）本题考查决定系数。决定系数是一元线性回归模型拟合效果的一种测度方法。

> 刷进阶　　　　　　　　　　　　　　　　　　　　　　　　　　高频进阶 强化提升

424. D （解析）本题考查一元线性回归方程模型参数的确定方法。一元线性回归方程模型参数的确定采用的方法是最小二乘法。

425. D （解析）本题考查一元线性回归方程。在一元线性回归方程 $\hat{y}_i = \hat{\beta}_0 + \hat{\beta}_1 x_i$ 中，参数 $\hat{\beta}_1$ 表示当 x 变动 1 个单位时，y 的平均变化量，所以选 D。

> 刷通关　　　　　　　　　　　　　　　　　　　　　　　　　　举一反三 高效通关

426. B （解析）本题考查回归系数的显著性检验。在大样本假定的条件下，回归系数的最小二乘估计量 $\hat{\beta}_0$ 和 $\hat{\beta}_1$ 服从正态分布，可用 t 检验法验证自变量对因变量是否有显著影响。

第二十七章　时间序列分析

> 刷基础　　　　　　　　　　　　　　　　　　　　　　　　　　紧扣大纲 夯实基础

427. C （解析）本题考查时间序列及其分类。相对数时间序列是同类相对数按时间先后顺序排列后形成的序列，例如贡献率和城镇人口比重是相对数时间序列。

428. C （解析）本题考查发展速度与增长速度。环比发展速度是报告期水平与其前一期水平的比值，用 b_i 表示，$b_i = 34\,195.1 \div 30\,311.9 \times 100\% = 112.81\%$。

429. C （解析）本题考查增长量。根据基期的不同确定方法，增长量可分为逐期增长量和累计增长量。

430. B （解析）本题考查"增长1%的绝对值"的作用。在环比增长速度时间序列中，各期的基数不同，因此运用速度指标反映现象增长的快慢时，往往要结合水平指标的分析才能得出正确结论。"增长1%的绝对值"是进行这一分析的指标。

431. C （解析）本题考查平均增长速度的计算方法。利用公式 $\bar{b} = \sqrt[n]{\dfrac{y_n}{y_0}}$，得到平均发展速度 $\sqrt[4]{\dfrac{3\,600}{2\,000}} \approx 116\%$，平均增长速度 = 平均发展速度 - 1 = 16%。

432. C （解析）本题考查增长速度。增长速度是报告期增长量与基期水平的比值。

433. D （解析）本题考查平均增长量的计算。平均增长量 = (81-25)/(5-1) = 56/4 = 14（万元）。

434. B （解析）本题考查时间序列的速度分析。定基发展速度等于相应时期内环比发展速度的连乘积。定基增长速度 = 定基发展速度 - 1。

435. B （解析）本题考查指数平滑法。指数平滑法是利用过去时间序列值的加权平均数作为预测值，即使得第 $t+1$ 期的预测值等于第 t 期的实际观察值与第 t 期预测值的加权平均值。其基本计算公式为：$F_{t+1} = \alpha Y_t + (1-\alpha) F_t$。

> 刷进阶　　　　　　　　　　　　　　　　　　　　　　　　　　高频进阶 强化提升

436. A （解析）本题考查时间序列的序时平均数的计算，利用公式 $\bar{y} = \bar{a}/\bar{b}$，得到 $\bar{a} =$

$$\frac{\frac{40+38}{2}+\frac{38+36}{2}+\frac{36+34}{2}+\frac{34+32}{2}+\frac{32+30}{2}}{6-1}=35, \bar{b}=\frac{\frac{100+96}{2}+\frac{96+98}{2}+\frac{98+100}{2}+\frac{100+102}{2}+\frac{102+98}{2}}{6-1}=99,$$

$$\bar{y}=\frac{35}{99}=35.4\%。$$

437. B **解析** 本题考查间隔不相等的间断时点序列序时平均数的计算。平均职工人数＝[3×(1 000+1 200)/2+2×(1 200+1 600)/2+3×(1 600+1 400)/2]/8＝1 325(万人)。

438. B **解析** 本题考查"增长1%的绝对值"的含义。"增长1%的绝对值"反映同样的增长速度，在不同时间条件下所包含的绝对水平。

439. D **解析** 本题考查环比发展速度的计算。
步骤一，定基增长速度→定基发展速度：定基发展速度＝定基增长速度+1，所以2018年和2019年的定基发展速度分别为110.25%和112.15%；
步骤二，定基发展速度→环比发展速度：环比发展速度等于两个相邻时期的定基发展速度相比，所以环比发展速度＝112.15%/110.25%＝101.72%。

440. A **解析** 本题考查平均发展水平。间隔不相等的间断时点序列序时平均数与间隔相等的间断时点序列序时平均数计算思路相同，都是采用两次平均的思路。

441. D **解析** 本题考查移动平均法。移动平均法使用时间数列中最近k期数据值的平均数作为下期的预测值。$k=3$，则取第4、5、6期的值，第7期的预测值＝(600+600+630)÷3＝610(台)。

刷通关

442. C **解析** 本题考查时点序列的序时平均数的计算。本题属于连续时点、指标变动时才登记的情况。利用公式，得到$\frac{20\times9+10\times6+15\times6+20\times6+40\times3}{9+6+6+6+3}=19$(台)。

443. C **解析** 本题考查发展速度与增长速度。定基发展速度等于相应时期内各环比发展速度的连乘积。

444. D **解析** 本题考查累计增长量。累计增长量等于相应时期逐期增长量之和。

第二十八章　会计概论

刷基础

445. A **解析** 本题考查流动资产。流动资产主要包括货币资金、交易性金融资产、应收票据及应收账款、预付款项、其他应收款、存货等。

446. A **解析** 本题考查会计信息质量要求。重要性，要求企业提供的会计信息应当反映与企业财务状况、经营成果和现金流量等有关的所有重要交易或者事项。较大影响的会计事项要充分、准确的披露，而次要的会计事项可以适当简化或合并反映。

447. A **解析** 本题考查管理会计。管理会计是从财务会计中分离出来的，它利用财务会计、统计及其他有关资料并通过对这些资料进行整理、计算、对比和分析，产生一系列新的信息，用于满足企业内部管理人员编制计划、做出决策、控制经济活动等方面的信息需要，服务于企业加强内部经营管理、加强决策控制、提高经济效益的需要的一套信息处理系统，管理会计主要包括预测分析、决策分析、全面预算、成本控制和责任会计等内容。

448. D （解析）本题考查会计信息质量要求。谨慎性又称为稳定性，要求企业对交易或者事项进行会计确认、计量和报告时应当保持应有的谨慎，不应高估资产或者收益、低估负债或者费用。

449. A （解析）本题考查会计核算职能。会计的核算职能是指会计通过确认、计量、记录、报告，运用一定的方法或程序，利用货币形式，从价值量方面反映企业已经发生或完成的客观经济活动情况，为经济管理提供可靠的会计信息。

450. B （解析）本题考查会计要素确认和计量的基本原则。会计要素确认和计量的基本原则包括：权责发生制原则、配比原则、历史成本原则、划分收益性支出与资本性支出原则。

451. B （解析）本题考查会计的概念。现代会计按照对外提供还是对内提供决策所需信息，分为财务会计和管理会计两大分支。

452. B （解析）本题考查会计要素。资产必须是能够直接或间接给企业带来经济利益的，只有能给企业带来现金流入和经济利益的资源才可以作为资产。待处理财产损益账户属于资产类账户，该账户主要用来核算企业在清查财产过程中查明的各种财产盘盈（不包括固定资产盘盈）、盘亏和毁损的价值。待处理财产损失将来不能给企业带来经济利益的流入，所以它不属于企业的资产。

453. D （解析）本题考查会计要素确认和计量基本原则。企业会计核算应当以权责发生制为基础。

454. C （解析）本题考查货币计量。人民币并不是唯一用来计量企业发生的经济业务的货币，选项C错误。

455. A （解析）本题考查管理会计。管理会计主要包括预测分析、决策分析、全面预算、成本控制和责任会计等。

456. A （解析）本题考查会计核算的基本前提。明确界定会计主体，是会计核算的重要前提，是为了把会计主体的经济业务与其他会计主体以及投资者的经济业务划分开。

457. D （解析）本题考查会计信息质量要求。在会计核算过程中对交易或事项应当区别其重要程度，采用不同的核算方式。一般情况下，对决策者的利益关联度高的和金额占总业务量比重较大的项目应当作为重要项目在财务报表上进行反映。

458. A （解析）本题考查会计要素确认计量的原则。配比原则是指一个会计期间的收入和与其相关的成本、费用应当在该会计期间内确认，并相互配比，以便计算本期损益。

刷进阶　高频进阶 强化提升

459. A （解析）本题考查会计基本前提。会计主体规定了会计核算内容的空间范围。

460. D （解析）本题考查会计核算的具体内容。根据《会计法》规定，应当办理会计手续，进行会计核算的经济业务事项主要有：（1）款项和有价证券的收付；（2）财物的收发、增减和使用；（3）债权、债务的发生和结算；（4）资本的增减；（5）收入、支出、费用、成本的计算；（6）财务成果的计算和处理；（7）需要办理会计手续、进行会计核算的其他事项。

461. A （解析）本题考查会计信息质量要求。实质重于形式要求企业应当按照交易或事项的经济实质进行会计确认、计量和报告，而不应当仅仅以交易或事项的法律形式为依据。如以融资租赁方式租入的固定资产，企业实质上拥有该资产的实际控制权，在会计核算上就将其视为企业的资产。

462. A （解析）本题考查会计要素确认和计量基本原则。根据权责发生制的要求，凡是当期已经实现的收入和已经发生或应当负担的费用，不论款项是否收付，都应当作为当期的收入和费用；凡是不属于当期的收入和费用，即使款项已在当期收付，也不应当作为当期的收入和费用。即企业是按收入的权利和支出的义务是否属于本期，而不是按是否在本期实际收到款项来确认收入、费用的入账时间。

463. D （解析）本题考查会计核算的基本前提。会计核算中产生权责发生制和收付实现制两种记账基础的前提是会计分期。

464. B （解析）本题考查会计信息质量要求。谨慎性原则在会计上的应用是多方面的，如存货在物价上涨时期的计价采用后进先出法，采用成本与可变现净值孰低法对存货进行期末计价，对应收账款计提坏账准备，固定资产采用加速折旧法，对可能发生的资产损失计提减值准备等。

465. B （解析）本题考查会计要素确认和计量的基本原则。凡支出的效益惠及几个会计年度（或几个营业周期）的，应当作为资本性支出，在资产负债表中反映。

466. A （解析）本题考查会计信息质量要求。重要性要求企业提供的会计信息应当反映与企业财务状况、经营成果和现金流量等有关的所有重要交易或者事项。

刷通关 举一反三 高效通关

467. A （解析）本题考查负债的概念。负债是指过去的交易、事项形成的，预期会导致经济利益流出企业的现时义务。选项 B 属于企业在将来要发生的交易或者事项，当前不能作为负债。选项 C 属于企业的资产。选项 D 属于费用。

468. B （解析）本题考查财务会计的范畴。管理会计主要包括预测分析、决策分析、全面预算、成本控制和责任会计等内容，排除选项 A、C、D，只有财务报告是财务会计的范畴。

469. C （解析）本题考查会计的基本职能。预算、检查、考核、分析等手段是会计的监督职能，确认、计量、记录、报告等手段是会计的核算职能。

470. D （解析）本题考查会计核算的具体内容。会计核算的具体内容包括：（1）款项和有价证券的收付；（2）财物的收发、增减和使用；（3）债权、债务的发生和结算；（4）资本的增减；（5）收入、支出、费用、成本的计算；（6）财务成果的计算和处理；（7）需要办理会计手续、进行会计核算的其他事项。

471. C （解析）本题考查会计信息质量要求。实质重于形式要求企业应当按照交易或事项的经济实质进行会计确认、计量和报告，而不应当仅仅按照交易或者事项的法律形式为依据。从经济实质上，如果企业拥有该资产的实际控制权，在会计核算上就将其视为企业的资产。

第二十九章　会计循环

刷基础 紧扣大纲 夯实基础

472. C （解析）本题考查会计计量属性。会计计量属性包括历史成本、重置成本、可变现净值、现值、公允价值。

473. D （解析）本题考查会计报表的分类。选项A按会计报表反映经济内容的不同进行分类。选项B按会计报表的编制主体不同进行分类。选项C按会计报表编制时间范围的不同进行分类。

474. C （解析）本题考查会计计量的概念。会计计量问题是会计的核心问题，贯穿于会计从确认、记录到报告的全过程。

475. B （解析）本题考查会计记录的方法。借贷记账法下账户的基本结构是左方为借方，右方为贷方。

刷进阶 高频进阶 强化提升

476. C （解析）本题考查会计记录的方法。对于负债、所有者权益、收入类账户：期末余额＝期初余额＋本期贷方发生额－本期借方发生额。

477. A （解析）本题考查公允价值的概念。公允价值是指在公平交易中，熟悉情况的交易双方自愿进行资产交换或者债务清偿的金额。

478. B （解析）本题考查会计记录方法。会计记录方法主要包括设置账户、复式记账、填制和审核凭证、登记账簿。

刷通关 举一反三 高效通关

479. A （解析）本题考查会计报告的分类。企业的对外会计报表的编制由财政部统一制定。

480. A （解析）本题考查会计账务处理程序。记账凭证账务处理程序是指对发生的经济业务事项，都要根据原始凭证或汇总原始凭证编制记账凭证，然后直接根据记账凭证逐笔登记总分类账的一种账务处理程序。

第三十章　会计报表

刷基础 紧扣大纲 夯实基础

481. A （解析）本题考查会计报表的编制要求。会计报表的真实可靠，指企业会计报表要真实地反映交易或事项的实际情况，不能人为扭曲，会计报表应当根据经过审核的会计账簿记录和有关资料编制，这是保证会计报表质量的重要环节。

482. C （解析）本题考查资产负债表的格式和内容。资产类项目的排列顺序是按照其流动性进行排列的，即按照变现速度顺序进行排列。流动性强的项目排在前面，越排在前面，其变现速度越快；流动性差的项目排在后面，越排在后面，其变现速度越慢。

483. C （解析）本题考查现金流量表的概念。现金流量表是反映企业在一定会计期间内有关现金和现金等价物的流入和流出的报表。

484. D （解析）本题考查利润表。利润表主要是依据权责发生制原则和配比原则的要求，把一定会计期间的营业收入与同一会计期间的营业费用(成本)相配比，以"收入－费用＝利润"的会计等式为基础，按照各项收入、费用以及构成利润的各个项目分类分项编制而成的。

485. B （解析）本题考查现金流量表的编制方法。选项A、C属于经营活动产生的现金流量；选项D属于筹资活动产生的现金流量；选项B属于投资活动产生的现金流量。

486. B （解析）本题考查利润表。营业利润＝营业收入－营业成本－税金及附加－销售费用－

管理费用-研发费用-财务费用-资产减值损失-信用减值损失+其他收益+投资收益+公允价值变动收益+资产处置收益=4 500-3 400-200-90-80-20=710(万元)。利润总额=营业利润+营业外收入-营业外支出=710+120-20=810(万元)。

487. D （解析）本题考查资产负债表。选项B、C属于非流动资产，流动性差。流动资产在资产负债表上的排序为货币资金、应收票据及应收账款、预付款项、其他应收款、存货和待摊费用等。排序越靠前，流动性越强。

488. A （解析）本题考查资产负债表。在资产负债表上流动资产类的项目排序为货币资金、应收票据及应收账款、预付款项、其他应收款、存货和待摊费用等。

489. D （解析）本题考查资产负债表。我国采用账户式资产负债表格式。

490. C （解析）本题考查资产负债表。非流动资产包括变现能力在一年或一个经营周期以上的资产。在资产负债表上的排序为长期股权投资、固定资产、在建工程、无形资产和其他非流动资产等。

491. B （解析）本题考查现金流量表的编制。选项A、C属于"投资活动产生的现金流量"。选项D属于"筹资活动产生的现金流量"。

492. D （解析）本题考查会计信息的内容。有关企业财务状况的信息，主要通过资产负债表来反映。有关企业经营成果的信息主要通过利润表来反映。有关企业现金流量的信息主要通过现金流量表来反映。

493. C （解析）本题考查资产负债表的编制。根据若干总账科目期末余额分析计算填列的项目，如货币资金、未分配利润。资本公积是根据总账科目的期末余额直接填列的，固定资产、其他应收款是根据总账科目期末余额与其备抵科目抵消后的数据填列的。

494. D （解析）本题考查资产负债表。负债类项目按照到期日的远近进行排列，先到期的排在前面，后到期的排在后面。

495. D （解析）本题考查资产负债表的编制方法。"预收款项"根据"应收账款""预收账款"账户所属明细账贷方余额之和填列，即3 000+2 000=5 000(元)。

496. A （解析）本题考查资产负债表的编制方法。资产负债表的大部分项目，如"短期借款""应付职工薪酬""应交税费""实收资本""资本公积""盈余公积"等项目，根据总账科目的期末余额直接填列。预收款项、其他应付款根据有关明细期末余额分析计算填列；存货根据总账科目和明细科目余额分析计算填列。

497. C （解析）本题考查会计报告的分类。按照会计报表编报主体的不同，可以将会计报表分为个别会计报表和合并会计报表。

刷进阶   高频进阶 强化提升

498. A （解析）本题考查会计记录。按提供信息的详细程度及其统驭关系分类，账户可以分为总分类账户和明细分类账户。

499. B （解析）本题考查会计记录的方法。负债、所有者权益、收入类账户增加记贷方，资产、成本、费用类账户增加记借方。负债类账户的期末余额在贷方。

500. A （解析）本题考查资产负债表的编制。"其他应付款"项目，根据"其他应收款"和"其他应付款"两个总账科目所属明细科目期末贷方余额之和填列，即5 000+2 000=7 000(元)。

501. B （解析）本题考查现金流量表。企业发生的经济业务，若只是涉及现金各项目之间的变动或非现金项目之间的增减变动，不会发生现金流量；只有发生的经济业务涉及现金各项目与非现金各项目之间的增减变动时，才会影响现金流量。只有选项B出售固定资产取得价款，使得现金流入增加，引起现金流量变动。

502. C （解析）本题考查利润表。营业利润=营业收入-营业成本-税金及附加-销售费用-管理费用-研发费用-财务费用-资产减值损失-信用减值损失+其他收益+投资收益+公允价值变动收益+资产处置收益。

503. B （解析）本题考查资产负债表。资产负债表是反映企业在某一特定日期财务状况的会计报表。

504. B （解析）本题考查负债的特征。负债的特征包括：(1)企业的负债只能由过去的交易活动或本期经济业务形成，且必须于未来某一特定时期予以清偿的现时义务；(2)负债必须有其可用货币额反映的价值量；(3)必须是企业现行条件下已承担的预期会造成经济利益流出企业的现时义务。选项B属于资产的特征。

505. C （解析）本题考查经济业务发生所引起的会计要素的变动。选项C错误，根据"资产=负债+所有者权益"等式，负债与所有者权益同时等额增加，会破坏这一公式的平衡性。

506. D （解析）本题考查会计记录方法。对于资产、成本、费用类账户：期末余额=期初余额+本期借方发生额-本期贷方发生额。对于负债、所有者权益、收入类账户：期末余额=期初余额+本期贷方发生额-本期借方发生额。

507. C （解析）本题考查资产负债表。资产负债表是反映企业在某一特定日期财务状况的静态报表，利润表是反映企业在一定会计期间经营成果的动态报表，选项A错误。资产负债表有账户式和报告式两种，选项B错误。利润表所提供的信息可以评价企业的经济效益、盈利能力、评价或考核企业经营管理者的经营业绩和盈利能力，选项D错误。

508. C （解析）本题考查现金流量表。支付给职工以及为职工支付的现金属于经营活动产生的现金流量。

刷通关 举一反三 高效通关

509. D （解析）本题考查现金流量表的编制。选项A、B属于"经营活动产生的现金流量"。选项C属于"投资活动产生的现金流量"。

510. B （解析）本题考查现金流量表。在我国，正表是现金流量表的主体，采用报告式。

511. C （解析）本题考查资产负债表。流动负债包括短期借款、应付票据及应付账款、预收款项、应付职工薪酬、应交税费、应付股利、其他应付款等。选项A、B、D都是资产类项目。

512. A （解析）本题考查资产负债表的排序。资产类项目的排列顺序是按照其流动性进行排列的，即按照变现能力顺序进行排列。越排在前面，其变现速度越快。

513. C （解析）本题考查营业利润的计算。营业利润=营业收入-营业成本-税金及附加-销售费用-管理费用-研发费用-财务费用-资产减值损失-信用减值损失+其他收益+投资收益+公允价值变动收益+资产处置收益=100-70-15=15（万元）。

514. B （解析）本题考查现金流量表。我国企业按直接法编制现金流量表正表，在补充资料中提供按间接法将净利润调节为经营活动现金流量的信息。

第三十一章 财务报表分析

刷基础

515. A 〔解析〕本题考查资产负债率。资产负债率也称负债比率或举债经营比率,是指负债总额对全部资产总额之比,用来衡量企业利用债权人提供资金进行经营活动的能力,反映债权人发放贷款的安全程度。

516. C 〔解析〕本题考查偿债能力分析。流动比率=流动资产/流动负债,一般维持在2∶1左右。速动比率=速动资产/流动负债,一般维持在1∶1,现金比率=现金/流动负债,因为流动资产>速动资产>现金的数量,所以应该选 C。

517. D 〔解析〕本题考查偿债能力分析。已获利息倍数用来衡量盈利能力对债务偿付的保证程度,选项 D 错误。

518. B 〔解析〕本题考查盈利能力分析。盈利能力分析运用的财务比率指标主要有:营业利润率、营业净利润率、资产净利润率、资本收益率、净资产收益率、普通股每股收益、市盈率、资本保值增值率。

519. A 〔解析〕本题考查盈利能力分析。净资产收益率反映所有者对企业投资部分的盈利能力,其越高,说明企业所有者权益的盈利能力越强。

520. C 〔解析〕本题考查偿债能力分析。普通股每股收益、市盈率反映的是盈利能力。总资产周转率反映的是营运能力。

521. D 〔解析〕本题考查营运能力分析。流动资产周转率反映企业流动资产的利用效率。速动比率反映企业短期内可变现资产偿还短期内到期债务的能力。产权比率用来表明由债权人提供的和由投资者提供的资金来源的相对关系,反映企业基本财务结构是否稳定。总资产周转率反映企业全部资产的使用效率。

刷进阶

522. C 〔解析〕本题考查营运能力分析。应收账款周转次数=营业收入净额/应收账款平均余额;营业收入净额=营业收入-销售退回、折让和折扣;应收账款平均余额=(期初应收账款+期末应收账款)/2。营业收入净额=200-30-10=160(万元);应收账款平均余额=(60+100)/2=80(万元);应收账款周转次数=160/80=2(次)。

523. D 〔解析〕本题考查盈利能力分析。资本保值增值率=期末所有者权益/期初所有者权益×100%=(2 780+220+400+180)/(2 480+520+300+750)×100%≈88%。

524. C 〔解析〕本题考查偿债能力分析。计算速动比率时,从流动资产中扣除存货的主要原因是存货变现能力较差。

525. A 〔解析〕本题考查偿债能力分析。流动比率=流动资产/流动负债=800/400=2。

刷通关

526. B 〔解析〕本题考查偿债能力分析。速动比率=速动资产/流动负债=(流动资产总额-存货)/流动负债=(8 000-5 000)/6 000=0.5。

527. C 〔解析〕本题考查营运能力分析。总资产周转率是企业营业收入净额与全部资产的平均余额的比率,反映企业全部资产的使用效率,其计算公式为:总资产周转率=营业收入净额/总资产平均余额。

528. A （解析）本题考查盈利能力分析。资本保值增值率是反映企业盈利能力的指标。

529. A （解析）本题考查偿债能力分析指标。速动资产是企业在短期内可变现的资产，其金额是用流动资产减去存货。

530. C （解析）本题考查营运能力分析指标。总资产周转率是企业营业收入净额与全部资产的平均余额的比率，反映企业全部资产的使用效率。

531. B （解析）本题考查盈利能力分析指标。普通股每股收益能反映普通股每股的盈利能力，每股收益越多，说明每股盈利能力越强。影响普通股每股收益的因素有两个方面，一是企业的获利水平，二是企业的股利发放政策。

第三十二章　政府会计

刷基础

532. D （解析）本题考查政府会计。在政府财务会计要素中，资产、负债和净资产应当列入资产负债表。

533. B （解析）本题考查政府会计。在政府财务会计要素中，收入和费用应当列入收入费用表。

534. C （解析）本题考查政府会计。政府会计由预算会计和财务会计构成。预算会计提供与政府预算执行有关的信息，实行收付实现制，国务院另有规定的，依照其规定。

535. B （解析）本题考查政府会计。政府会计由预算会计和财务会计构成。财务会计提供与政府的财务状况、运行情况（含运行成本）和现金流量等有关信息，实行权责发生制。

536. D （解析）本题考查政府会计。政府财务会计要素包括资产、负债、净资产、收入和费用。

537. D （解析）本题考查政府会计。在政府会计要素中，流动资产是指预计在1年内（含1年）耗用或者可以变现的资产，包括货币资金、短期投资、应收及预付款项、存货等。

刷进阶

538. A （解析）本题考查政府会计。在政府会计要素中，非流动资产是指流动资产以外的资产，包括固定资产、在建工程、无形资产、长期投资、公共基础设施、政府储备资产、文物文化资产、保障性住房和自然资源资产等。

539. C （解析）本题考查政府会计。在政府会计要素中，非流动负债是指流动负债以外的负债，包括长期应付款、应付政府债券和政府依法担保形成的债务等。

540. A （解析）本题考查政府会计。在政府财务会计要素中，净资产是指政府会计主体资产扣除负债后的净额。

541. D （解析）本题考查政府会计的构成。预算收入、预算支出和预算结余应当列入政府决算报表。

刷通关

542. A （解析）本题考查政府会计。预算支出是指政府会计主体在预算年度内依法发生并纳入预算管理的现金流出。

543. B 〔解析〕本题考查政府会计。结余资金是指年度预算执行终了，预算收入实际完成数扣除预算支出和结转资金后剩余的资金。

544. D 〔解析〕本题考查政府会计。预算收入、预算支出和预算结余应当列入政府决算报表。

第三十三章　法律对经济关系的调整

刷基础

545. D 〔解析〕本题考查法律对经济关系调整经历的阶段。进入当代社会，法律体系重新整合，民法、商法和经济法共同对经济关系进行调整，同时，社会保障法、环境保护法等新兴法律部门也成为调整经济关系的辅助性法律部门。

546. A 〔解析〕本题考查"调整经济的法"和"经济法"的区别。选项 B 错误，"调整经济的法"和"经济法"是两个不同的概念。选项 C 错误，"调整经济的法"是一国所有调整经济关系的法律规范的总和。选项 D 错误，物权法是民商法而不属于经济法。

刷进阶

547. B 〔解析〕本题考查民商法。在对市场经济进行规制的法律体系中，民商法处于基本法的地位。

第三十四章　物权法律制度

刷基础

548. D 〔解析〕本题考查物权的种类。根据物权的发生是否基于当事人的意思，可将物权分为法定物权和意定物权。

549. C 〔解析〕本题考查共有。按份共有中，除共有人另有约定外，对共有物的处分和重大修缮行为需获得占份额三分之二以上共有人的同意。

550. B 〔解析〕本题考查担保物权。担保物权主要有抵押权、质权、留置权。

551. A 〔解析〕本题考查预告登记。预告登记后，债权消灭或者自能够进行不动产登记之日起 3 个月内未申请登记的，预告登记失效。

552. B 〔解析〕本题考查所有权的概念和法律特征。所有权是一种独占的支配权，所有人对其财产享有的所有权，可以依法排斥他人的非法干涉，不允许其他任何人加以妨碍或者侵害。

553. D 〔解析〕本题考查共有。在按份共有中，共有人除另有约定之外，对共有物的处分和重大修缮行为需获得占份额三分之二以上共有人的同意，而对共有物的一般保存行为和简易修缮，则可以单独进行。

554. D 〔解析〕本题考查质权。根据《中华人民共和国物权法》（以下简称《物权法》）第 223 条规定，下列权利可以出质：(1)汇票、支票、本票；(2)债券、存款单；(3)仓单、提单；(4)可以转让的基金份额、股权；(5)可以转让的注册商标专用权、专利权、著作权等知识产权中的财产权；(6)应收账款；(7)法律、行政法规规定可以出质的其他财产权利。

参考答案及解析

555. **D** （解析）本题考查物权的概念和特征。作为物权客体的物必须是独立物和有体物，而不可能是行为。无论是自己还是他人的身体都不可成为物权支配的对象。人体器官在未经合法程序和手段与人体分离之前，也不可成为物权的客体。

556. **D** （解析）本题考查按份共有。《物权法》规定，处分按份共有的不动产或者动产以及对共有的不动产或者动产作重大修缮的，应当经占份额三分之二以上的按份共有人同意，但共有人之间另有约定的除外。本题中"甲占该房屋70%份额"，达到了份额三分之二以上，所以无须经过他人同意了。

557. **C** （解析）本题考查地役权。地役权是指按照合同约定利用他人的不动产，以提高自己不动产效益的权利。需要利用他人土地才能发挥效用的土地，称为需役地；提供给他人使用的土地，称为供役地。

558. **C** （解析）本题考查抵押权。根据《物权法》的规定，需要进行抵押登记的财产主要有：（1）建筑物和其他土地附着物；（2）建设用地使用权；（3）以招标、拍卖、公开协商等方式取得的荒地等土地承包经营权；（4）正在建造的建筑物。这些抵押财产都是不动产，对于这些不动产抵押，抵押权自登记时设立。

559. **B** （解析）本题考查物权的概念和特征。物权客体的物必须是独立物和有体物，而不可能是行为，选项B错误。

560. **D** （解析）本题考查抵押权。下列财产可以作为抵押权的标的：（1）建筑物和其他土地附着物；（2）建设用地使用权；（3）以招标、拍卖、公开协商等方式取得的荒地等土地承包经营权；（4）生产设备、原材料、半成品、产品；（5）正在建造的建筑物、船舶、航空器；（6）交通运输工具；（7）法律、行政法规未禁止抵押的其他财产。选项A、B、C都属于禁止抵押的财产。

561. **C** （解析）本题考查所有权的取得。添附包括混合、附合和加工三种情形。附合是指不同所有人的财产互相结合而形成新的财产，虽然该新财产未到达混合的程度，但非经拆毁不能回复到原来的状态。选项A、B、D属于加工行为。

刷进阶 高频进阶 强化提升

562. **A** （解析）本题考查合同的担保。选项A错误，企业法人可以作为保证人，企业法人的分支机构不可以作为保证人。

563. **D** （解析）本题考查所有权的取得。先占是指民事主体以所有的意思占有无主动产而取得其所有权的法律事实。先占应具备以下构成要件：标的须为无主物；标的须为动产；行为人须以所有的意思占有无主物。

564. **D** （解析）本题考查担保物权。《物权法》第239条规定："同一动产上已设立抵押权或者质权，该动产又被留置的，留置权人优先受偿。"

565. **A** （解析）本题考查业主的建筑物区分所有权。根据《物权法》，业主将住宅改为经营性用房的，除遵守法律、法规以及管理规约外，应当经有利害关系的业主同意。

566. **D** （解析）本题考查物权法的基本原则。一物一权原则的具体内容包括：（1）一个特定的标的物上只有一个所有权；（2）同一物上不得设有两个以上相互冲突和矛盾的物权。

567. **C** （解析）本题考查建设用地使用权。划拨土地没有期限的限制，为了切实加强土地调控，要严格限制以划拨方式设立建设用地使用权，选项C错误。

568. **B** （解析）本题考查质权。根据《物权法》第223条规定，下列权利可以出质：（1）汇票、支票、本票；(2)债券、存款单；(3)仓单、提单；(4)可以转让的基金份额、股权；(5)可以转让的注册商标专用权、专利权、著作权等知识产权中的财产权；(6)应收账款；(7)法律、行政法规规定可以出质的其他财产权利。

569. A （解析）本题考查物权的种类。选项A错误，用益物权的标的物主要是不动产。

570. B （解析）本题考查按份共有。处分按份共有的不动产或者动产以及对共有的不动产或者动产作重大修缮的，应当经占份额三分之二以上的按份共有人同意，但共有人之间另有约定的除外。本题中"甲占该船70%份额"，达到了份额三分之二以上，所以无须经过他人同意了。

刷通关 举一反三 高效通关

571. B （解析）本题考查所有权的取得。继受取得是指通过一定的法律行为或基于法定的事实从原所有人处取得所有权。这种取得方式须以原所有人对该项财产的所有权作为取得的前提条件。

572. A （解析）本题考查质权。选项A错误，质权的设立必须转移占有，以某些特定财产作质物时，还必须依法办理登记手续。

573. B （解析）本题考查物权的分类。根据物权的权利人行使权利的范围不同，物权可以分为自物权和他物权。

574. D （解析）本题考查用益物权。用益物权包括土地承包经营权、建设用地使用权、宅基地使用权和地役权。抵押权属于担保物权。

575. B （解析）本题考查合同权利的转让。债权人转让权利，应当通知债务人，并不需要债务人的同意，选项B错误。

576. C （解析）本题考查不动产登记。不动产转移登记前后的权利主体不一致。登记前后的权利主体一致的是变更登记，选项C错误。

第三十五章　合同法律制度

刷基础 紧扣大纲 夯实基础

577. C （解析）行为人与相对人以虚假的意思表示签订的合同属于无效合同，所以选项C正确。

578. A （解析）本题考查效力存在瑕疵的合同。13岁为限制民事行为能力人，但是其购买钢笔和获赠墨水的合同与其年龄、智力、精神健康状况相适应，因此该合同为有效合同，不必经法定代理人追认。

579. A （解析）本题考查合同的订立。受要约人对要约的内容做出实质性变更的，为新要约。

580. A （解析）本题考查同时履行抗辩权。同时履行抗辩权是指双务合同中当事人在没有约定先后履行顺序时，一方在对方未进行对待给付之前，有拒绝履行自己的合同义务的权利。

581. A （解析）本题考查违约责任。当事人约定由第三人向债权人履行债务的，第三人不履行债务或者履行债务不符合约定，债务人应当向债权人承担违约责任。由此可见，甲履行债务不符合约定，应当由乙对丙承担违约责任。乙再向甲追究违约责任。

参考答案及解析

582. D （解析）本题考查承诺。承诺通知到达要约人时生效。

583. B （解析）本题考查混同的概念。混同是指债权与债务同归于一人而使合同关系终止的事实。

584. C （解析）本题考查债权人的撤销权。债权人的撤销权是指当债务人减少其财产的行为危害债权实现时，债权人为保全其债权得请求法院撤销债务人该行为的权利。

585. C （解析）本题考查合同的转让。《中华人民共和国合同法》(以下简称《合同法》)第84条规定，债务人将合同的义务全部或者部分转移给第三人的，应当经债权人同意。可见，取得债权人的同意是合同义务转让的有效条件之一。

586. B （解析）本题考查免除债务。债务免除是指债权人免除债务人的债务而使合同关系消灭的法律行为。《合同法》第105条规定："债权人免除债务人部分或者全部债务的，合同的权利义务部分或者全部终止。"可见，债的免除可以是部分免除或者是全部免除，而引起合同关系终止原因是指债权人对债务人的全部债务予以免除的情况，即因债权人免除债务人的全部债务而使合同的权利义务全部终止。所以选项B说法是错误的，不需要经过债务人同意。

587. D （解析）本题考查不安抗辩权。不安抗辩权是指在双务合同中有先给付义务的当事人在有证据证明后给付人具有丧失或者可能丧失履行债务能力的情况时，可以中止自己先给付义务的履行。本题甲属于先履行给付义务的人，所以他可以主张不安抗辩权。

588. A （解析）本题考查要约。要约人确定了承诺期限的要约不可撤销，选项A正确。

589. C （解析）本题考查先履行抗辩权。选项C错误，先履行抗辩权是一种延期抗辩权，只能使对方的请求权延期，而不能消灭对方的请求权。

590. D （解析）本题考查合同的保全。债权人行使代位权并无时间限制。

591. A （解析）本题考查合同的订立。在要约生效后，受要约人尚未发出承诺通知之前，要约人可以要求撤销该要约。该题中"要约作废"的函件是要约生效后到达的，所以只能是撤销。

592. B （解析）本题考查抵销的概念。抵销是指当事人双方相互负有同种类的给付义务时，将两项义务相互冲抵，使其相互在对等额内消灭。

593. C （解析）本题考查合同的生效要件。合同生效的法律要件主要包括主体合格、内容合法、意思表示真实、合同的形式合法。

594. A （解析）本题考查债权人的代位权。债权人的代位权是以自己的名义行使债务人的权利，选项B错误。债权人以诉讼的方式行使代位权，不须征得债务人的同意，选项C错误。代位权涉及第三人，故代位权的行使将涉及债权人、债务人和第三人之间的效力，选项D错误。

刷进阶　高频进阶 强化提升

595. B （解析）本题考查单务合同。单务合同是指合同当事人一方只负有义务而不享有权利，另一方只享有权利而不负担义务的合同。赠与合同和借用合同是单务合同。买卖合同、租赁合同、银行借款合同是双务合同。

596. D （解析）本题考查合同的履行。先履行抗辩权是指双务合同中履行义务顺序在后的一方当事人，在履行义务顺序在先的一方当事人没有履行或不适当履行义务时，拒绝先履行一方请求其履行义务的权利。

597. B <u>解析</u> 本题考查合同保全的法律特征。合同抵销属于合同终止的方式，选项 B 错误。

598. D <u>解析</u> 本题考查合同的订立。缔约过失责任是指在订立合同过程中，因一方当事人的过失给对方造成损失所应承担的民事责任。

599. A <u>解析</u> 本题考查抵押权。《物权法》第184条规定了禁止抵押的财产：(1)土地所有权；(2)耕地、宅基地、自留地、自留山等集体所有的土地使用权，但法律规定可以抵押的除外；(3)学校、幼儿园、医院等以公益为目的的事业单位、社会团体的教育设施、医疗卫生设施和其他社会公益设施；(4)所有权、使用权不明或有争议的财产；(5)被依法查封、扣押、监管的财产；(6)法律、行政法规规定不得抵押的其他财产。

600. B <u>解析</u> 本题考查合同的终止。提存是指债务人在债务已届履行期时，将无法给付的标的物交给提存机关，以消灭债务的行为。

601. C <u>解析</u> 本题考查合同的履行。如果履行地点不明确，给付货币的，在接受货币一方所在地履行；交付不动产的，在不动产所在地履行；其他标的，在履行义务一方所在地履行。

602. D <u>解析</u> 本题考查合同的担保。国家机关和学校、幼儿园、医院等以公益为目的的事业单位、社会团体以及企业法人的分支机构、职能部门均不得作为保证人。

603. C <u>解析</u> 本题考查承担违约责任的方式。承担违约责任的方式有：继续履行；支付违约金；违约损害赔偿。定金属于合同担保的方式。

604. D <u>解析</u> 本题考查要约。要约发出后，要约人可以撤回该要约；在要约生效后，受要约人尚未发出承诺通知之前，要约人可以要求撤销该要约。所以要约可以撤回也可以撤销，选项 D 错误。

刷通关 举一反三 高效通关

605. A <u>解析</u> 本题考查合同的保全。因债务人放弃其到期债权对债权人造成损害的，债权人可以请求人民法院撤销债务人的行为。

606. D <u>解析</u> 本题考查同时履行抗辩权。同时履行抗辩权，是指当事人互负债务，没有先后履行顺序的，应当同时履行；一方在对方履行之前有权拒绝其履行要求，一方在对方履行债务不符合约定时，有权拒绝其相应的履行要求。

607. B <u>解析</u> 本题考查违约责任。选项 B 错误，当事人一方因第三人的原因造成违约的，应当向对方承担违约责任。

608. B <u>解析</u> 本题考查合同的分类。保管合同、借用合同都属于实践合同。

609. B <u>解析</u> 本题考查预期违约。预期违约即在合同有效成立后履行期限届满前的违约行为。我国《合同法》第108条规定："当事人一方明确表示或者以自己的行为表明不履行合同义务的，对方可以在履行期届满之前要求其承担违约责任"。

610. A <u>解析</u> 本题考查合同的订立。受要约人超过承诺期限发出承诺的，除要约人及时通知受要约人该承诺有效的以外，为新要约，选项 B 错误。承诺只能撤回，不能撤销，选项 C、D 错误。

611. B <u>解析</u> 本题考查合同的解除。选项 B 错误，解除权是一种形成权，即只要解除权人将解除合同的单方意思表示通知对方即可产生解除合同的效力，而不必经对方的同意。

第三十六章 公司法律制度

✓ 刷基础

612. **D** (解析) 本题考查监事会。股份有限公司设监事会,其成员不得少于3人。

613. **D** (解析) 本题考查有限责任公司股权转让。股东向股东以外的人转让股权的,应当经其他股东半数以上同意。

614. **D** (解析) 本题考查清算组的职权。清算组在清算期间行使下列职权:清理公司财产,分别编制资产负债表和财产清单;通知、公告债权人;处理与清算有关的公司未了结的业务;清缴所欠税款以及清算过程中产生的税款,清理债权、债务,处理公司清偿债务后的剩余财产,代表公司参与民事诉讼活动。

615. **C** (解析) 本题考查公司的设立条件。有限责任公司由50个以下股东出资设立。

616. **C** (解析) 本题考查公司的特征。公司章程作为规范公司的组织和活动的基本规则,对内是公司的"自治宪法",对公司、股东、董事、监事、高级管理人员具有约束力,选项C错误。

617. **B** (解析) 本题考查公司的治理结构。下列事项必须经代表三分之二以上表决权的股东通过:修改公司章程、增加或者减少注册资本的决议,以及公司合并、分立、解散或者变更公司形式的决议。

618. **A** (解析) 本题考查有限责任公司的股东会议事规则。下列事项必须经代表三分之二以上表决权的股东通过:修改公司章程、增加或减少注册资本的决议,以及公司合并、分立、解散或变更公司形式的决议。

619. **C** (解析) 本题考查公司的特征。作为法人的公司具有的特征:(1)依法设立;(2)公司有独立的财产,公司的财产与股东个人的财产相分离;(3)公司有自己的名称、组织机构和场所,公司能够以自己的名义从事民商事活动并独立承担民事责任。

620. **B** (解析) 本题考查监事会。股份有限公司的监事会应当包括股东代表,监事可以提议召开临时股东大会会议,监事会成员不得少于3人。选项A、C、D错误。

621. **C** (解析) 本题考查公司名称制度。《企业名称登记管理实施办法》第22条规定:"设立公司应当申请名称预先核准。"公司名称经预先核准后,预先核准的公司名称保留期为6个月。

622. **A** (解析) 本题考查股东的义务。公司的董事、监事和高级管理人员应当遵守法律、行政法规和公司章程,对公司负有忠实义务和勤勉义务,选项A错误。

623. **A** (解析) 本题考查公司的董事、监事、高级管理人员的任职资格。因贪污、贿赂、侵占财产、挪用财产或者破坏社会主义市场经济秩序,被判处刑罚,执行期满未逾5年的,没有资格担任公司的董事、监事、高级管理人员。选项A已经超过6年,所以选举有效。

✓ 刷进阶

624. **A** (解析) 本题考查公司治理结构。在有限责任公司中,股东名册具有证明股东地位、确认股东投资数额的效力。

625. **D** (解析) 本题考查公司的特征。一般而言,公司具有如下特征:(1)公司是以营利为目的的经济组织；(2)公司具备法人资格；(3)公司以章程为存在和活动的根据。

626. D （解析）本题考查股份有限公司的股份转让。董事、监事、高级管理人员在任职期间每年转让的股份不得超过其所持有本公司股份总数的25%。

627. C （解析）本题考查公司的分类。国有独资公司是我国公司法规定的一种特殊形式的有限责任公司。

628. D （解析）本题考查股东的权利。持有公司全部股东表决权10%以上的股东，可以请求人民法院解散公司。

629. A （解析）本题考查公司治理结构。根据《中华人民共和国公司法》规定，有限责任公司可以设经理，经理对董事会负责，行使职权。

630. B （解析）本题考查公司法基本制度。预先核准的公司名称保留期为6个月，选项B错误。

631. B （解析）本题考查公司章程制度。股份有限公司股东大会做出修改公司章程的决议，必须经出席会议的股东所持表决权的三分之二以上通过。

632. C （解析）本题考查股东。选项C错误，有限责任公司董事会成员为3~13人，股份有限公司董事会成员为5~19人。

633. D （解析）本题考查公司的清算。有限责任公司的清算组由股东组成，股份有限公司的清算组由董事或者股东大会确定的人员组成。

634. C （解析）本题考查上市公司组织机构的特别规定。上市公司治理结构的特别规定有：上市公司设独立董事制度；关联董事的回避制度；上市公司的特别决议事项制度；上市公司的财务披露义务。选项A、B、D不是特别规定。

635. D （解析）本题考查股份有限公司的股份转让。在公司收购本公司股份时，公司合计持有的本公司股份不得超过本公司已发行股份总额的10%，并应当在3年内转让或注销的情形包括：(1)将股份用于员工持股计划或者股权激励；(2)将股份用于转换上市公司发行的可转换为股票的公司债券；(3)上市公司为维护公司价值及股东权益所必需。

636. B （解析）本题考查公司清算。公司除因合并或者分立需要解散以外，应当在解散事由出现之日起15日内成立清算组，开始清算。

第三十七章　其他法律制度

637. A （解析）本题考查不正当竞争行为。混淆行为是指经营者实施的，引人误认为是他人商品或者与他人存在特定联系的行为。

638. D （解析）本题考查专利权。选项D错误，专利权在期限届满前终止的，应由国务院专利行政部门登记和公告。

639. A （解析）本题考查不正当竞争行为。经营者进行有奖销售不得存在下列情形：(1)所设奖的种类、兑奖条件、奖金金额或者奖品等有奖销售信息不明确，影响兑奖；(2)采用谎称有奖或者故意让内定人员中奖的欺骗方式进行有奖销售；(3)抽奖式的有奖销售，最高奖的金额超过5万元(以非现金的物品或者其他经济利益作为奖励的，按照同期市场同类商品或者服务的正常价格折算其金额)。

640. C 〔解析〕本题考查产品质量法律制度。因产品存在缺陷造成人身、他人财产损害的，生产者应当承担赔偿责任。但也存在法定的免责情形：(1)未将产品投入流通的；(2)产品投入流通时，引起损害的缺陷尚不存在的；(3)将产品投入流通时的科学技术水平尚不能发现缺陷的存在的。

641. C 〔解析〕本题考查《中华人民共和国产品质量法》(以下简称《产品质量法》)。《产品质量法》中的产品是指经过加工、制作，用于销售的产品。天然的物品、建设工程不包括在内。

642. A 〔解析〕本题考查专利权。发明专利权的期限为20年，实用新型和外观设计专利权的期限为10年，均自申请之日起计算。

643. D 〔解析〕本题考查垄断行为。行政机关滥用行政权力妨碍商品在地区之间的自由流通属于滥用行政权力排除、限制竞争的行为。

644. B 〔解析〕本题考查《产品质量法》。《产品质量法》对生产者产品缺陷实行严格责任，对销售者实行过错责任，选项A错误。产品缺陷造成损害要求赔偿的诉讼时效期间为2年，选项C错误。产品缺陷造成损害要求赔偿的请求权自造成损害的缺陷产品交付最初消费者满10年丧失，选项D错误。

645. C 〔解析〕本题考查专利权。退职、退休或调动工作一年以内做出的，利用单位的物质条件所完成的职务发明创造，申请专利的权利属于该单位。

646. B 〔解析〕本题考查经营者的义务。经营者的格式条款的合理使用义务：经营者不得以格式条款、通知、声明、店堂告示等方式，做出排除或者限制消费者权利、减轻或免除经营者的责任、加重消费者责任等对消费者不公平、不合理的规定，否则该内容无效。

647. B 〔解析〕本题考查反不正当竞争法。从事混淆行为和侵犯商业秘密的行为给被侵权人造成的实际损失，侵权人因侵权所获得的利益难以确定的，由法院根据侵权行为的情节判决给予权利人500万元以下的赔偿。

648. A 〔解析〕本题考查不正当竞争行为。诋毁商誉行为是指经营者编造、传播虚假信息或者误导性信息，损害竞争对手的商业信誉、商品声誉的行为。

649. D 〔解析〕本题考查商标权。注册商标中含有本商品的通用名称、图形、型号，或者直接标示商品的质量、主要原料、功能、用途、重量、数量及其他特点，或者含有的地名，注册商标专用权人无权禁止他人正当使用，选项D说法太绝对。

☑ 刷进阶　高频进阶 强化提升

650. A 〔解析〕本题考查《中华人民共和国反垄断法》的适用范围。经营者依照有关知识产权的法律、行政法规规定行使知识产权的行为，农业生产者及农村经济组织在农产品生产、加工、销售、运输、储存等经营活动中实施的联合或者协同行为不适用反垄断法。

651. C 〔解析〕本题考查商标权。设计的商标不能含有法律明确禁止使用的图形和文字，选项A错误。我国《商标法》规定，不以使用为目的的恶意商标注册申请，应当予以驳回，选项B错误。注册商标需要在核定使用范围以外的商品上取得商标专用权的，应当另行提出注册申请，选项D错误。

652. B 〔解析〕本题考查劳动合同的订立。选项B错误，劳动合同的必要条款不完善，会导致合同不能成立。

653. B （解析）本题考查专利权。授予发明和实用新型专利的条件包括：新颖性、创造性、实用性。选项 B 属于授予外观设计专利的条件。

654. B （解析）本题考查消费者的权利。消费者享有依法求偿权，求偿主体包括：(1)商品的购买者、使用者；(2)服务的接受者；(3)第三人，即消费者之外的因某种原因在事故发生现场而受到损害的人。求偿的内容包括：(1)人身损害(无论是生命健康还是精神损害)赔偿；(2)财产损害赔偿，包括直接损失和可得利益的损失。

655. B （解析）本题考查消费者的权利。维护尊严权是消费者在购买、使用商品和接受服务时，享有其人格尊严，民族风俗习惯得到尊重，个人信息依法得到保护的权利。搜身侵犯了王某的维护尊严权。

656. D （解析）本题考查产品责任的赔偿范围。产品责任的赔偿范围包括：因产品存在缺陷造成受害人人身伤害的，侵害人应当赔偿医疗费、治疗期间的护理费、因误工减少的收入等费用；造成残疾的，还应当支付残疾者生活自助具费、生活补助费、残疾赔偿金以及由其扶养的人所必需的生活费等费用；造成受害人死亡的，并应当支付丧葬费、死亡赔偿金以及由死者生前扶养的人所必需的生活费等费用。

657. D （解析）本题考查专利权。实用新型与发明相比，对产品的创造性要求较低，选项 D 错误。

658. D （解析）本题考查《中华人民共和国劳动合同法》。在本单位患职业病或者因工负伤并被确认丧失或者部分丧失劳动能力的，除非劳动者具备过错性解除的情况，用人单位不得对劳动者采取经济性裁员和非过错性解除。选项 A、B、C 属于过错性解除的情况，用人单位可以单方解除劳动合同。

☑ 刷通关　　举一反三　高效通关

659. C （解析）本题考查经营者的义务。根据商品性质并经消费者在购买时确认不宜退货的商品不适用 7 日无理由退货，如消费者定做的商品，鲜活易腐品，在线下载或消费者拆封的音像制品、计算机软件等数字化商品，交付的报纸、期刊。

660. D （解析）本题考查商标注册的条件。商标注册必须满足的条件：(1)申请人必须具备合法资格；(2)商标须具备法律规定的构成要素，商标设计必须具备显著特征，便于识别；(3)商标不包含法律明确禁止使用的图形和文字；(4)申请注册商标应以使用为目的。

661. A （解析）本题考查商标注册的审查和核准。对初步审定的商标，自公告之日起 3 个月内，可以依据《中华人民共和国商标法》向商标局提出异议。

662. C （解析）本题考查消费者的权利。公平交易权是指消费者在购买商品或接受服务时享有的公平交易、拒绝强制交易的权利。

663. C （解析）本题考查劳动合同的条款。劳动合同的选择性条款包括用人单位与劳动者可以约定试用期、培训、保守秘密、补充保险和福利待遇等其他事项。选项 A、B、D 属于必要条款。

664. A （解析）本题考查专利权的授予。《中华人民共和国专利法》不予保护的对象包括：违反法律、社会公德或妨害公共利益的发明创造；科学发现；智力活动的规则和方法；疾病的诊断和治疗方法；动物和植物品种，但对于动物和植物品种的生产方法，可以依法授予专利权；用原子核变换方法获得的物质；对平面印刷品的图案、色彩或者二者的结合做出的主要起标识作用的设计。可见，只有选项 A 可以授予专利权。

多项选择题

第一章 市场需求、供给与均衡价格

刷基础

665. ABD 【解析】本题考查影响供给价格弹性的因素。影响供给价格弹性的因素包括：时间（首要因素）；生产周期和自然条件；投入品替代性大小和相似程度。

666. ACE 【解析】本题考查最高限价分析。由于最高限价低于均衡价格，因此，会刺激消费，限制生产，导致供给减少和需求增加，结果就是市场供给短缺，选项B、D错误。

667. BDE 【解析】本题考查影响供给的因素。影响供给的因素包括产品价格、生产成本、生产技术、预期、相关产品价格，其他因素包括生产要素的价格和国家政策等。选项B、E属于影响需求的因素。

668. ACE 【解析】本题考查保护价格分析。保护价格也叫支持价格或最低限价，高于均衡价格。实施保护价格会刺激生产，限制消费，导致市场供给过剩。因此，要保证保护价格的顺利实施，除了要有强有力的行政措施，还必须建立政府的收购和储备系统。最高限价是价格低于均衡价格，会导致配给制。

669. CDE 【解析】本题考查弹性。选项A错误，需求收入弹性为负值的商品称为低档品。需求收入弹性系数大于1的商品称为高档品。选项B错误，需求收入弹性可以用于判断是否属于高档品。

刷进阶

670. ACD 【解析】本题考查需求价格弹性与总销售收入的关系。当$E_d<1$时，需求缺乏弹性，价格上涨会使得销售收入增加，价格下降会使收入减少。当$E_d>1$时，需求富有弹性，价格上涨会使得销售收入减少，价格下降会使销售收入增加（适合采用薄利多销的方式）。当$E_d=1$时，价格变动不会引起销售收入变动。

671. ABC 【解析】本题考查最高限价分析。当实施最高限价，出现短缺现象时，就会出现严重的排队现象。当政府监管不力时，就会出现黑市交易和黑市高价，还会导致变相涨价等现象。

672. ADE 【解析】本题考查影响需求价格弹性的因素。影响需求价格弹性的因素有：替代品的数量和相近程度；商品的重要性；商品用途的多少；时间。选项B、C属于影响供给价格弹性的因素。

刷通关

673. ABCD 【解析】本题考查影响需求的基本因素。影响需求的主要因素有消费者偏好、产品价格、消费者的个人收入、替代品的价格、互补品的价格、预期以及其他因素。生产成本是影响供给的因素。

674. ABCE 【解析】本题考查需求价格弹性。一种商品若有许多相近的替代品，则其需求价格弹性大，选项 D 错误。

第二章　消费者行为分析

刷基础

675. ABE 【解析】本题考查无差异曲线。序数效用论是用无差异曲线和预算约束线来分析的，选项 C 错误。无差异曲线不能反映消费者的预期，选项 D 错误。

刷进阶

676. AE 【解析】本题考查预算线。预算线表示在消费者的收入和商品的价格给定的条件下，消费者的全部收入所能购买到的两种商品的各种组合。所以决定预算线变动的因素就是商品的价格和消费者的收入。

刷通关

677. CDE 【解析】本题考查无差异曲线的特征。无差异曲线从左向右下倾斜，选项 A 错误。离原点越远的无差异曲线，消费者的偏好程度越高，选项 B 错误。

第三章　生产和成本理论

刷基础

678. ABDE 【解析】本题考查生产者的组织形式和企业理论。在生产者行为的分析中，一般假设生产者或企业的目标是追求利润最大化。经济学家实际上并不认为追求利润最大化是人们从事生产和交易活动的唯一动机。选项 C 错误。

679. AC 【解析】本题考查短期成本曲线。总成本曲线和总可变成本曲线没有交点。总成本曲线和总固定成本曲线随着产量增长越来越远。总固定成本曲线是一条水平线。总可变成本曲线随产量增长而增长。

680. ABCD 【解析】本题考查企业形成的相关理论。美国经济学家科斯在 1937 年发表的《企业的本质》一文，对企业本质属性问题进行了开创性的探讨，他认为企业是为了节约市场交易费用或交易成本而产生的，企业的本质或者显著特征是作为市场机制或价格机制的替代物。导致市场机制和企业的交易费用不同的主要因素在于信息的不完全性。通过企业这种组织形式，可以使一部分市场交易内部化，从而消除或降低一部分交易费用。

刷进阶

681. BCDE 【解析】本题考查成本曲线。总成本曲线是从纵轴一个截点，即产量为零时总成本等于固定成本的那个点开始，随产量增加而逐步上升的曲线，选项 A 错误。

682. ABCD 【解析】本题考查成本曲线。平均固定成本曲线随着产量的增加而递减，逐渐向横轴接近，选项 E 错误。

刷通关

683. ABD （解析）本题考查成本。选项 C 错误，正常利润是生产成本的一部分，是作为隐成本的一部分计入成本的。选项 E 错误，在长期中，企业的一切生产要素都是可变的，没有固定成本。

684. ABCE （解析）本题考查科斯的企业形成理论。导致市场机制和企业交易费用不同的主要因素在于信息的不完全性，选项 D 错误。

第四章 市场结构理论

刷基础

685. CE （解析）本题考查实行价格歧视的基本条件。实行价格歧视的基本条件：(1)必须有可能根据不同的需求价格弹性划分出两组或两组以上的不同购买者；(2)市场必须是能够有效地隔离开的，同一产品不能在不同市场之间流动。

686. DE （解析）本题考查垄断竞争市场上生产者的行为。与完全垄断市场上的企业相同，垄断竞争市场上企业的需求曲线是向右下方倾斜的，而不是一条水平线。在短期内，垄断竞争厂商的行为与完全垄断企业的行为相似，即短期均衡也包括盈利、利润为零、亏损三种情形。

687. ABCE （解析）本题考查完全竞争市场。完全竞争市场上，企业的处于平均可变成本之上的边际成本曲线就是其短期供给曲线，选项 D 错误。

688. BCD （解析）本题考查完全竞争市场的特征。完全竞争市场具有以下特征：(1)市场上有很多生产者与消费者；(2)企业生产的产品是同质的，即不存在产品差别；(3)资源可以自由流动、企业可以自由进入或退出市场；(4)买卖双方对市场信息都有充分的了解。

689. BCE （解析）本题考查垄断竞争企业和完全垄断企业需求曲线的异同点。垄断竞争企业的行为与完全垄断企业的行为相似，短期均衡包括盈利、利润为零、亏损三种情形，选项 A 错误。垄断竞争企业的需求曲线比完全垄断企业的需求曲线更平坦，选项 D 错误。

刷进阶

690. ABCE （解析）本题考查寡头垄断市场的特征。寡头垄断市场的特征有：(1)在一个行业中，只有很少几个企业进行生产；(2)它们所生产的产品有一定的差别或者是完全无差别；(3)它们对价格有较大程度的控制；(4)其他企业进入这一行业比较困难。选项 D 是完全竞争市场的特征。

691. BCE （解析）本题考查完全竞争市场。在完全竞争市场上，整个行业的需求曲线和某个企业的需求曲线是不同的，整个行业的需求曲线是一条向右下方倾斜的曲线，个别企业的需求曲线是一条平行于横轴的水平线。在这种市场上，价格是由整个行业的供给和需求曲线决定的，所以企业只是价格的接受者。而且完全竞争市场上不同企业生产的产品是同质的。

692. BCE （解析）本题考查垄断竞争市场的特征。垄断竞争市场的特征包括：(1)具有很多的生产者和消费者；(2)产品具有差别性，生产者对价格有一定程度的控制；(3)进入或退出市场比较容易，不存在什么进入障碍。

☑ **刷通关**

693. AE （解析）本题考查各种市场结构的特征。在实际生活中，公用事业如电力、固定电话业务近似于完全垄断市场。

694. ABD （解析）本题考查完全垄断市场中生产者的行为。选项 C 错误，寡头垄断市场上生产者通过协议价格制来控制市场。选项 E 错误，垄断企业是价格制定者，不是价格接受者。

第五章　生产要素市场理论

☑ **刷基础**

695. BC （解析）本题考查生产要素市场理论。生产者使用生产要素的原则是边际收益产品等于边际要素成本，选项 A 错误。生产者面临的要素供给曲线是一条水平线，选项 B 正确。边际收益产品等于边际物质产品乘以边际收益，选项 C 正确。选项 D、E 说法错误。

696. CE （解析）本题考查劳动的供给曲线。我们可以用收入效应和替代效应来解释劳动的供给曲线为何后弯。

697. CE （解析）本题考查生产要素市场理论。完全竞争生产者的要素供给曲线为一条水平线，完全竞争生产者的要素需求曲线向右下方倾斜，选项 C 错误。工资增加的收入效应是指由于工资上升，收入增加，消费者相对更加富有而追求闲暇，从而减少劳动供给，选项 E 错误。

☑ **刷进阶**

698. CDE （解析）本题考查生产要素的供给曲线。资本的供给曲线在短期内是一条垂直线，在长期内是一条后弯曲线，选项 A 错误。各种生产要素的供给曲线是不同的，选项 B 错误。

699. CE （解析）本题考查完全竞争生产者的要素供给曲线。完全竞争生产者的要素供给曲线是水平线，选项 A、D 错误。在完全竞争要素市场上，生产者完全是要素市场价格的接受者，选项 B 错误。

☑ **刷通关**

700. ACDE （解析）本题考查生产要素市场理论。劳动的供给曲线是一条后弯线；土地的供给曲线是一条垂直线；资本的供给曲线在短期内是垂直线，从长期来看是一条后弯线。选项 B 错误。

第六章　市场失灵和政府的干预

☑ **刷基础**

701. BCD （解析）本题考查信息不对称和市场失灵。选项 A 错误，道德风险不仅存在于保险市场，而且存在于一切可能出现信息不对称的商品或服务市场，如劳动力市场等。

选项 E 错误，逆向选择不仅存在于旧货市场，而且存在于一切可能出现信息不对称的商品或服务市场。

702. ABCD （解析）本题考查政府对市场的干预。消除外部性的传统方法，包括使用税收和补贴、将相关企业合并从而使外部性内部化等手段。随着产权理论的出现和发展，明确和界定产权已经成为消除外部性的重要途径。

703. ACE （解析）本题考查政府对市场的干预。消除外部性的传统方法，包括使用税收和补贴、将相关企业合并从而使外部性内部化等手段。另外，消除外部性的一个重要途径是明确和界定产权。

刷进阶 　　　　　　　　　　　　　　　　　　　　　　　高频进阶　强化提升

704. ABDE （解析）本题考查政府对市场的干预。只要财产权是明确的，并且交易成本为零或者很小，市场均衡的最终结果都是有效率的，选项 C 错误。

705. ABDE （解析）本题考查公共物品与市场失灵。公共物品的市场需求曲线是所有消费者需求曲线沿价格方向纵向相加得到的，选项 C 错误。

刷通关 　　　　　　　　　　　　　　　　　　　　　　　举一反三　高效通关

706. ACDE （解析）本题考查市场失灵的原因。导致市场失灵的原因主要有垄断、外部性、公共物品和信息不对称等。

707. ABD （解析）本题考查信息不对称与市场失灵。通过税收和补贴手段、明晰产权可以解决外部性所引起的市场失灵，选项 C、E 错误。

第七章　国民收入核算和简单的宏观经济模型

刷基础 　　　　　　　　　　　　　　　　　　　　　　　紧扣大纲　夯实基础

708. ACDE （解析）本题考查储蓄函数。消费函数和储蓄函数互为补数，二者之和总是等于收入，因此 APC 和 APS 之和恒等于 1。这就是说，消费函数和储蓄函数中的一个确立，另一个也随之确立。当消费函数已知，就可求得储蓄函数；当储蓄函数已知，就可求得消费函数。边际消费倾向和边际储蓄倾向都是大于 0 小于 1 的，而且边际消费倾向总是小于平均消费倾向。

709. BC （解析）本题考查经济增长的含义。用现行价格计算的 GDP，可以反映一个国家或地区的经济发展规模，选项 B 错误。GDP 只是一个衡量总产出的概念，并不包含伴随经济增长对生态与环境变化的影响，选项 C 错误。

710. ABE （解析）本题考查凯恩斯的消费理论。凯恩斯消费理论的三个假设是边际消费倾向递减规律、收入是决定消费的最重要的因素、平均消费倾向会随着收入的增加而减少。

刷进阶 　　　　　　　　　　　　　　　　　　　　　　　高频进阶　强化提升

711. CDE （解析）本题考查总供给的影响因素。从长期来看，总供给变动与价格总水平无关，不论价格总水平如何变化，总产出不变。长期总供给只取决于劳动、资本与技术，以及经济体制等因素。

712. ABD （解析）本题考查国民收入核算。选项 C 错误，国内生产总值和国民生产总值是两个不同的概念。选项 E 错误，国民总收入＝国内生产总值+来自国外的净要素收入。

713. BCE 【解析】本题考查总供给。选项 A 错误，政府购买是影响总需求的重要因素。选项 D 错误，从短期来看，总供给曲线一般应是一条向右上方倾斜的曲线。长期总供给曲线是一条与横轴(总产出)相交的垂直线。

刷通关

714. ACDE 【解析】本题考查影响总需求变动的因素。影响总需求的因素主要有利率、货币供给量、政府购买、税收、预期和价格总水平。选项 B 是影响总供给变动的因素。

715. ABE 【解析】本题考查国内生产总值的计算方法。劳动者报酬是指劳动者从事生产劳动应从单位获得的各种形式的报酬，包括工资总额、福利费和其他实物形式的劳动报酬。农户和个体劳动者生产经营所获得的纯收益主要是劳动所得，也列入劳动者报酬中。

第八章 经济增长和经济发展理论

刷基础

716. CDE 【解析】本题考查分析和预测经济波动的指标体系。先行指标，也称领先指标，通过这些指标可以预测总体经济运行的轨迹，例如制造业订货单、股票价格指数、广义货币 M_2。而库存、居民消费价格指数则属于滞后指标。

717. ABCE 【解析】本题考查供给侧结构性改革的主要任务。在当前和今后一个时期，推进供给侧结构性改革的主要任务包括去产能、去库存、去杠杆、降成本、补短板等。

刷进阶

718. ABCD 【解析】本题考查经济发展。经济发展不仅包括经济增长，而且还包括经济结构和社会结构的变化。这些变化包括产业结构的不断优化、城市化进程的逐步推进、广大居民生活水平的持续提高、国民收入分配状况的逐步改善。

719. BCDE 【解析】本题考查经济增长。决定经济增长的基本因素包括劳动的投入数量、资本的投入数量、劳动生产率和资本的效率。

刷通关

720. AC 【解析】本题考查分析和预测经济波动的指标体系。所谓同步指标，也就是一致指标，这些指标的峰顶与谷底出现的时间与总体经济运行的峰谷出现的时间一致，可以综合地描述总体经济所处状态，如工业总产值、固定资产投资额和社会消费品零售总额。而制造业订货单、股票价格指数、广义货币 M_2 属于先行指标，存货、居民消费价格指数属于滞后指标。

第九章 价格总水平和就业、失业

刷基础

721. ABD 【解析】本题考查价格总水平。在其他因素不变的条件下，货币流通速度加快，就会促使价格总水平上涨，选项 C 错误。从长期来看，总供给变动与价格总水平无关，不论价格总水平 P 如何变化，总产出不变，选项 E 错误。

722. CE 【解析】本题考查自愿失业。自愿失业包括摩擦性失业和结构性失业两种形式。

723. ABCD 【解析】本题考查就业与失业。需求不足型失业，即非自愿失业是宏观经济调控的重点，选项 E 错误。

刷进阶 　　高频进阶 强化提升

724. BE 【解析】本题考查奥肯定律。奥肯定律的政策含义是：相对于潜在的 GDP，GDP 每下降 2 个百分点，失业率就会上升 1 个百分点。在经济增长和失业之间存在一定的负相关关系，经济增长和就业之间存在一定的正相关关系。因此，政府应当把促进经济增长作为增加就业或降低失业的主要途径。

725. BCD 【解析】本题考查价格总水平变动的经济效应。选项 A 错误，实际利率是扣除了价格总水平变动影响因素的利率，也可以就是在货币购买力不变时的利率。选项 E 错误，说法太绝对。轻度的通货膨胀在一定程度上可能有利于促进经济增长，而严重的通货膨胀则不利于经济增长。

刷通关 　　举一反三 高效通关

726. ABCE 【解析】本题考查菲利普斯曲线。弗里德曼认为，由于预期的存在和变动，通货膨胀和失业之间的替代关系只在短期内才是有可能的，而在长期内则不存在，选项 D 错误。

第十章　国际贸易理论和政策

刷基础 　　紧扣大纲 夯实基础

727. ABD 【解析】本题考查政府对国际贸易干预的目的。非关税壁垒是指采用关税以外的手段对外国商品进口设置障碍的各种措施，如进口配额制、自愿出口限制、歧视性公共采购、技术标准和卫生检疫标准等。

728. BCE 【解析】本题考查倾销的界定和反倾销措施分析。倾销是指出口商以低于正常值的价格向进口国销售商品，并因此给进口国产业造成损害的行为。确认出口国企业低价销售行为是否为倾销行为的关键是关于产品正常价值的认定。反倾销措施属于贸易救济措施，是指进口国针对价格倾销这种不公平的贸易行为而采取征收反倾销税等措施来抵消不利影响的行为。选项 B、C、E 正确。

刷进阶 　　高频进阶 强化提升

729. CE 【解析】本题考查反倾销。反倾销税的纳税义务人是倾销产品的进口商，而不是出口商。出口商不得直接或间接替进口商承担反倾销税。

730. ACDE 【解析】本题考查倾销。倾销通常分为四种类型：掠夺性倾销、持续性倾销、隐蔽性倾销和偶然性倾销。

刷通关 　　举一反三 高效通关

731. AD 【解析】本题考查政府对国际贸易干预的目的。非关税壁垒包括进口配额制、自愿出口限制、歧视性公共采购、技术标准和卫生检疫标准等。直接补贴是出口补贴的一种，是政府干预出口以刺激出口增加的措施；反倾销税是反倾销的措施。

第十一章 公共物品与财政职能

刷基础

732. **ABCE** （解析）本题考查尼斯坎南模型。尼斯坎南模型在公共物品的政府生产上，具有重要的政策含义：第一，应当增强官僚部门内部的竞争性，增加某一行业官僚部门的数量是方法之一，也可以允许其他行业现有的官僚部门通过业务参与以强化竞争；第二，通过改变对官僚的激励，引导其最小化既定产出的成本；第三，通过公共物品和服务的生产外包，让更多的私人营利性企业加入公共物品和服务的生产过程中来，以期提高效率。

733. **ABCD** （解析）本题考查公共选择。公共选择产生于20世纪40—50年代的美国，其代表人物包括詹姆斯·布坎南、戈登·塔洛克等。

734. **BCD** （解析）本题考查公共选择。公共选择的三大理论基石：(1)个人主义方法论；(2)经济人假设；(3)作为一种交易的政治过程。

刷进阶

735. **ABE** （解析）本题考查公共物品融资的方式。公共物品的融资方式包括政府融资（或强制融资）、私人融资（或自愿融资）和联合融资。

736. **BCDE** （解析）本题考查财政的经济稳定和发展职能。财政履行稳定和发展职能的四大目标是充分就业、物价稳定、经济增长和国际收支平衡。

737. **ABE** （解析）本题考查财政的职能。财政实现收入分配职能的机制和手段：(1)根据市场和政府的职责分工，明确市场和政府对社会收入分配的范围和界限；(2)加强税收调节，如企业所得税、个人所得税、资源税；(3)发挥财政转移支付作用，如增加社会保障、收入保障、教育和健康等转移性支出等；(4)发挥公共支出的作用，通过公共支出提供社会福利等进行的收入分配，在受益对象上具有广泛性和普遍性。

刷通关

738. **ABE** （解析）本题考查财政的基本职能。选项C属于资源配置职能。选项D属于收入分配职能。

739. **ABDE** （解析）本题考查财政的收入分配职能。财政实现收入分配职能的机制和手段主要有：(1)根据市场和政府的职责分工，明确市场和政府对社会收入分配的范围和界限；(2)加强税收调节；(3)发挥财政转移支付作用；(4)发挥公共支出的作用。

第十二章 财政支出

刷基础

740. **ACD** （解析）本题考查财政支出绩效评价的内容与方法。绩效评价程序一般分为前期准备、实施评价和撰写评价报告三个阶段。

741. **BCDE** （解析）本题考查财政支出绩效评价。实施部门预算支出绩效评价的原则包括统一领导原则、分类管理原则、客观公正原则和科学规范原则。选项A属于选择绩效评价指标的原则。

742. **ABCE** (解析) 本题考查财政支出规模增长的理论解释。财政支出规模增长的理论有：瓦格纳的"政府活动扩张法则"、皮考克和魏斯曼的"梯度渐进增长理论"、马斯格雷夫的"经济发展阶段增长理论"、鲍莫尔的"非均衡增长理论"、公共选择学派的解释。

743. **ABCE** (解析) 本题考查财政支出绩效评价的方法。部门预算支出绩效评价方法有比较法、因素分析法、公众评价法和成本效益分析法。

744. **AD** (解析) 本题考查中央财政支出。中央财政支出占全国财政支出的比重是相对稳定的，它决定于国家的制度安排，选项 A 正确，选项 B 错误。选项 C 是当年财政支出占当年国内生产总值的比重所反映的内容。选项 E 是对人均财政支出的表述。

刷进阶　高频进阶　强化提升

745. **BDE** (解析) 本题考查优化财政支出结构。从平衡财政职能和满足社会发展要求的角度，我国政府将更多地关注再分配问题，相应压缩购买性支出，扩大转移性支出的比重，并使财政支出向人力资本和社会资本倾斜。在处理投资性支出与消费性支出的关系时，一方面控制并调减投资性支出的规模，另一方面注意投资性支出应当有保有压。在消费性支出上，从严控制行政性公共消费，预算支出保证重点支出需要，使有限的资金主要用于社会发展的薄弱环节和与民生密切相关的支出上。

746. **BCDE** (解析) 本题考查财政支出绩效评价。绩效评价指标的选择要遵循相关性、可比性、重要性和经济性原则来确定。

747. **BCD** (解析) 本题考查衡量财政支出规模变化的指标。由财政支出规模的绝对指标和相对指标可以衍生出反映财政支出变化情况的三个指标，即财政支出增长率、财政支出增长的弹性系数和财政支出增长的边际倾向。

刷通关　举一反三　高效通关

748. **ACD** (解析) 本题考查瓦格纳法则。瓦格纳法则认为，财政支出之所以会不断增长，是因为伴随着工业化进程、社会和经济的发展增加了对政府活动的需求。首先，工业化所引起的市场的扩张，使市场中的当事人之间关系更加复杂，由此而产生的冲突和矛盾增多，引起对商业法律和契约的需要。其次，为了纠正外部效应等市场失灵问题对资源配置效率的负面影响，客观上增加了政府参与资源配置的需要，这将引起财政支出增加。随着经济的增长，文化、教育、福利等财政支出项目的增长率将超过国内生产总值的增长率，这也要求增加财政支出。选项 B 是马斯格雷夫的"经济发展阶段增长理论"的内容。选项 E 是皮考克和魏斯曼的"梯度渐进增长理论"的内容。

749. **ACD** (解析) 本题考查财政支出规模增长的理论解释。选项 B 是"梯度渐进增长理论"的观点，选项 E 是瓦格纳法则的观点。

第十三章　财政收入

刷基础　紧扣大纲　夯实基础

750. **ABDE** (解析) 本题考查国债的制度。国债偿还制度包括以下几种。(1) 抽签分次偿还法：偿还期内分年度确定一定偿还比例，政府按国债券号码抽签对号。(2) 到期一次偿还法：到期后按票面额一次全部兑付本息。(3) 转期偿还法：新发行国债偿还到期国债本息。(4)提前偿还法：政府积累资金充分满足资金需求。(5)市场购销法：按国债行市适时购进国债，以此在该债券到期前逐步清偿。

751. BCE （解析）本题考查影响税负转嫁的因素。生活必需品需求弹性小，消费基础广泛，税负易转嫁；非生活必需品需求弹性大，消费基础较窄，税负不易转嫁，选项 A 错误。课税范围狭窄的商品，容易对商品的购买者产生替代效应，使需求更具有弹性，不易转嫁，选项 D 错误。

752. AE （解析）本题考查地方政府债务管理制度。选项 A 错误，地方政府举债只能用于公益性资本支出和适度归还存量债务，不得用于经常性支出。选项 E 错误，地方政府对其举借的债务负有偿还责任，中央政府实行不救助原则。

753. BCD （解析）本题考查国债的负担与限度。选项 A 是国债负担率的概念，选项 E 是国债负担率的警戒线。

754. ABCE （解析）本题考查国债的功能。国债的功能：(1)弥补财政赤字；(2)筹集建设资金；(3)调节货币供应量和利率；(4)调控宏观经济。

755. ABDE （解析）本题考查税负转嫁的影响因素。税负转嫁的影响因素：(1)应税商品供给与需求的弹性；(2)课税商品的性质；(3)课税与经济交易的关系；(4)课税范围的大小。

第十四章　税收制度

756. ACE （解析）本题考查税制要素。税目即税法规定的课税对象的具体项目，是对课税对象的具体划分，反映具体的征税范围，代表征税的广度。

757. ABCD （解析）本题考查房产税。房产税的纳税地点为房产所在地。房产不在同一地方的纳税人，应按房产的坐落地点分别向房产所在地的税务机关申报纳税。

758. ABDE （解析）本题考查消费税的税目。我国征收消费税的消费品有烟、酒、高档化妆品、贵重首饰及珠宝玉石、鞭炮焰火、成品油、摩托车、小汽车、高尔夫球及球具、高档手表、游艇、木制一次性筷子、实木地板、电池和涂料共 15 类消费品。

759. BCD （解析）本题考查税收的分类。直接税包括个人所得税、财产税、企业所得税。选项 A、E 是间接税。

760. ABDE （解析）本题考查增值税。增值税的优点：能够平衡税负，促进公平竞争；既便于对出口商品退税，又可避免对进口商品征税不足；在组织财政收入上具有稳定性和及时性；在税收征管上可以互相制约，交叉审计。

761. AC （解析）本题考查增值税的税率。提供增值电信服务、金融服务、生活服务以及除不动产租赁以外的现代服务，除转让土地使用权之外的销售无形资产，税率为 6%。选项 B、D、E 的税率为 9%。

762. **ABCD** (解析) 本题考查财产税的特点。选项 E 错误，征税原则是有财产者纳税，无财产者不纳税，财产多者多纳税，财产少者少纳税，因此，财产税具有收入分配功能，征收财产税一定程度上有助于避免社会财富分配不均。

763. **BDE** (解析) 本题考查税制要素。纳税人可能是自然人，也可能是法人，选项 A 错误。在某些特殊情况下，纳税地点和纳税义务发生地是不一致的，如与总公司不在同一地点的分公司的利润在总公司汇总纳税，选项 C 错误。

刷通关

764. **ABCD** (解析) 本题考查所得税的特点。所得税的特点：(1)税负相对比较公平；(2)所得税类一般不存在重复征税问题，税负也不易转嫁；(3)税源可靠，收入具有弹性。

765. **CE** (解析) 本题考查税收分类。流转税税种主要有增值税、消费税等。

766. **CDE** (解析) 本题考查税制要素。一般来说，税率可分为比例税率、定额税率(固定税额)和累进(退)税率。

第十五章　政府预算

刷基础

767. **BCDE** (解析) 本题考查社会保险基金预算的编制范围。社会保险基金预算按险种分别编制，包括企业职工基本养老保险基金、城乡居民基本养老保险基金、失业保险基金、城镇职工基本医疗保险基金、居民基本医疗保险基金、工伤保险基金、生育保险基金等内容。

768. **ABD** (解析) 本题考查政府预算的含义。从本质方面看，政府预算是国家和政府意志的体现，要经过国家权力机关的审查和批准才能生效，是重要的法律性文件，选项 C 错误。按照编制形式，政府预算分为单式预算和复式预算；按照编制依据的内容和方法，政府预算分为增量预算和零基预算，选项 E 错误。

769. **ABCE** (解析) 本题考查政府预算。按照编制形式，政府预算分为单式预算和复式预算；按照编制依据的内容和方法，政府预算分为增量预算和零基预算，选项 D 错误。

770. **BE** (解析) 本题考查预算管理权限的划分。县级以上地方各级人民代表大会常务委员会有权监督本级总预算的执行，审查和批准本级预算的调整方案，审查和批准本级政府决算，撤销本级政府和下一级人民代表大会及其常务委员会关于预算、决算的不适当的决定、命令和决议。

771. **ABC** (解析) 本题考查政府性基金预算。政府性基金预算的管理原则是以收定支、专款专用和结余结转下年继续使用。

刷进阶

772. **BE** (解析) 本题考查单式预算的优点。单式预算的优点：(1)简单明了，整体性强，能够清晰反映政府财政收支全貌，有利于公众监督政府预算的实施；(2)便于编制，易于操作。其他三项属于复式预算的优点。

773. **ABCD** (解析) 本题考查实施全面规范、公开透明预算制度的主要内容。建立全面规范、公开透明预算制度的主要内容：(1)建立健全预算编制、执行、监督相互制约、相互协调机制；(2)完善政府预算体系；(3)建立跨年度预算平衡机制；(4)实施中期财政规划管理；(5)全面推进预算绩效管理；(6)建立政府资产报告制度；(7)建立权责发生制政府综合财务报告制度；(8)建立财政库底目标余额管理制度；(9)推进预算、决算公开。

774. ABCE （解析）本题考查政府预算的原则。世界上大多数国家所接受的预算原则主要有完整性原则、统一性原则、可靠性原则、合法性原则、公开性原则和年度性原则。

刷通关

775. BCD （解析）本题考查国有资本经营预算。国有资本经营预算的编制原则：统筹兼顾、适度集中；相对独立、相互衔接；分级编制、逐步实施。选项 A、E 是政府性基金预算的管理原则。

776. BCD （解析）本题考查全国人民代表大会常务委员会的预算管理职权。选项 A 是人民政府的职权。选项 E 项是人民代表大会的职权。

第十六章　财政管理体制

刷基础

777. ADE （解析）本题考查财政管理体制的含义。广义的财政管理体制主要包括政府预算管理体制、税收管理体制、公共部门财务管理体制等。

778. ABCE （解析）本题考查合理划分中央与地方财政事权和支出责任。中央与地方财政事权和支出责任的划分原则：体现基本公共服务受益范围；兼顾政府职能和行政效率；实现权、责、利相统一；激励地方政府主动作为；做到支出责任与财政事权相适应。

779. ABDE （解析）本题考查政府间财政收入的划分。选项 C 错误，根据国际经验，政府间财政收支划分中，收入结构划分以中央政府为主，支出结构划分则以地方政府为主。

780. BCD （解析）本题考查合理划分中央与地方财政事权和支出责任。合理划分中央与地方财政事权和支出责任的总体要求包括：(1)坚持中国特色社会主义道路和党的领导；(2)坚持财政事权由中央决定；(3)坚持有利于健全社会主义市场经济体制；(4)坚持法治化规范化道路；(5)坚持积极稳妥统筹推进。

781. AD （解析）本题考查分税制财政管理体制。选项 B 属于地方收入的税种。选项 C、E 属于中央和地方共享收入的税种。

刷进阶

782. ABCD （解析）本题考查财政转移支付制度。选项 E 错误，财政转移支付制度可以在一定程度上解决各地方之间因财务状况不同而造成的公共服务水平的不均等，并不能完全解决。

783. ABCE （解析）本题考查政府间事权及支出责任划分的原则。政府间事权及支出责任划分的原则有：受益原则、效率原则、区域原则和技术原则。选项 D 属于政府间财政收入的划分原则。

784. ABCD （解析）本题考查规范财政转移支付制度的任务。我国推进转移支付制度改革，形成以均衡地区间基本财力、由地方统筹安排使用的一般性转移支付为主体，一般性转移支付和专项转移支付相结合的转移支付制度。具体包括：(1)完善一般性转移支付的稳定增长机制。增加一般性转移支付规模和比例，更好地发挥地方政府贴近基层、就近管理的优势，促进地区间财力均衡，重点增加对革命老区、民族地区、边疆地区、贫困地区的转移支付。中央出台减收增支政策形成的地方财力缺口，原则上通过一般性转移支付调节。(2)清理、整合、规范专项转移支付项目。

785. **ABCE** （解析）本题考查财政转移支付的特点。财政转移支付的特点包括完整性、对称性、科学性、统一性和灵活性相结合、法制性。

刷通关

786. **ADE** （解析）本题考查中央与地方共享税。增值税、个人所得税、企业所得税都是中央与地方共享税。选项B、C属于中央税。

787. **ACD** （解析）本题考查我国分税制财政管理体制改革的主要成效。我国分税制财政管理体制改革的主要成效：(1)建立了财政收入稳定增长的机制；(2)增强了中央政府宏观调控能力；(3)促进了产业结构调整和资源优化配置。

第十七章　财政政策

刷基础

788. **ABCE** （解析）本题考查财政政策的类型。汲水政策具有四个特点：(1)它是以市场经济所具有的自发机制为前提，是一种诱导经济复苏的政策；(2)它以扩大公共投资规模为手段，启动和活跃社会投资；(3)财政投资规模具有有限性，即只要社会投资恢复活力、经济实现自主增长，政府就不再投资或缩小投资规模；(4)如果经济萧条的状况不再存在，这种政策就不再实行，因而它是一种短期财政政策。

789. **ABCE** （解析）本题考查财政政策的时滞。选项D错误，认识时滞是指从经济现象发生变化到决策者对这种需要调整的变化有所认识所经过的时间。这段延迟时间的长短，主要取决于行政部门掌握经济信息和准确预测的能力。

790. **BCD** （解析）本题考查财政政策工具与类型。社会总供给大于总需求时，需要刺激总需求，要采用扩张性的财政政策。选项B、C、D都是扩张性的财政政策，选项E属于紧缩性的财政政策，选项A在社会总供给与总需求基本平衡时采用。

791. **AE** （解析）本题考查财政政策的含义。财政政策由预算政策、税收政策、支出政策、国债政策等组成。选项A、E属于货币政策。

刷进阶

792. **ABD** （解析）本题考查财政政策乘数。财政政策乘数具体包括税收乘数、政府购买支出乘数和平衡预算乘数。

793. **ACDE** （解析）本题考查财政政策工具与类型。社会总需求大于社会总供给，应该采取紧缩性的政策措施。选项B属于扩张性的政策。

刷通关

794. **ACE** （解析）本题考查我国实施财政政策的基本经验。我国财政宏观调控方式由被动调控向主动调控转变，由直接调控向间接调控转变，由单一手段调控向综合运用工具调控转变。

795. **AD** （解析）本题考查财政政策的类型。根据财政政策调节经济周期的作用，财政政策分为自动稳定的财政政策和相机抉择的财政政策。选项 B、C、E 是根据财政政策在调节国民经济总量和结构中的不同功能划分的。

第十八章 货币供求与货币均衡

刷基础

796. **ACD** 解析 本题考查货币供给与货币供应量。单位定期存款、个人存款、其他存款（财政存款除外）的流动性较弱，属于准货币，它与 M_1 一起构成广义货币供应量 M_2。

797. **ABE** 解析 本题考查货币均衡。货币均衡即货币供求均衡，是指在一定时期经济运行中的货币需求与货币供给在动态上保持一致的状态。货币均衡具有以下特征：(1)货币均衡是货币供求作用的一种状态，是货币供给与货币需求的大体一致，而非货币供给与货币需求在数量上的完全相等；(2)货币均衡是一个动态过程，在短期内货币供求可能不一致，但在长期内是大体一致的；(3)现代经济中货币均衡在一定程度上反映了经济总体均衡状况。

798. **ABCE** 解析 本题考查社会融资规模。社会融资规模统计指标主要由四个部分构成：(1)金融机构通过表内业务向实体经济提供的资金支持，包括人民币贷款和外币贷款；(2)金融机构通过表外业务向实体经济提供的资金支持，包括委托贷款、信托贷款和未贴现的银行承兑汇票；(3)实体经济利用规范的金融工具、在正规金融市场所获得的直接融资，主要包括非金融企业境内股票筹资和企业债券融资；(4)其他方式向实体经济提供的资金支持，主要包括保险公司赔偿、投资性房地产、小额贷款公司和贷款公司贷款。

799. **ABD** 解析 本题考查通货膨胀的类型。需求拉上型通货膨胀的特点：自发性，即支出的增长是独立的，与实际的或预期的成本增长无关；诱发性，即成本的增长导致工资及其他收入的增长，诱使消费支出增长；支持性，即政府为阻止失业率上升而增加支出，或采取扩张性财政政策或货币政策以增加总需求。

800. **ABE** 解析 本题考查弗里德曼的现代货币数量说。弗里德曼认为，影响人们持有实际货币的因素有：(1)财富总额与财富构成；(2)各种资产的预期收益和机会成本；(3)其他因素。

801. **ACDE** 解析 本题考查货币供给层次的划分。流通中的货币 M_0 指企事业单位、个人、机关团体、非存款类金融机构所持有的硬币和现钞总和。

刷进阶

802. **ABDE** 解析 本题考查通货膨胀的治理。综合国际国内的一般经验，治理通货膨胀的措施主要有紧缩的需求政策和积极的供给政策。紧缩总需求的政策包括紧缩性财政政策和紧缩性货币政策。紧缩性财政政策一般包括以下措施：减少政府支出、增加税收、发行公债。紧缩性的货币政策主要有以下措施：提高法定存款准备金率、提高再贴现率、公开市场上出售有价证券。积极的供给政策措施主要有：减税、削减社会福利开支、适当增加货币供给、发展生产和精简规章制度等。

803. **ABCE** 解析 本题考查通货膨胀的类型。按通货膨胀的形成原因，通货膨胀可以分为需求拉上型通货膨胀、成本推进型通货膨胀、输入型通货膨胀和结构型通货膨胀。

804. BDE 【解析】本题考查我国货币层次的划分。按照我国货币层次的划分：M_0 = 流通中货币；$M_1 = M_0$ + 单位活期存款；$M_2 = M_1$ + 单位定期存款 + 个人存款 + 其他存款（财政存款除外）。因此，属于 M_2 而不属于 M_1 的有：单位定期存款、个人存款、除财政存款以外的其他存款。

805. CE 【解析】本题考查通货膨胀的类型。成本推进型通货膨胀包括：工会推动的"工资推进型通货膨胀"，即工资和物价螺旋上升的通货膨胀；垄断企业推动的"利润推进型通货膨胀"，即垄断企业为保证实现其利润目标而操纵市场、人为抬高价格引发的通货膨胀。

刷通关

806. ABD 【解析】本题考查凯恩斯的流动性偏好理论。流动性偏好理论指出货币需求是由三类动机决定的，即交易动机、预防动机和投机动机。

807. BDE 【解析】本题考查货币供给机制。一般来说，银行体系扩张信用、创造派生存款的能力要受到三类因素的制约：(1)缴存中央银行存款准备金；(2)提取现金数量；(3)企事业单位及社会公众缴付税款。

808. AD 【解析】本题考查基础货币。中央银行放出的信用是银行体系扩张信用、创造派生存款的基础，被称为基础货币，包括中央银行发行的货币和商业银行在中央银行的存款。

第十九章 中央银行与货币政策

刷基础

809. ABCE 【解析】本题考查货币当局的资产负债表。储备货币是中央银行资产负债表负债方的主要项目。选项 D 错误。

810. ABCE 【解析】本题考查中央银行的业务。中央银行的业务包括货币发行的业务、对银行的业务、对政府的业务。选项 D 属于商业银行的业务。

811. BDE 【解析】本题考查货币政策的中介目标。中央银行只要控制住了货币供应量，就能够控制一定时期的社会总需求，从而有利于实现总需求与总供给的平衡，实现货币政策的目标，所以，选项 A 错误。超额准备金对商业银行的资产业务规模有直接决定作用。所以，选项 C 错误。

812. ABD 【解析】本题考查货币政策。货币政策并不等同于金融政策，它只是金融政策的一部分，是一国金融当局制定和执行的通过货币供应量、利率或其他中介目标影响宏观经济运行的手段。一般包括 3 个方面的内容：(1)政策目标；(2)实现目标所运用的政策工具；(3)预期达到的政策效果。

813. ABDE 【解析】本题考查中央银行制度。建立中央银行制度大致出于 4 个方面的需要：(1)集中货币发行权的需要；(2)代理国库和为政府筹措资金的需要；(3)管理金融业的需要；(4)国家对社会经济发展实行干预的需要。

814. ABD 【解析】本题考查货币政策工具。与存款准备金率政策相比较，公开市场操作政策更具有弹性，更具有优越性：(1)能影响商业银行的准备金，从而直接影响货币供应量；(2)使中央银行能随时根据金融市场的变化，进行经常性、连续性的操作；

(3)央行可以主动出击；(4)由于公开市场操作的规模和方向可以灵活安排，中央银行有可能用其对货币供应量进行微调。选项 C 属于法定存款准备金率政策的缺陷。公开市场业务需要与法定存款准备金制度配合才能发挥作用，选项 E 错误。

> **刷进阶** 高频进阶 强化提升

815. **ACD** 【解析】本题考查货币政策传导机制。货币政策传导效率取决于：(1)能够对货币政策变动做出灵敏反应的经济主体；(2)较为发达的金融市场；(3)较高程度的利率汇率市场化。

816. **ABD** 【解析】本题考查货币政策的中介目标。中央银行选择中介目标的原则包括可控性、可测性和相关性。

817. **ABD** 【解析】本题考查中央银行的业务。中央银行对商业银行提供的业务有：集中存款准备金；充当最后贷款人；组织全国银行间的清算业务。选项 C 是中央银行的货币发行业务；选项 E 是中央银行对政府的业务。

818. **ABCD** 【解析】本题考查中央银行对政府的业务。中央银行作为国家的银行，主要体现在以下 5 个方面：(1)代理国库；(2)代理发行国家债券；(3)对国家提供信贷支持；(4)保管外汇和黄金储备；(5)制定并监督执行有关金融管理法规。

819. **BCE** 【解析】本题考查一般性货币政策工具。中央银行提高法定存款准备金率，限制了商业银行的信用扩张能力，选项 A 错误。调整存款准备金率，对货币供应量和信贷量的影响要通过商业银行的辗转存、贷，逐级递推而实现，成效较慢，时滞较长，选项 D 错误。

> **刷通关** 举一反三 高效通关

820. **CDE** 【解析】本题考查一般性货币政策工具。中央银行一般性货币政策工具包括法定存款准备金率、再贴现、公开市场操作。

821. **ACDE** 【解析】本题考查货币政策工具。选择性货币政策工具包括消费者信用控制、不动产信用控制、优惠利率、预缴进口保证金等。选项 B 属于直接信用控制。

822. **ABDE** 【解析】本题考查货币政策的中介目标。货币政策的中介目标包括利率、货币供应量、超额准备金或基础货币、通货膨胀率。

第二十章　商业银行与金融市场

> **刷基础** 紧扣大纲 夯实基础

823. **ABD** 【解析】本题考查商业银行的主要业务。结算过程中的短期资金占用属于商业银行的借款业务，选项 C 错误。贷款业务在商业银行资产中的比重一般排在首位，选项 E 错误。

824. **AD** 【解析】本题考查金融市场的结构。由于银行承兑汇票和商业票据是投资者进行短期投资和金融机构进行流动性管理的重要工具，银行承兑汇票市场和商业票据市场也成为票据市场中最主要的两个子市场。

825. **ADE** 【解析】本题考查商业银行的资金来源。商业银行的全部资金来源包括自有资金和吸收的外来资金两部分。自有资金包括成立时发行股票所筹集的股本以及公积金、未分配利润。

826. ACE （解析）本题考查存款保险制度。当存款类金融机构被接管、撤销或者破产时，存款人有权要求存款保险基金管理机构在规定的限额内，使用存款保险基金偿付存款人的被保险存款。具体情形包括：（1）存款保险基金管理机构担任投保机构的接管组织；（2）存款保险基金管理机构实施被撤销投保机构的清算；（3）人民法院裁定受理对投保机构的破产申请；（4）经国务院批准的其他情形。

827. ABCE （解析）本题考查存款保险基金。存款保险基金的运用形式有：（1）存放在中国人民银行；（2）投资政府债券、中央银行票据、信用等级较高的金融债券及其他高等级债券；（3）国务院批准的其他资金运用形式。

828. ACD （解析）本题考查同业拆借市场。同业拆借的资金主要用于弥补短期资金不足、票据清算的差额以及解决临时性资金短缺需求。

刷进阶

829. ACD （解析）本题考查商业银行的资产业务。商业银行资产业务包括票据贴现、贷款业务、投资业务。选项B、E属于商业银行的负债业务。

830. BE （解析）本题考查商业银行的负债业务。商业银行的负债业务主要包括吸收存款和借款业务。选项A、D是中间业务，选项C是资产业务。

831. BDE （解析）本题考查商业银行的借款业务。商业银行的借款业务主要有：再贴现或向中央银行借款，同业拆借，发行金融债券，国际货币市场借款，结算过程中的短期资金占用等。

832. AC （解析）本题考查商业银行的主要业务。商业银行中间业务包括结算业务、信托业务、租赁业务、代理业务、咨询业务。

刷通关

833. ACDE （解析）本题考查债券市场。短期政府债券具有违约风险小、流动性强、面额小、收入免税等特点。选项B属于同业拆借市场的特点。

834. ABCE （解析）本题考查商业银行的资金来源。商业银行外来资金的形成渠道主要是吸收存款、向中央银行借款、从同业拆借市场拆借、发行金融债券、从国际货币市场借款等。

第二十一章　金融风险与金融监管

刷基础

835. ACE （解析）本题考查巴塞尔协议产生的背景和发展。在巴塞尔协议中，影响广泛的是统一资本监管的1988年巴塞尔报告（又称"旧巴塞尔资本协议"）、2003年新巴塞尔资本协议和2010年巴塞尔协议Ⅲ。

836. ABD （解析）本题考查金融监管理论。金融监管的一般性理论包括公共利益论、保护债权论和金融风险控制论。

837. ABDE （解析）本题考查金融风险的基本特征。金融风险的基本特征包括不确定性、相关性、高杠杆性、传染性。

刷进阶

838. ABC （解析）本题考查债务危机。一般来说，发生债务危机的国家有以下几个特征：

出口不断萎缩，外汇主要来源于举借外债；国际债务条件对债务国不利；大多数债务国缺乏外债管理经验，外债投资效益不高，创汇能力低。

839. **ABD**　〔解析〕本题考查金融监管的含义。金融监管首先是从对银行进行监管开始的，这和银行的一些特性有关：（1）银行提供的期限转换功能；（2）银行是整个支付体系的重要组成部分，作为票据的清算者，降低了交易的费用；（3）银行的信用创造和流动性创造功能。

刷通关

840. **ABCD**　〔解析〕本题考查金融监管的含义。金融监管或称金融监督管理，是指一国的金融管理部门为达到稳定货币、维护金融业正常秩序等目的，依照国家法律、行政法规的规定，对金融机构及其经营活动实施外部监督、稽核、检查和对其违法违规行为进行处罚等一系列行为。

841. **ABCE**　〔解析〕本题考查金融风险的类型。常见的金融风险有四种类型：（1）市场风险；（2）信用风险；（3）流动性风险；（4）操作风险。

第二十二章　对外金融关系与政策

刷基础

842. **BCE**　〔解析〕本题考查国际货币基金组织。国际货币基金组织是国际货币体系的核心机构，其宗旨是：促进国际货币领域的合作；促进国际贸易的扩大和平衡发展；促进汇率的稳定，保持成员方之间有秩序的汇率安排，等等。为了实现上述宗旨，国际货币基金组织主要从事：（1）监督成员方及全球的经济、金融发展和政策，向成员方提供政策建议；（2）向有国际收支困难的成员方提供贷款，以支持其结构调整和改革政策；（3）向成员方政府和中央银行提供技术援助。

843. **CD**　〔解析〕本题考查汇率制度。决定一个国家汇率制度的因素主要有：（1）经济开放程度；（2）经济规模；（3）国内金融市场的发达程度及其与国际金融市场的一体程度；（4）进出口贸易的商品结构和地域分布；（5）相对的通货膨胀率。可见，选项C错误。经济开放程度低、资本流出入较为频繁，倾向于实行浮动汇率制，选项D错误。

844. **BDE**　〔解析〕本题考查国际货币体系的主要内容。国际货币体系的主要内容：（1）确定国际储备资产；（2）确定汇率制度；（3）确定国际收支调节方式。

845. **ABE**　〔解析〕本题考查1988年巴塞尔报告。附属资本又称为二级资本，包括未公开储备、资产重估储备、普通准备金和呆账准备金、混合资本工具和长期次级债券。选项C、D属于核心资本。

846. **ABE**　〔解析〕本题考查世界银行。世界银行贷款的特点：（1）贷款期限较长；（2）贷款实行浮动利率；（3）通常对其资助的项目只提供货物和服务所需要的外汇部分；（4）贷款程序严密，审批时间较长。选项C、D属于国际货币基金组织贷款的特点。

847. **CDE**　〔解析〕本题考查国际货币体系的变迁。国际货币体系经历了国际金本位制、布雷顿森林体系和牙买加体系。

848. **ABCD**　〔解析〕本题考查世界银行的资金来源。世界银行的资金来源包括银行股份、借款、转让债权和业务净收益。

刷进阶

849. **BDE** （解析）本题考查跨境贸易人民币融资。在国际贸易融资方式中，出口贸易融资包括打包贷款、出口信用证押汇、出口托收押汇、福费廷、出口信贷等。

850. **ABD** （解析）本题考查影响汇率制度选择的因素。影响汇率制度选择的因素：(1)经济开放程度；(2)经济规模；(3)国内金融市场的发达程度及其与国际金融市场的一体程度；(4)进出口贸易的商品结构和地域分布；(5)相对的通货膨胀率。

851. **CDE** （解析）本题考查2003年新巴塞尔资本协议的内容。2003年新巴塞尔资本协议的三大支柱：最低资本要求；监管当局的监督检查；市场约束。选项A、B属于2010年巴塞尔协议Ⅲ的内容。

852. **ABC** （解析）本题考查跨境人民币业务的类型。跨境人民币业务的类型主要包括：跨境贸易人民币结算、境外直接投资人民币结算、外商直接投资人民币结算、跨境贸易人民币融资、跨境人民币证券投融资和双边货币合作。

刷通关

853. **ACDE** （解析）本题考查2010年巴塞尔协议Ⅲ。2010年巴塞尔协议Ⅲ的主要内容：(1)强化资本充足率监管标准；(2)引入杠杆率监管标准；(3)建立流动性风险量化监管标准；(4)确定新监管标准的实施过渡期。

854. **ABCD** （解析）本题考查国际储备的组成。国际储备一般可分为四种类型：货币性黄金、外汇储备、IMF的储备头寸和特别提款权。

855. **BCDE** （解析）本题考查人民币跨境使用。选项A错误，按照"事后管理"的原则，各商业银行主要依据企业提供的境外直接投资主管部门的核准证书或文件等材料办理境外直接投资人民币结算业务。

第二十三章 统计与数据科学

刷基础

856. **CD** （解析）本题考查一手数据的来源。一手数据的来源主要有两个：一是调查或观察，二是实验。

857. **BCDE** （解析）本题考查统计调查的方式。抽样调查具有以下几个特点：经济性、时效性强、适应面广、准确性高。

858. **ABE** （解析）本题考查描述统计的内容。描述统计是研究数据收集、整理和描述的统计学方法，内容包括如何取得所需要的数据，如何用图表或数学方法对数据进行整理和展示，如何描述数据的一般性特征。选项C、D属于推断统计。

刷进阶

859. **ADE** （解析）本题考查一手数据。一手数据是来源于直接的调查和科学实验的数据。选项B、C是来源于别人调查的数据，属于二手数据。

860. **BDE** （解析）本题考查数据来源。通过直接调查或测量而收集到的数据，称为观测数据。观测数据是在没有对事物施加任何人为控制因素的条件下得到的，几乎所有与社会经济现象有关的统计数据都是观测数据，如GDP、CPI、房价等。

刷通关

861. AD 【解析】本题考查推断统计。推断统计的方法包括参数估计和假设检验。参数估计是利用样本信息推断总体特征。假设检验是利用样本信息判断对总体的假设是否成立。选项B、C、E属于描述统计的内容。

第二十四章 描述统计

刷基础

862. BDE 【解析】本题考查描述统计。对于数据分布特征的测度主要分为三个方面：一是分布的集中趋势，反映各数据向其中心值靠拢或聚集的程度；二是分布的离散程度，反映各数据之间的差异程度，也能反映中心值对数据的代表程度；三是分布的偏态，反映数据分布的不对称性。对于两个定量变量之间的相关分析，经常采用的描述方法是散点图和相关系数统计量。

863. AE 【解析】本题考查相关系数。Pearson相关系数的取值范围在-1和1之间，选项B错误。决定系数可以测度回归模型对样本数据的拟合程度，选项C错误。当Pearson相关系数$r=0$时，只表示两个变量之间不存在线性相关关系，不能说明两个变量之间没有任何关系，二者可能存在非线性相关关系，选项D错误。

刷进阶

864. ACE 【解析】本题考查离散趋势的测度数。方差、标准差和离散系数可用来测度数据离散趋势，选项B、D用于测度数据的集中趋势。

865. ACD 【解析】本题考查数据特征的测度。均值、方差和标准差对极端值比较敏感，易受极端值影响。

刷通关

866. ABD 【解析】本题考查集中趋势的测度。选项C、E是数据离散程度的测度指标。

第二十五章 抽样调查

刷基础

867. ADE 【解析】本题考查分层抽样。选项B错误，在不等比例抽样中，各层的样本单元比例与该层的总体单元比例不一致。选项C错误，如果各层的总体方差已知，不等比例抽样的抽样误差可能比等比例抽样更小。

868. BCDE 【解析】本题考查抽样调查中的误差。非抽样误差的原因包括抽样框误差（选项E）、无回答误差（选项C）和计量误差（选项B、D）。

869. ABCD 【解析】本题考查样本量的影响因素。样本量的影响因素包括调查的精度、总体的离散程度、总体的规模、无回答情况和经费的制约。

870. BCE 【解析】本题考查概率抽样。概率抽样方法有简单随机抽样、分层抽样、系统抽样、整群抽样和多阶段抽样。选项A、D属于非概率抽样。

871. BCE 【解析】本题考查估计量的性质。估计量常用的选择标准包括估计量的无偏性、估计量的有效性和估计量的一致性。

刷进阶

872. BCD （解析）本题考查普查的特点。普查的特点：(1)普查通常是一次性的或周期性的；(2)普查一般需要规定统一的标准调查时间，以避免调查数据的重复或遗漏，保证普查结果的准确性；(3)普查的数据一般比较准确，规范化程度也较高；(4)普查的使用范围比较窄，只能调查一些最基本及特定的现象。

873. ACDE （解析）本题考查系统抽样。等距抽样是最简单的系统抽样。系统抽样的优点：(1)操作简便，只需要随机确定起始单位，整个样本就自然确定；(2)对抽样框的要求比较简单。缺点：方差估计比较复杂。选项 B 错误。

874. ABCE （解析）本题考查非抽样误差。非抽样误差是指除抽样误差以外，其他原因引起的样本统计量与总体真值之间的差异，非抽样误差产生的原因主要有抽样框误差、无回答误差和计量误差。选项 D 是抽样误差产生的原因。

刷通关

875. BCE （解析）本题考查非概率抽样。非概率抽样包括判断抽样、方便抽样、自愿样本、配额抽样四类。

876. BC （解析）本题考查统计调查方式。抽样调查中存在误差，只是误差很小，选项 A 错误。抽样调查时效性比较强，选项 D 错误。抽样调查是从调查对象的总体中抽取一部分单位作为样本进行调查。如果是从总体中选择重点单位进行调查，则属于重点调查，选项 E 错误。

第二十六章　回归分析

刷基础

877. ABDE （解析）本题考查模型的检验和预测。由 $Y=1\,300+0.6X$，可以看出 X 和 Y 同方向变化，即正相关，选项 A 正确；0.6 表示 X 每增加一个单位，Y 的平均增加量，选项 D 正确；将 $X=10\,000$ 元代入回归方程即 $Y=1\,300+0.6\times10\,000=7\,300$(元)，选项 E 正确。决定系数 0.96 接近于 1，可看出回归模型的拟合效果很好，选项 B 正确，选项 C 错误。

878. ABE （解析）本题考查 y 对 x 的一元线性回归方程。$\hat{\beta}_0$ 表示直线在 y 轴上的截距，$\hat{\beta}_1$ 为直线的斜率。选项 C、D 的说法反了。

刷进阶

879. ACE （解析）本题考查回归模型的拟合效果分析。一般情况下，使用估计的回归方程之前，需要对模型进行检验：(1)分析回归系数的经济含义是否合理；(2)分析估计的模型对数据的拟合效果如何；(3)对模型进行假设检验。

刷通关

880. BCDE （解析）本题考查决定系数。选项 A 错误，决定系数的取值在 0 到 1 之间。

第二十七章 时间序列分析

✅ 刷基础

881. ACE 【解析】本题考查时间序列的水平分析。时间序列的水平分析包括发展水平、平均发展水平、增长量与平均增长量。发展速度与平均增长速度属于速度分析。

882. BC 【解析】本题考查时间序列。时间序列按照其构成要素中统计指标值的表现形式，分为绝对数时间序列、相对数时间序列和平均数时间序列三种类型。依据指标值的时间特点，绝对数时间序列又分为时期序列和时点序列。绝对数时间序列是由绝对数指标值按时间先后顺序排列后形成的序列。时期序列每一指标值反映现象在一定时期内发展的结果，即"过程总量"。

883. ACE 【解析】本题考查时间序列的分类。时间序列按照构成要素中统计指标值的表现形式进行分类，可以分为相对数时间序列、绝对数时间序列和平均数时间序列。

884. BCD 【解析】本题考查时间序列的速度分析。两个相邻时期定基发展速度的比率等于相应时期的环比发展速度，选项 A 错误。计算平均发展速度通常采用几何平均法，选项 E 错误。

885. ACD 【解析】本题考查平均发展水平。可以计算算术平均数的一般都是绝对数时间序列。

✅ 刷进阶

886. BC 【解析】本题考查发展速度。发展速度是以相对数形式表示的两个不同时期发展水平的比值，表明报告期水平已发展到基期水平的几分之几或若干倍，选项 A 错误。环比发展速度是报告期水平与其前一期水平的比值，选项 D 错误。定基发展速度是报告期水平与某一固定时期水平的比值，选项 E 错误。

887. AC 【解析】本题考查增长量。根据基期的不同确定方法，增长量可分为逐期增长量和累计增长量。

888. ACD 【解析】本题考查时间序列的速度分析指标。时间序列的速度分析指标包括发展速度与增长速度、平均发展速度与平均增长速度。

889. ABE 【解析】本题考查速度分析。可以采用几何平均法计算平均发展速度；进行速度分析时，需要结合水平指标进行分析，选项 C、D 错误。

✅ 刷通关

890. BD 【解析】本题考查时间序列的分类。相对数时间序列是由同类相对数指标按时间先后顺序排列后形成的序列。选项 B、D 是相对指标，所以可以构成相对数时间序列。

891. CD 【解析】本题考查发展速度。由于基期选择的不同，发展速度有定基与环比之分。

892. CE 【解析】本题考查增长量。选项 A、B、D 错误，逐期增长量是报告期水平与前一期水平之差，累计增长量是报告期水平与某一固定时期水平之差，增长量是报告期发展水平与基期发展水平之差。

参考答案及解析

第二十八章　会计概论

刷基础

893. **BCE**　(解析) 本题考查会计核算的具体内容。款项是作为支付手段的货币资金，主要包括现金、银行存款以及其他视同现金和银行存款的银行汇票存款、银行本票存款、信用卡存款、信用证存款。

894. **ABD**　(解析) 本题考查会计的基本职能。会计的监督职能是指在经济事项发生以前、经济事项进行当中和经济事项发生以后，会计利用预算、检查、考核、分析等手段，对单位的会计核算及其经济活动的真实性、完整性、合规性和有效性进行检查与控制。

895. **ABC**　(解析) 本题考查会计信息质量要求。会计信息质量要求包括可靠性、相关性、清晰性、可比性、实质重于形式、重要性、谨慎性、及时性。

896. **CD**　(解析) 本题考查非流动资产。非流动资产是指流动资产以外的资产，主要包括长期股权投资、固定资产、在建工程、工程物资、无形资产、开发支出等。

897. **ADE**　(解析) 本题考查会计要素确认和计量基本原则。如果一笔资本性支出按收益性支出处理了，则会出现多计费用少计资产价值的现象，出现当期净收益降低，甚至亏损，以及资产价值偏低的结果。

898. **ABE**　(解析) 本题考查经济业务发生所引起的会计要素的变动。经济业务发生所引起的会计要素的变动情况，主要有以下九种情况：(1)一项资产和一项负债同时等额增加；(2)一项资产和一项所有者权益同时等额增加；(3)一项资产和一项负债同时等额减少；(4)一项资产和一项所有者权益同时等额减少；(5)一项资产增加，另一项资产等额减少，负债和所有者权益要素不变；(6)一项负债增加，另一项负债等额减少，资产和所有者权益要素不变；(7)一项负债增加，另一项所有者权益等额减少，资产要素不变；(8)一项负债减少，另一项所有者权益等额增加，资产要素不变；(9)一项所有者权益增加，另一项所有者权益等额减少，资产和负债要素不变。

899. **BDE**　(解析) 本题考查会计信息质量的要求。会计信息质量的要求有：可靠性、相关性、清晰性、可比性、实质重于形式、重要性、谨慎性、及时性。选项 A 属于会计的基本前提，选项 C 属于会计要素确认和计量的基本原则。

900. **ADE**　(解析) 本题考查反映企业经营成果的会计要素。收入、费用、利润是组成利润表的会计要素，也称利润表要素，是反映企业生产经营成果的会计要素。

刷进阶

901. **ACD**　(解析) 本题考查会计计量属性。会计计量属性主要有历史成本、重置成本、可变现净值、现值、公允价值等。

902. **AB**　(解析) 本题考查会计要素。资产、负债、所有者权益是组成资产负债表的会计要素，反映财务状况。收入、费用和利润是反映经营成果的会计要素。

903. **ABCE**　(解析) 本题考查会计要素确认和计量基本原则。会计要素的确认和计量原则包括：权责发生制原则、配比原则、历史成本原则、划分收益性支出与资本性支出原则。

904. **ABE**　(解析) 本题考查会计基本前提。会计分期是建立在持续经营的基础上的。明确会计主体，是为了把会计主体的经济业务与其他会计主体以及投资者的经济业务分

905. ACD 【解析】本题考查流动资产。流动资产主要包括货币资金、交易性金融资产、应收票据、应收账款、预付款项、其他应收款、存货等。

刷通关

906. ABD 【解析】本题考查资产的特征。形成资产的交易必须是已经发生的，而不能是预期的，无形资产并不以实物形式存在，选项 C、E 错误。

907. ADE 【解析】本题考查会计核算的具体内容。根据《中华人民共和国会计法》的规定，应当办理会计手续，进行会计核算的经济业务事项有：(1)款项和有价证券的收付；(2)财物的收发、增减和使用；(3)债权、债务的发生和结算；(4)资本的增减；(5)收入、支出、费用、成本的计算；(6)财务成果的计算和处理；(7)需要办理会计手续、进行会计核算的其他事项。

908. ABCD 【解析】本题考查会计要素。所有者权益的来源包括所有者投入的资本、直接计入所有者权益的利得和损失、留存收益。

第二十九章　会计循环

刷基础

909. BCDE 【解析】本题考查会计准则。《政府会计准则》是财政部为了规范政府的会计核算，保证会计信息质量制定的原则性规定。主要对政府会计信息质量要求、政府预算会计要素、政府财务会计要素、政府决算报告和财务报告等做出了规定。

910. BC 【解析】本题考查复式记账。主要的复式记账法有借贷记账法、收付记账法和增减记账法，其中借贷记账法是一种被普遍接受并广泛使用的记账方法。

911. ABD 【解析】本题考查会计记录的方法。资产、成本、费用类账户，借方登记增加额。负债、所有者权益、收入类账户，借方登记减少额。

912. ABE 【解析】本题考查账务处理程序。科目汇总表账务处理程序减轻了登记总分类账的工作量，并可做到试算平衡，简明易懂，方便易学；但不能反映账户对应关系，不便于查对账目。它适用于经济业务较多的单位。

刷进阶

913. ABCD 【解析】本题考查会计记录的方法。通过填制和审核会计凭证，可以控制经济活动，保证会计资料真实正确，明确经济责任，为记账提供可靠依据，保证会计记录真实可靠。

914. CD 【解析】本题考查会计记录方法。资产、成本、费用类账户，借方登记增加额。负债、所有者权益、收入类账户，借方登记减少额。

915. ABDE 【解析】本题考查会计记录的方法。会计记录的方法主要包括设置账户、复式记账、填制和审核凭证、登记账簿。

刷通关

916. ABC 【解析】本题考查借贷记账法的记账规则。借贷记账法的记账规则是有借必有贷，借贷必相等。发生额试算平衡法公式：全部账户本期借方发生额合计＝全部账户本期贷方发生额合计。余额试算平衡法公式：全部账户借方期初余额合计＝全部账户贷方期初余额合计；全部账户借方期末余额合计＝全部账户贷方期末余额合计。

917. ACD （解析）本题考查会计确认。会计确认主要解决三个问题：（1）确定某一经济业务是否需要进行确认；（2）确定该业务应在何时进行确认；（3）确定该业务应确认为哪个会计要素。

第三十章　会计报表

刷基础

918. BCDE （解析）本题考查附注的内容。附注一般应当披露如下内容：财务报表的编制基础；遵循企业会计准则的声明；重要会计政策的说明，包括财务报表项目的计量基础和会计政策的确定依据；重要会计估计的说明，包括下一会计期间内很可能导致资产、负债账面价值重大调整的会计估计的确定依据等；会计政策和会计估计变更以及差错更正的说明；对已在资产负债表、利润表、现金流量表等会计报表中列示的重要项目的进一步说明，包括终止经营税后利润的金额及其构成情况等；或有和承诺事项、资产负债表日后非调整事项、关联方关系及其交易等需要说明的事项。

919. DE （解析）本题考查资产负债表。资产负债表中，根据有关明细账期末余额分析计算填列的项目，如"预收款项"和"其他应付款"项目。

920. ABCD （解析）本题考查现金流量表的编制方法。将净利润调节为经营活动的现金流量实际上就是采用间接法编制经营活动的现金流量。以净利润为基础，采用间接法加以调整的项目包括：（1）没有实际支付现金的费用；（2）没有实际收到现金的收益；（3）不属于经营活动的损益；（4）经营性应收应付项目的增减变动。

921. BC （解析）本题考查现金流量表。选项A、D、E属于投资活动产生的现金流量。

922. ACD （解析）本题考查会计报表。一套完整的会计报表至少应包括资产负债表、利润表、现金流量表、所有者权益（或股东权益）变动表以及附注。

923. AE （解析）本题考查利润表。利润表的作用主要体现在：（1）可以了解企业利润的形成情况，据以分析、考核企业经营目标及利润指标完成情况，分析企业利润增减变动情况及原因；（2）可以据以评价企业的经济效益、盈利能力，评价或考核企业经营管理者的经营业绩和盈利能力。选项B、C是资产负债表的作用，选项D是现金流量表的作用。

刷进阶

924. ABD （解析）本题考查现金流量表附注。现金流量表附注披露的内容包括：（1）将净利润调节为经营活动的现金流量；（2）不涉及现金收支的投资和筹资活动；（3）现金流量净增加额。

925. ABCD （解析）本题考查现金流量表。现金等价物是指企业持有的期限短、流动性强、易于转换为已知金额的现金，价值变动风险很小的投资。

926. ADE （解析）本题考查投资活动的现金流量。投资活动产生的现金流量有：（1）收回投资所收到的现金；（2）取得投资收益所收到的现金；（3）处置固定资产、无形资产和其他长期资产所收回的现金净额；（4）收到的其他与投资活动有关的现金；（5）购建固定资产、无形资产和其他长期资产所支付的现金；(6)投资支付的现金；(7)支付的其他与投资活动有关的现金。选项B、C属于"经营活动的现金流量"。

刷通关

927. **ABCD** （解析）本题考查资产负债表的编制。固定资产、在建工程、无形资产、长期股权投资、其他应收款、持有待售资产等都是根据该账户期末余额与其备抵科目（减值准备）余额抵消后的金额填列。预收款项根据有关明细账期末余额分析计算填列。

928. **AC** （解析）本题考查资产负债表。资产负债表是反映企业财务状况的报表，是一张静态报表。

929. **BDE** （解析）本题考查资产负债表的编制。可根据总账科目的期末余额直接填列的项目，如"短期借款""应付职工薪酬""应交税费""实收资本""资本公积""盈余公积"等项目。

第三十一章　财务报表分析

刷基础

930. **ACDE** （解析）本题考查偿债能力分析指标。反映企业偿债能力的财务比率指标主要有流动比率、速动比率、现金比率、资产负债率、产权比率、已获利息倍数。

931. **CDE** （解析）本题考查盈利能力分析。盈利能力分析主要运用以下财务比率指标：（1）营业利润率；（2）营业净利润率；（3）资本收益率；（4）净资产收益率；（5）资产净利润率；（6）普通股每股收益；（7）市盈率；（8）资本保值增值率。

932. **ABE** （解析）本题考查偿债能力分析。反映企业短期偿债能力的比率指标包括流动比率、速动比率和现金比率。

刷进阶

933. **BCD** （解析）本题考查偿债能力分析。流动比率是指企业流动资产与流动负债的比率。选项B、C、D都会造成流动资产增加，在流动负债不变的情况，造成流动比率过高。选项A说明流动资产少，所以不选。

934. **ABCE** （解析）本题考查盈利能力分析。反映企业盈利能力的指标有营业利润率、营业净利润率、资本收益率、净资产收益率、资产净利润率、普通股每股收益、市盈率和资本保值增值率。选项D属于反映企业营运能力的指标。

刷通关

935. **ABE** （解析）本题考查营运能力分析。营运能力分析运用的财务比率指标主要有应收账款周转率、存货周转率、流动资产周转率和总资产周转率。选项C、D属于反映企业盈利能力的指标。

936. **BCE** （解析）本题考查盈利能力分析。选项A错误，资产净利润率越高，说明企业全部资产的盈利能力越强。选项D错误，资产净利润率是企业净利润与平均资产总额的比率，该指标与净利润成正比，与平均资产总额成反比。

第三十二章 政府会计

刷基础

937. AC 【解析】本题考查政府会计的构成。政府会计由预算会计和财务会计构成。
938. DE 【解析】本题考查政府会计。政府会计主体净资产增加时,其表现形式为资产增加或负债减少。
939. ABE 【解析】本题考查政府会计。收入的确认应当同时满足的条件:(1)与收入相关的含有服务潜力或者经济利益的经济资源很可能流入政府会计主体;(2)含有服务潜力或者经济利益的经济资源流入会导致政府会计主体资产增加或者负债减少;(3)流入金额能被可靠地计量。

刷进阶

940. ADE 【解析】本题考查政府会计。选项 B 错误,收入和费用应当列入收入费用表。选项 C 错误,未来发生的经济业务或者事项形成的义务不属于现时义务,不应当确认为负债。
941. BC 【解析】本题考查政府财务报告。政府财务报告包括政府综合财务报告和政府部门财务报告。

刷通关

942. AD 【解析】本题考查政府会计。在政府预算会计要素中,预算结余包括结余资金和结转资金。
943. ABC 【解析】本题考查政府会计要素。政府财务会计要素包括资产、负债、净资产、收入和费用。

第三十三章 法律对经济关系的调整

刷基础

944. BCE 【解析】本题考查经济法。市场管理关系具体包括以下方面:(1)维护公平竞争关系;(2)产品质量管理关系;(3)消费者权益保护关系。

刷进阶

945. ADE 【解析】本题考查"调整经济的法"和"经济法"。选项 B 错误,在自由资本主义时期,对经济关系的调整起着主导作用的是民商法。选项 C 错误,"经济法"和"调整经济的法"是两个不同的概念。

刷通关

946. AE 【解析】本题考查经济法。产品质量管理关系和消费者权益保护关系是经济法调整对象中的市场管理关系,选项 A、E 属于经济法,选项 B、C、D 属于民商法。

第三十四章　物权法律制度

刷基础

947. BCD　**解析**　本题考查业主的建筑物区分所有权。业主的建筑物区分所有权是指业主对建筑物内的住宅、经营性用房等专有部分享有所有权，对专有部分以外的共有部分享有共有和共同管理的权利。

948. BCDE　**解析**　本题考查物权法定原则。非经法律准许，当事人不得创设新类型的物权，选项 A 错误。

949. ABCE　**解析**　本题考查质权。质权的标的主要为动产或权利，不包括不动产。可以出质的权利包括：汇票、本票、支票；债券、存款单；仓单、提单；可以转让的基金份额、股权；可以转让的注册商标专用权、专利权、著作权等知识产权中的财产权；应收账款；法律、行政法规规定可以出质的其他财产权利。企业厂房是不动产，不能质押，只能抵押。

950. BCD　**解析**　本题考查物权法的基本原则。物权法的基本原则：物权法定原则、一物一权原则和物权公示原则。选项 A、E 是民法的基本原则。

951. ABCE　**解析**　本题考查担保物权的法律特征。担保物权的法律特征有价值权性、法定性、从属性、不可分性和物上代位性。

952. BDE　**解析**　本题考查抵押权。必须进行抵押登记后其抵押权才发生法律效力的财产包括：(1)建筑物和其他土地附着物；(2)建设用地使用权；(3)以招标、拍卖、公开协商等方式取得的荒地等土地承包经营权；(4)正在建造的建筑物。选项 A、C 未经登记不得对抗善意第三人。

953. BCDE　**解析**　本题考查物权的种类。主物权有所有权、地上权、永佃权、采矿权、取水权等。从物权包括所有的担保物权(抵押、质押、留置)和用益物权中的地役权。

刷进阶

954. BCD　**解析**　本题考查所有权的取得。原始取得的方式主要有：生产和孳息，国有化和没收，先占、添附、发现埋藏物和隐藏物、拾得遗失物、善意取得等。

955. ABCD　**解析**　本题考查土地承包经营权。土地承包经营权具有的法律特征：(1)承包经营合同是确认土地承包经营权的主要依据；(2)土地承包经营权的主体是公民或集体组织；(3)土地承包经营权的客体为全民所有的土地和集体所有的土地；(4)土地承包经营权属于一种新型的用益物权。土地是不动产，选项 E 错误。

956. BCD　**解析**　本题考查物权。物权的客体一般为物，选项 A 错误。从设立目的的角度可以将物权分为担保物权和用益物权，选项 E 错误。

957. ABDE　**解析**　本题考查所有权。所有权的法律特征包括独占性、全面性、单一性、存续性和弹力性。所有权具有全面性，选项 C 错误。

958. BCDE　**解析**　本题考查物权的概念和特征。选项 A 错误，物权是绝对权，而不是相对权，它的权利人是特定的，义务人是不特定的。

刷通关

959. CDE　**解析**　本题考查用益物权。在我国，用益物权的种类主要包括土地承包经营权、建设用地使用权、宅基地使用权、海域使用权、地役权、国家集体自然资源使用权、探矿权、采矿权、取水权、渔业养殖捕捞权等。选项 A 属于担保物权。选项 B 属于所有权。

960. ABCE **解析** 本题考查用益物权和担保物权的区别。用益物权和担保物权的区别有：(1)设立目的不同；(2)权利的性质不同；(3)标的物不同；(4)标的价值形态发生变化对权利的影响不同。

961. ACD **解析** 本题考查所有权。处分权是所有权内容的核心，是拥有所有权的根本标志。物权包括所有权、用益物权和担保物权。选项 BE 错误。

第三十五章　合同法律制度

刷基础

962. BE **解析** 本题考查合同的分类。实践合同是指除当事人双方意思表示一致以外，还需要有一方当事人实际交付标的物的行为才能成立的合同，所以实践合同也称要物合同。保管合同、借用合同、定金合同等都属于实践合同。

963. BDE **解析** 本题考查定金。我国《担保法》第 91 条规定："定金的数额由当事人约定，但不得超过主合同标的额的百分之二十"。由于 1 000×20% = 200(万元)，所以选项 B、D、E 符合规定。

964. BD **解析** 本题考查合同的担保。当事人对保证方式没有约定或者约定不明确的，按照连带责任保证承担保证责任。连带责任保证的债务人在主合同规定的债务履行期届满没有履行债务的，债权人可以要求债务人履行债务，也可以要求保证人在其保证范围内承担保证责任。所以乙有权直接要求丙和丁偿还债务，丙和丁对 10 万元的保证债务承担连带责任。

965. ACD **解析** 本题考查可撤销合同。选项 B 属于无效合同，选项 E 属于效力待定合同。

966. ABC **解析** 本题考查合同的担保。定金的数额由当事人约定，但不得超过主合同标的额的 20%，选项 D 错误。违约金和定金的罚则不能并用，二者只能择其一适用，选项 E 错误。

967. CE **解析** 本题考查合同的效力。效力待定的合同主要在下列几种场合中出现：(1)合同的主体不具有相应的民事行为能力；(2)因无权代理而订立的合同；(3)无权处分他人财产而订立的合同。选项 A、D 属于无效合同。选项 B 属于可撤销的合同。

刷进阶

968. ABDE **解析** 本题考查要约邀请。典型的要约邀请包括：寄送的价目表、拍卖公告、招标公告、招股说明书、商业广告。

969. ABCE **解析** 本题考查不安抗辩权。在有确切证据证明对方有下面的情形时，应当先履行债务的当事人可以行使不安抗辩权，中止债务的履行：(1)经营状况严重恶化；(2)转移财产、抽逃资金，以逃避债务；(3)丧失商业信誉；(4)有丧失或者可能丧失履行债务能力的其他情形。

970. ACD **解析** 本题考查合同的担保。定金与违约金的区别：(1)交付时间不同。定金于合同履行前交付，违约金只能在违约行为发生后交付；(2)效力不同。定金有证明合同成立和预先给付的效力,而违约金没有;(3)性质不同。定金主要起合同担保的作用,而违约金则是违约责任的一种形式。定金的数额不超过主合同标的额的20%,违约金的具体数额由双方当事人协商决定。

971. **ABD** 〔解析〕本题考查效力存在瑕疵的合同。无效合同的种类主要包括:(1)无民事行为能力人签订的合同;(2)违反法律、行政法规的强制性规定的合同。但是该强制性规定不导致民事法律行为无效的除外;(3)违背公序良俗的合同;(4)行为人与相对人以虚假的意思表示签订的合同;(5)行为人与相对人恶意串通损害他人合法权益而签订的合同。

刷通关 举一反三 高效通关

972. **BCD** 〔解析〕本题考查合同的解除。合同法定解除的情形包括:(1)因不可抗力致使不能实现合同目的;(2)在履行期限届满之前,当事人一方明确表示或以自己的行为表明不履行主要债务;(3)当事人一方迟延履行主要债务,经催告后在合理期限内仍未履行;(4)当事人一方迟延履行债务或者有其他违约行为致使不能实现合同目的;(5)法律规定的其他情形。选项A属于约定解除,选项E属于协议解除。

973. **AB** 〔解析〕本题考查合同的分类。赠与合同属于单务合同和有名合同。

974. **ABCD** 〔解析〕本题考查合同的终止。能够引起合同关系消灭的法律事实包括合同履行、抵销、提存、免除债务和混同。

第三十六章 公司法律制度

刷基础 紧扣大纲 夯实基础

975. **ABCD** 〔解析〕本题考查董事、监事及高级管理人员的资格和义务。有下列情形之一的,不得担任公司的董事、监事、高级管理人员:(1)无民事行为能力或者限制民事行为能力;(2)因贪污、贿赂、侵犯财产、挪用财产或者破坏社会主义市场经济秩序,被判处刑罚,执行期满未逾5年,或者因犯罪被剥夺政治权利,执行期满未逾5年;(3)担任破产清算的公司、企业的董事或者厂长、经理,对该公司、企业的破产负有个人责任的,自该公司、企业破产清算完结之日起未逾3年;(4)担任因违法被吊销营业执照、责令关闭的公司、企业的法定代表人,并负有个人责任的,自该公司、企业被吊销营业执照之日起未逾3年;(5)个人所负数额较大的债务到期未清偿。

976. **ABDE** 〔解析〕本题考查公司的特征。结合我国民法有关法人制度的规定,作为法人的公司具有如下特征:(1)依法设立;(2)公司有独立的财产,公司对公司的财产享有法人财产权,公司的财产与股东的个人财产相分离;(3)公司有自己的名称、组织机构和场所,公司能够以自己的名义从事民商事活动并独立承担民事责任。

977. **CDE** 〔解析〕本题考查公司治理结构。下列事项必须经代表三分之二以上表决权的股东通过:修改公司章程、增加或者减少注册资本的决议,以及公司合并、分立、解散或者变更公司形式的决议。

978. **ABDE** 〔解析〕本题考查公司治理结构。股份有限公司股东大会职权与有限责任公司股东会职权相同,选项A错误。董事会成员中可以有公司职工代表,选项B错误。股份有限公司设经理,由董事会决定聘任或者解聘,选项D错误。公司的董事、监事、高级管理人员应当遵守法律、行政法规和公司章程，对公司负有忠实义务和勤勉义务，选项 E 错误。

979. BCDE 【解析】本题考查公司清算。公司进行清算时，清算组应当自成立之日起 10 日内通知债权人，并于 60 日内在报纸上公告，选项 A 错误。

☑ 刷进阶　　　　　　　　　　　　　　　　　　　　　　　高频进阶
　　　　　　　　　　　　　　　　　　　　　　　　　　　强化提升

980. ABE 【解析】本题考查公司住所制度。公司登记的公司住所只能有一个，且须在登记机关辖区内。设有分支机构的，以总公司的所在地为住所。选项 C、D 错误。

981. ABCD 【解析】本题考查公司的设立条件。股东可以用货币出资，也可以用实物、知识产权、土地使用权等可以用货币估价并可以依法转让的非货币财产作价出资。

982. ABCD 【解析】本题考查公司解散。公司解散的原因有：(1)公司章程规定的营业期限届满或者公司章程规定的其他解散事由出现；(2)股东会或者股东大会决议解散；(3)因公司合并或者分立需要解散；(4)依法被吊销营业执照、责令关闭或者被撤销；(5)公司经营管理发生严重困难，继续存续会使股东利益受到重大损失，通过其他途径不能解决的，持有公司全部股东表决权 10% 以上的股东，可以请求人民法院解散公司。

☑ 刷通关　　　　　　　　　　　　　　　　　　　　　　　举一反三
　　　　　　　　　　　　　　　　　　　　　　　　　　　高效通关

983. BC 【解析】本题考查公司收购本公司股份的情形。在公司可以收购本公司股份的情形中，以下两项应当经股东大会决议：(1)减少公司注册资本；(2)与持有本公司股份的其他公司合并。

984. ABCE 【解析】本题考查股份有限公司的股份转让。选项 D 错误，公司董事、监事、高级管理人员在其离职后半年内，不得转让其所持有的本公司股份。

985. ACDE 【解析】本题考查公司不得收购本公司股份的除外情形。公司不得收购本公司股份，但有下列情形之一的除外：(1)减少公司注册资本；(2)与持有本公司股份的其他公司合并；(3)将股份用于员工持股计划或者股权激励；(4)股东因对股东大会作出的公司合并、分立决议持异议，要求公司收购其股份；(5)将股份用于转换上市公司发行的可转换为股票的公司债券；(6)上市公司为维护公司价值及股东权益所必需。

第三十七章　其他法律制度

☑ 刷基础　　　　　　　　　　　　　　　　　　　　　　　紧扣大纲
　　　　　　　　　　　　　　　　　　　　　　　　　　　夯实基础

986. ACD 【解析】本题考查用人单位经济性裁员的相关规定。裁减人员时，应当优先留用下列人员：(1)与本单位订立较长期限的固定期限劳动合同的；(2)与本单位订立无固定期限劳动合同的；(3)家庭无其他就业人员，有需要扶养的老人或者未成年人的。

987. BD 【解析】本题考查消费者的权利。依法求偿的主体包括：(1)商品的购买者、使用者；(2)服务的接受者；(3)第三人，即消费者之外的因某种原因在事故发生现场而受到损害的人。求偿的内容包括：(1)人身损害(无论是生命健康还是精神损害)赔偿；(2)财产损害赔偿，包括直接损失和可得利益的损失。

988. BCDE 【解析】本题考查授予专利权的条件。《中华人民共和国专利法》不予保护的对象包括：违反法律、社会公德或妨害公共利益的发明创造；对违反法律、行政法规的规定获取或者利用遗传资源,并依赖该遗传资源完成的发明创造;科学发现;智力活动的规则和方法;疾病的诊断和治疗方法;动物和植物品种,但对于动物和植物品种的生产方法,可以依法授予专利权;用原子核变换方法获得的物质;对平面印刷品的图案、色彩或者二者的结合作出的主要起标识作用的设计。

989. ABDE 【解析】本题考查经营者的义务。经营者具有下列义务:(1)履行法定以及约定义务;(2)接受监督的义务;(3)安全保障义务;(4)缺陷商品召回义务;(5)提供真实信息的义务;(6)标明真实名称和标志的义务;(7)出具凭证或单据的义务;(8)质量担保的义务;(9)履行"三包"或其他责任的义务;(10)无理由退货义务;(11)格式条款的合理使用义务;(12)不得侵犯消费者人格权的义务;(13)信息说明义务;(14)消费者信息保护义务。

990. ABD 【解析】本题考查不正当竞争行为的种类。不正当竞争行为主要有:混淆行为、商业贿赂行为、虚假商业宣传行为、侵犯商业秘密行为、不正当有奖销售行为、诋毁商誉行为、利用网络从事不正当竞争行为。

991. AD 【解析】本题考查劳动合同的选择性条款。劳动合同的选择性条款包括用人单位与劳动者可以约定试用期、培训、保守秘密、补充保险和福利待遇等其他事项。选项B、C、E属于必要条款。

992. BCD 【解析】本题考查工业产权的特征。工业产权的特征包括专有性、地域性和时间性。

刷进阶 高频进阶 强化提升

993. ABCD 【解析】本题考查《中华人民共和国消费者权益保护法》(以下简称《消费者权益保护法》)。根据商品性质并经消费者在购买时确认不宜退货的商品不适用七日无理由退货,例如消费者定做的商品,鲜活易腐品,在线下载或者消费者拆封的音像制品、计算机软件等数字化商品,交付的报纸、期刊。

994. ACDE 【解析】本题考查《消费者权益保护法》。消费者的自主选择权包括以下几个方面:(1)自主选择商品或服务的经营者的权利;(2)自主选择商品或服务方式的权利;(3)自主决定购买或不购买任何一种商品、接受或不接受任何一项服务的权利;(4)自主选择商品或服务时享有的进行比较、鉴别和挑选的权利。

995. ACD 【解析】本题考查垄断行为。限制购买新技术和分割销售市场属于垄断协议的内容。

996. CE 【解析】本题考查商标权。我国目前必须使用注册商标的商品包括:人用药品和烟草制品,以及由国家市场监督管理部门公布的必须使用注册商标的其他商品。

997. ABCE 【解析】本题考查消费者权益争议的解决途径。消费者权益争议的解决途径包括:(1)与经营者协商和解;(2)请求消费者协会或者依法成立的其他调解组织调解;(3)向有关行政部门申诉;(4)根据与经营者达成的仲裁协议提请仲裁机构仲裁;(5)向人民法院提起诉讼。

刷通关 举一反三 高效通关

998. ABCD 【解析】本题考查反垄断机构设置。反垄断执法机构调查涉嫌垄断行为,可以采取下列措施:(1)进入被调查的经营者的营业场所或者其他有关场所进行检查;(2)询问被调查的经营者、利害关系人或者其他有关单位或者个人,要求其说明有关情况；(3)查阅、复制被调查的经营者、利害关系人或者其他有关单位或者个人的有关单证、协议、会计账簿、业务函电、电子数据等文件、资料；(4)查封、扣押相关证据；(5)查询经营者的银行账户。采取前述规定的措施，应当向反垄断执法机构主要负责人书面报告，并经批准。

999. **ABDE** （解析）本题考查垄断行为。垄断行为包括：垄断协议与垄断协议的豁免，经营者滥用市场支配地位，经营者集中，滥用行政权力排除、限制竞争。

1000. **ACE** （解析）本题考查劳动合同的类型。应当订立无固定期限劳动合同的情形：(1)劳动者在该用人单位连续工作满十年的；(2)用人单位初次实行劳动合同制度或者国有企业改制重新订立劳动合同时，劳动者在该用人单位连续工作满十年且距法定退休年龄不足十年的；(3)连续订立两次固定期限劳动合同，而且单位对劳动者不能依据《中华人民共和国劳动合同法》享有法定解除权，续订劳动合同的。

致亲爱的读者

"梦想成真"系列辅导丛书自出版以来,以严谨细致的专业内容和清晰简洁的编撰风格受到了广大读者的一致好评,但因水平和时间有限,书中难免会存在一些疏漏和错误。读者如有发现本书不足,可扫描"欢迎来找茬"二维码上传纠错信息,审核后每处错误奖励10元购课代金券。(多人反馈同一错误,只奖励首位反馈者。请关注"中华会计网校"微信公众号接收奖励通知。)

在此,诚恳地希望各位学员不吝批评指正,帮助我们不断提高完善。

邮箱:mxcc@cdeledu.com

微博:@ 正保文化

欢迎来找茬

中华会计网校
微信公众号